U0586076

中国海事审判

—— CHINA MARITIME TRIAL ——

2016

叶柳东 ◎ 主编

大连海事大学出版社
DALIAN MARITIME UNIVERSITY PRESS

图书在版编目（CIP）数据

中国海事审判. 2016 / 叶柳东主编 . — 大连 ： 大
连海事大学出版社，2019. 9
ISBN 978-7-5632-3849-1

Ⅰ.①中… Ⅱ.①叶… Ⅲ.①海商法—审判—中国—
2016—年刊 Ⅳ.①D922. 294. 4-54

中国版本图书馆 CIP 数据核字（2019）第 194556 号

大连海事大学出版社出版

地址：大连市凌海路1号 邮编：116026 电话：0411-84728394 传真：0411-84727996
http://www.dmupress.com E-mail：cbs@dmupress.com

大连金华光彩色印刷有限公司印装 大连海事大学出版社发行

2019 年 9 月第 1 版 2019 年 9 月第 1 次印刷
幅面尺寸：184 mm×260 mm 印张：15.75
字数：352 千 印数：1~800 册
出版人：余锡荣

责任编辑：杨玮璐 责任校对：刘长影
封面设计：解瑶瑶 版式设计：张爱妮

ISBN 978-7-5632-3849-1 定价：55.00 元

《中国海事审判(2016)》编委会

目　录

【新型海事案例评析】

CONTENTS

1

[Analysis on New-type Maritime Cases]

【Annual Report】

【权威之声】

在全国海事审判实务座谈会上的总结讲话(节选)

(2017 年 6 月 16 日)

王淑梅①

今天一天的讨论积极热烈且富有成效,在讨论的基础上,我就以下几个具体问题谈谈初步意见,供大家参考。

(一)关于海事审判中的船舶

船舶概念是海事审判中最基本、最首要的概念之一,我们要注意从三个层面来认识和把握。

一是从整体上进行系统把握,要认识到海事法律的渊源比较庞杂,包括大量国际公约和国内的法律、行政法规和部门规章等,而各个不同的法律文件中对船舶的定义并不完全一致,我们不可能对船舶下一个统一的定义。严格地讲,对于船舶的内涵和外延,应当根据拟适用的每一个法律规范性文件甚至其部分章节或者条款的具体限定进行确定。

二是要认识问题的根源与实质,准确把握"海船"的本质特征是具有航海能力(适于海上航行)。大体上讲,海事公约所调整的船舶大多是我们通常所讲的"海船",公约英文文本普遍以"seagoing vessel"表述,其中英文"seagoing"一词的字面意思就是"适于海上航行",而不是"正在海上航行",这在英语语系国家中基本上没有歧义。而将英文"seagoing vessel"翻译为中文"海船"后,究竟是正在海上航行的船舶,还是具有航海能力的船舶,抑或仅限于持有海船检验技术证书的船舶,应具体情况具体分析。无论如何,就公约规定的"seagoing vessel",应当坚持从其本意来理解,即具有航海能力(适于海上航行)的船舶。《中华人民共和国海商法》(以下简称《海商法》)第三条规定了海船,但没有进一步对"海船"下定义,《中华人民共和国海事诉讼特别程序法》(以下简称《海事诉讼特别程序法》)也没有对"海船"下定义。根据上述两部国内法的立法本意和国际上的普遍观念,最高人民法院 2003 年发布的《关于适用〈中华人民共和国海事诉讼特别程序法〉若干问题的解

---

① 王淑梅,最高人民法院民事审判第四庭副庭长。

释》第三条规定："《海事诉讼特别程序法》第六条规定的海船指适合航行于海上或者通海水域的船舶。"该司法解释的规定体现了"海船"的本质特征。对于尚不具备航海能力的在建船舶，原则上不属于《海商法》的调整对象，但建造中船舶的抵押应适用《海商法》第十四条的特别规定为例外。

三是适用我国《海商法》和《海事诉讼特别程序法》时，要注意根据该两部法律下"海船"的本质特征准确识别，原则上不为其他规范性或者技术性文件的不同定义、标准或者名称所左右。认定海船的标准，一般是看船舶检验证书，但又不能仅局限于看船舶检验证书的名称是海船证书还是内河船舶证书，关键要看证书载明的船舶是否具有航海能力和可以在什么海域范围内航行。例如，有的船舶持有的船舶检验证书的名称为内河船舶检验证书，但船舶检验机构核定航区为 A 级，在广东水域经交通主管部门批准可在一定范围内（距岸不超过 5 000 米）航行港澳航线。如果这类船舶（超过 20 总吨且非用于军事或者政府公务）在核定海上航区内航行发生事故，其就是《海商法》第三条规定的海船。

《海商法》调整海上运输和海江之间、江海之间的直达运输，"海船进江"和"江船出海"的情况也较为普遍，如何认定"海船"是准确适用法律的起点，至关重要。简而言之，持有海船检验证书的船舶，无论事故发生在海上还是内河，均是海船；对于持有内河船舶检验证书，但可以在核定海上航区内航行的船舶，涉案事故实际发生于海上时，在相关案件中应按海船处理。

（二）关于船舶优先权

根据海事审判实践反映的相关争论与问题，对船舶优先权相关案件，应当注意以下几点：

第一，当事人对于特定海事请求是否具有船舶优先权具有的利害关系或者诉的利益，有权提出确认请求，无论是在提起要求赔偿的给付之诉同时一并提出该确认之诉，还是单独提出确认之诉，法院均应依法受理并作出确认与否的判决。

第二，权利的存续或者享有状态与权利的行使是两个不同概念，两者的关系应当是：存续或者享有状态是行使的前提或者条件；行使权利可以使权利（享有）延续或者在实现后消灭；在权利存续或者享有状态下，权利人可以自由决定是否行使、何时行使等问题。船舶优先权的存续或者享有与行使也是如此，司法实践应当予以明确区分。当事人请求法院确认某项海事请求具有船舶优先权或者其享有船舶优先权，在性质上属于确认权利享有或者存续问题，而不是行使问题，因为船舶优先权的行使方式有其法定性（如《海商法》第二十八条规定的扣押）。当事人请求确认船舶优先权，如果船舶优先权仍在存续期间或者为当事人所享有，则法院不应将该请求与船舶优先权的行使方式即船舶扣押相关联，不能断然以当事人未申请扣押船舶为由不受理、不审理或者不确认该确认请求。

第三，船舶优先权是《海商法》规定的一种特殊的担保物权，具有法定性、依附性、秘密性、优先性、有期限性的特点。当事人请求确认船舶优先权，法院应当查明其产生与存续的事实，对于在一、二审判决作出前船舶优先权已经逾期消灭的，判决驳回该项确认请求；对于在一、二审判决作出前船舶优先权尚存续的，应当在判决确认具体海事请求对特定船舶具有船舶优先权的同时，特别一并写明其存续期限，以免造成当事人在存续期届满后根据生效判决，以法院无期限地确认船舶优先权为由继续主张优先权并带来种种后续争议。

第四,关于船舶优先权相关案件的释明,这是审判实践中应当注意的问题。对于船舶优先权的享有与行使问题,目前有些法官尚有疑问,就勿论当事人甚至诸如船员等社会弱势群体。尽管法律和司法解释对法官在这方面的释明权或者释明义务没有明确规定,但从实质的公平正义和务实解决问题的角度看,法官根据具体案情向当事人适当释明是可行和必要的,包括船舶优先权制度内容、当事人是否主张或者行使、如何主张或者行使等事项。

第五,就船员工资、其他劳动报酬、船员遣返费用和社会保险费用主张船舶优先权的,原则上仅认定船员在船工作期间发生上述报酬与费用请求具有船舶优先权。船员上船服务之前在岸上待派或者离船休假期间的工资和社会保险费用请求不具有船舶优先权。

第六,《海商法》第二十九条规定了船舶优先权的除斥期间为一年,该期间的起算原则上从船舶优先权所担保的请求权产生之日起算。但是,船员工作具有特殊性,工资等劳动报酬一般按月给付,部分船员长期随船作业,难以及时维权,相关船舶优先权的除斥期间从船员离船时起算更为合理。

(三)关于船舶留置权

对船舶行使留置权的法律规定,不仅有《海商法》第二十五条(修造船人的留置权),还有《海商法》第一百六十一条(船舶作为被拖物情形下拖航人的留置权),也有《中华人民共和国物权法》(以下简称《物权法》)关于一般留置权的规定。根据《海商法》第二十五条,船舶留置权在造船人、修船人不再占有所造或者所修的船舶时消灭。该规定要求占有与债权具有关联,即该占有系基于主张留置的债权而产生。根据《物权法》第二百三十一条关于"但企业之间留置的除外"的规定,如果船舶修造企业在船舶经营企业拖欠前次船舶修理费的情况下,当时准许船舶离开修造厂(脱离其占有),之后又一次修理而占有船舶经营企业的船舶(包括同一船舶或者其所有的其他船舶),船舶修造企业仍可就前次船舶修理费债权而留置船舶。涉及船舶留置权时,《海商法》第二十五条与《物权法》第二百三十一条的规定不同,两者之间属于旧的特别法与新的一般法的关系,根据《中华人民共和国立法法》的规定,对这类相互冲突的法律如何适用,应当报请全国立法机关裁决。但是,也应当看到《海商法》第二十五条规定的船舶留置权相当局限,系立法借鉴当时国际上尚在研讨中的《1993年船舶优先权和抵押权国际公约》草案而来,仅限于船舶修造,同时也受到当时我国民商事基本法律一律要求行使留置权须满足动产占有与债权之间具有牵连关系要件的影响。法律规定留置权的主旨是保护债权人的利益,适当兼顾债务人的利益。固守《海商法》第二十五条的规定而排除《物权法》第二百三十一条的适用并无特别意义,反之似更符合立法主旨。因此,我们倾向认为,企业之间就船舶修造而产生的留置权争议,可以适用《物权法》第二百三十一条的规定,而不应当根据《海商法》第二十五条的规定而排除《物权法》第二百三十一条的适用。

(四)关于航次租船运输条件下货方的诉讼选择

在正常情况下,法院确定的案由应当与当事人的诉由完全一致,全部涵盖当事人的诉由。但实际情况并非都如此,鉴于受《海商法》第四章"海上货物运输合同"扩张适用于侵权之诉与非合同方的影响,在货方同时起诉承运人与实际承运人时,大部分海事法院一般以"海上货物运输合同纠纷"为案由,一并审理原告的全部诉由,并没有受到自己确定案由的影响。我们要正确认识诉由与案由的关系并尽可能合并审理相关纠纷。在航次租船运输条件下,如果货方同时起诉承运人(出租人)和实际承运人,并明确表示其对实际承运人提起侵权之诉的,法院可以合并审理或者进行诉的分离(分别审理),但不能简单以"运输合同"案由直接驳回货方对实际承运人的诉讼请求。如果货方同时起诉承运人(出租人)和实际承运人,并仅坚持提起违约之诉的,法院可以以实际承运人并非合同当事人为由,仅依法判决承运人承担违约责任。

《海商法》第六十三条关于承运人与实际承运人连带责任的规定仅适用国际海上货物运输,不适用其中的航次租船运输。如果航次租船运输下的承运人与实际承运人均负有赔偿责任,法院可以按照不真正连带责任的形式判决确定其责任(例如,第一判项确定承运人的赔偿责任,第二判项确定实际承运人的赔偿责任,第三判项明确承运人与实际承运人的赔偿总额以判决所认定的损失赔偿额为限)。

（五）关于包含海运的多式联运区段法律的适用

首先,具有涉外因素含海运区段的多式联运合同的当事人可以约定合同适用的准据法。如果该类多式联运合同约定适用我国法律,或者没有约定准据法而根据最密切联系原则确定适用我国法律,或者虽约定适用外国法但外国法无法查明且确定适用我国法律,应当适用《海商法》第一百零五条关于多式联运经营人"网状责任制"的规定。我们倾向认为法律关于多式联运经营人责任形式的规定在性质上属于实体规范,而不宜识别为冲突规范(法律适用法)。有观点认为多式联运经营人"网状责任制"的法律规定在性质上属于冲突规范,如果采纳该观点,根据《中华人民共和国涉外民事关系法律适用法》(以下简称《涉外民事关系法律适用法》)第九条关于"涉外民事关系适用的外国法,不包括该国的法律适用法"的规定,会影响多式联运合同约定外国法的适用,特别是该外国法规定多式联运经营人"网状责任制"时,该外国法将无法适用,在很大程度上否定多式联运合同约定适用外国法,这与意思自治的基本法律原则相悖。

如果具有涉外因素的多式联运合同当事人约定合同适用外国法且外国法能够查明的,多式联运经营人的责任形式应当适用该外国法(无论该外国法规定的多式联运经营人责任形式,是网状责任制还是单一责任制、混合责任制或者其他责任形式),然后根据外国法规定的责任形式进一步确定多式联运经营人在各区段的责任(其中包含一个前提即各区段的法律适用)。简而言之,关于具有涉外因素的多式联运区段法律的适用,应当遵循三个步骤:第一,根据我国冲突规范确定多式联运合同的准据法;第二,根据该准据法确定多式联运经营人的责任形式;第三,根据多式联运经营人的责任形式确定多式联运经营人在各运输区段的责任(包含区段法律的具体适用)。

《海商法》第一百零五条规定多式联运经营人"网状责任制"的主旨,是尽可能地使多式联运经营人的责任与区段承运人的责任统一起来,避免多式联运经营人因责任制度不同而额外承担更多责任,促进多式联运发展。该条规定的"调整该区段运输方式的有关法律规定",是指该区段所在国家的法律。例如,从中国广东惠州至德国柏林的多式联运,根据《海商法》第一百零五条的规定,如果货物灭失或者损坏发生在惠州至蛇口的公路运输,则适用我国有关公路运输的法律;发生在从蛇口至汉堡的海上运输,则适用我国《海商法》第四章的规定;发生在汉堡至柏林的铁路运输,则适用德国的铁路运输法律。当然,无法查明有关德国法时,仍适用我国相关法律。

有关诉讼时效的争议,同样适用调整该运输区段的法律。

（六）关于船舶适航问题

就适航的原义来讲,适航更多的是与船舶的状态有关,即船舶处于适于航行的状态,而非船东的行为。但船东对于货主等特定与不特定的利害关系人有保持船舶适航的义务,否则会承担违约或者侵权责任。关于适航的法律规制,适航的标准不是一成不变的,也不是绝对的、划一的。在司法实践中,应当注意把握以下几个要点:

第一,整体把握适航概念。船舶的适航性标准有一个悠久的历史演进过程,也正在不断地发展。适航概念发展的趋势是:标准越来越高,船舶所有人或者经营人的举证责任越来越重,适航责任期间必将延长至航程中的各个区段(如《鹿特丹规则》)。但无论如何发展,目前已生效或者未生效的公约或者国际规则并没有将适航义务确定为严格责任意义上的绝对义务,仍然定位在"谨慎处理"意义上的相对适航。适航基本义务的性质没有改变,仅是具体内容的增加和判断标准的提高而已①。而且,在特定历史条件下,适航随着货物的种类、船舶的特点、航线的情况不同而有所不同,如远洋航行的船舶与沿海航行的船舶在船体强度等技术性能上的要求显然有较大差异。

第二,认真区分不同法律规范和合同约定的要求。不同海事法律规范以及不同海商合同对适航的要求和不适航的责任的规定或约定均有所不同。《海商法》第四章、第六章、第七章、第十二章都有关于适航义务的规定,审判实践中要注意区别上述规定中的适航义务以及违反适航义务的法律后果。例如,我国《海商法》借鉴《海牙规则》的规定,仅在第四十七条作出了具体规定,同时将承运人的适航义务限定在"船舶开航前和开航当时"。该规定仅适用于国际海上货物运输的承运人对本船所载货物货损的责任。但对之外的其他损失(如不适航引起碰撞、搁浅等海事事故造成本船以外的他船的船货损失、码头等港航设施损失等海事侵权损失),除可参考《海商法》第四十七条的规定外,更重要的是要结合我国参加的《ISM规则》等其他规定认定船舶的适航性,特别是《海商法》针对特定货物运输的"船舶开航前和开航当时"之适航责任期间,对其他海事事故损害赔偿不具有普遍适用的意义。定期租船合同、船舶保险合同等对适航性及相关责任另有约定的,还要根据合同约定进行处理。

第三,全面掌握适航与不适航的认定标准。认定船舶不适航,是从审查船舶适航性为起点的,以船舶适航的标准反向认定,未达适航标准的即为不适航。一般由船方证明船舶适航,其不能举证证明的,则认定船舶不适航。认定船舶是否适航,不仅要看船舶证书是否齐全有效,还要看船舶实际的技术状况,如是否超载以及船舶在强度、稳性(包括易流态化散装固态货物含水率是否超过适运水分极限等)等诸方面是否符合规范并具备抵挡预订航次风险的能力。船舶适航性是一个包含多种因素的航行技术状况,审判实践中既要全面审查诸多相关因素,也要结合争议焦点重点审查争议因素,慎重作出认定。

---

① 如国际海事组织《国际船舶安全营运和防止污染管理规则》(简称《ISM规则》)的规定。

第四，准确认定不适航的法律后果。认定船舶不适航后，应当存在两个层次的法律问题：首先是判断船舶所有人、经营人是否应当承担不适航的责任；其次，在判断船舶所有人或者经营人应当承担不适航的责任后，才进一步涉及其是否应当丧失责任限制权利的问题。从责任人（船舶所有人、经营人）的过错程度来看，船舶不适航的原因可分为三类：(1)由于责任人尽合理谨慎义务仍无法发现的船舶本身的潜在缺陷（无过失）；(2)责任人没有尽到合理谨慎（一般过失）；(3)责任人故意或者明知可能造成损失而轻率地作为或者不作为。如果船舶不适航是第一种原因所致，除诸如船舶污染等应当承担无过错责任的情形外，责任人无过失。只有不适航是由于船舶所有人或者经营人未经谨慎处理义务所致，其才承担因不适航造成的损失。国际海上货物运输的承运人还可依据我国《海商法》第五十一条第一款第十一项的规定主张免责。即使存在上述第二种情况，如果船舶不适航与货物损失没有因果关系，承运人也不应基于不适航而承担责任；如果不适航与承运人可免责的原因共同造成货损，则由承运人承担举证责任合理分清，否则承担举证不能的不利后果。如果船舶不适航是第二种原因所致，责任人应当承担因不适航造成的损失，但责任人有权主张责任限制。只有不适航是第三种原因所致，且损失是不适航造成的，责任人才丧失责任限制的权利。总之，不适航不当然地成为船舶所有人、经营人应当承担责任的理由，更不能当然使责任人丧失责任限制的权利。

（七）关于集装箱超期使用费的承担

海上货物运输合同的收货人在目的港提取货物后未归还集装箱，或者收货人逾期提货产生集装箱超期使用费的，承运人可以向收货人主张集装箱超期使用费；承运人选择依据海上货物运输合同向（订约）托运人主张集装箱超期使用费的，法院应向其释明诉讼风险。目的港无人提货的，承运人可向（订约）托运人主张集装箱超期使用费。关于集装箱超期使用费的标准，运输合同有约定的，按照其约定；在没有约定标准时，可采用集装箱提供者网站公布的标准或者同类集装箱经营者网站公布的同期同地的市场标准。根据《中华人民共和国合同法》（以下简称《合同法》）第一百一十三条规定的可合理预见规则和第一百一十九条规定的减损规则，也应当为集装箱使用费赔偿额的计算确定一个合理的限度，该限度可根据具体案情合理酌定。目前，有的海事法院以重置一个同类新集装箱的价格为限（如青岛、上海、广州），有的海事法院以该价格的 1.5 倍为限（如宁波），有的海事法院还以一定期限（如 60 天）为限计算，一致的认识是应当有合理上限，但标准不一。这些标准总体上均有合理性，但相关情况较复杂，一时尚难以完全统一，需要进一步探索并总结经验。既然全国海事审判系统都希望统一赔偿上限标准，根据海事法院中的多数意见，建议各院逐步向上述以同类新集装箱市价 1 倍为限的做法靠拢，集中探索一段时期，看是否能够以此统一标准。对此，希望各院注意两点：一是原则上暂以同类新集装箱市价 1 倍为基准试行，还可以根据具体案情适当浮动或者调整；二是各院至少要保证对类似情况的酌定标准和幅度先做到本院各裁判基本一致。

关于承运人请求集装箱超期使用费的诉讼时效，根据《最高人民法院关于承运人就海上货物运输向托运人、收货人或提单持有人要求赔偿的请求权时效期间的批复》（法释〔1997〕3 号）等司法解释的规定，诉讼时效为一年，自权利人知道或者应当知道权利被侵害之日起计算。

（八）关于船章使用引起的责任承担

船章，与法人制度中的印章相比，其地位相当于公司内设职能部门的印章。以船章对外签订的合同原则上对船舶所有人和船舶经营人不应产生表见代理的效果，除非相对人有合理理由相信船长有权代船舶所有人或船舶经营人以船章签订合同，如船长依法定职权签订海难救助合同、船长为船舶航行添加燃油和供应品、紧急情况下的临时性修理等。在航运实践中，为船舶航行添加燃油和备品可视为船长管理船舶的职责，在没有其他书面合同的情况下，一般可以认定船舶所有人与供应商之间成立供应合同关系。如果以船章向第三人借款，第三人请求船舶所属或者所挂靠经营的公司承担偿还责任的，一般应不予支持。

（九）关于承运人对大宗散装货物短重的责任承担

认定承运人对其责任期间货物短少的赔偿责任，要在严格依法的同时，充分考虑航运实践，尊重行业惯例。只要承运人已经尽到谨慎管货的义务，对于因合理损耗、计量允差造成的货物短少，承运人可以免责。按照我国进出口商品检验行业标准《进出口商品重量鉴定规程——水尺计重》，水尺计重可能存在5‰的计量允差（合理误差）。因此，如果卸货后货物短少在5‰以内，可以认定为由于自然耗损、计量误差等因素造成合理范围内的短量，除非有相反证据证明承运人有过失，否则承运人原则上对该短少损失不应负责赔偿。如果货物短少超过5‰，即已超过合理的短量范围或者说货物短量已经不合理，这表明货物运输中存在不合理因素，则承运人原则上应当对全部短少承担赔偿责任，除非承运人可以证明部分短量系由合理原因造成的。

这里，需要进一步说明三点理由：一是水尺计重作为一种技术，其结论具有盖然性特征，而不具有自然科学的严密与精确，其误差是客观存在的，即使经过合理修正，其结论仍有误差，只是误差大小而已，这就是为什么要允许合理计量误差，所谓"计量允差"就有此意。二是在概念和逻辑上，水尺计重允许5‰的合理误差（应然规范）不等于具体运输中合理的计量误差就是5‰（实然状态），应然规范不能代替实然状态。也就是说，计量允差5‰的含义是货物短少在5‰以内（如1‰、4‰之类不等）合理，但不等于具体运输货物中合理因素造成的短少一定就是5‰（而不是1‰、4‰之类不等）。货物短少超过5‰可以初步说明运输中存在不合理因素导致短少。如果承运人不能举证区分合理因素与不合理因素各自造成的损失，则应当由其承担举证不能的不利后果，而实践中承运人基本上难以举证。这种认定可以在一方面支持承运人对合理短量免责的同时，另一方面起到防止承运人或者其雇员发生监守自盗等道德风险的作用。三是允许承运人提出水尺计重5‰计量允差的免责抗辩的前提是承运人不存在非谨慎管货等过错。如果有相反证据证明承运人有过失（如在装货港已知货物短少而凭托运人保函按托运人申报签发提单），即使短少在5‰以内，原则上不应支持承运人提出5‰计量允差的抗辩。

（十）关于《海商法》第五十五条规定货物灭失或损害赔偿额的计算

《海商法》第五十五条规定，货物的实际价值，按照货物装船时的价值加保险费加运费计算。货物在运输途中被转卖的，按照提单持有人（货损索赔人）为买方的买卖合同约定的价格计算。当事人要求承运人赔偿货物交付或从应当交付之日起至损失确定之日因价格变化造成的损失，或主张按照目的港出售价格计算实际价值差额的，人民法院不予支持。具体计算方法可以参照最高人民法院审理哈池曼海运公司与上海申福化工有限公司、日本德宝海运株式会社海上货物运输合同货损赔偿纠纷一案的（2013）民提字第 6 号民事判决采用的"贬值率法"。

（十一）关于无单放货纠纷中的"卸货港所在地法律"

承运人援引《最高人民法院关于审理无正本提单交付货物案件适用法律若干问题的规定》第七条规定的"卸货港所在地法律"，要求免除无单放货赔偿责任的，鉴于该"卸货港所在地法律"系承运人的抗辩事由，应由其负责提供，法院一般可不主动查明，除非卸货港所在地法律同时也是整个无单放货赔偿纠纷的准据法。

（十二）关于共同海损的有关问题

共同海损作为最古老的航海惯例为近代和现代各国的海上立法一致承认。近几年，在海事审判实践中，共同海损案件有所增多，出现共同海损理算、管辖和时效等方面的疑难问题需要研究明确。

1. 关于共同海损理算问题

依据《海事诉讼特别程序法》第八十八条之规定，当事人就共同海损纠纷可以直接向海事法院提起诉讼，法院受理案件后可以再委托理算机构理算。因此，共同海损诉讼不必以理算作为前提。共同海损理算人是具有专业资格从事海损理算业务的机构或个人。中国国际贸易促进委员会下设海损理算处，是我国唯一有资质的共同海损理算人。根据《海事诉讼特别程序法》的司法解释第六十二条、第六十三条的规定，在当事人未约定或者约定不明的情况下，任何当事人都有权委托理算。如果其他当事人对该理算报告无异议或者异议不成立，人民法院可以自由裁量是否采信该报告。如果异议成立，并非必然导致补充理算或者重新理算，还要看是否有需要，如有需要，可以补充理算或者重新理算。如果法院认为理算报告未能完全说明案件的具体情况，可要求当事人就未查清的情况补充提交证据，也可以要求原委托人通知理算人调整理算报告。当事人拒绝补充提交证据或者补充理算的，按照举证责任分配原则，由不能举证一方当事人承担相应法律后果。

2. 关于共同海损管辖问题

《中华人民共和国民事诉讼法》（以下简称《民事诉讼法》）第三十二条规定了共同海损诉讼中确定管辖的连接点有船舶最先到达地、共同海损理算地或者航程终止地。其中，共同海损理算地是处理共同海损损失，理算共同海损费用的工作机构所在地。

3. 关于共同海损分摊请求权的诉讼时效问题

《海商法》第二百六十三条规定的理算结束之日，应为可通过同一类法律事实确定的一个明确的日期，宜以签署理算报告之日作为理算结束之日。至于共同海损理算机构签署理算报告后迟延向当事人送达报告，或者事后出具补充报告修改完善之前的理算报告，原则上不影响上述理算结束之日的认定，如果耽误索赔时效利益符合法律关于诉讼时效中止规定的，可以适用法律关于诉讼时效中止的该规定予以保护。

4. 关于共同海损分摊相关海上保险赔偿请求权的诉讼时效问题

因分摊共同海损而遭受损失的被保险人（船方或货方）向保险公司索赔，在性质上属于海上保险合同下的请求,诉讼时效应适用《海商法》第二百六十四条的规定,诉讼时效的起算点应为保险事故(共同海损事故)发生之日。实践中,由于共同海损理算的时间过长,有可能会耽误当事人索赔的时效利益。在共同海损进入理算或者诉讼程序后,被保险人(船方或货方)向保险公司索赔的诉讼可以适用《海商法》第二百六十六条有关诉讼时效中止的规定。

(十三)关于港口经营人能否援用《海商法》第五十八条的规定主张承运人的责任限制抗辩

对于港口经营人在港口作业中造成货物损失,托运人或者收货人直接以侵权起诉港口经营人,港口经营人援用《海商法》第五十八条的规定主张限制赔偿责任的案例,以前不同海事法院裁判意见不一致,海商法理论认识分歧较大。第一种观点认为,港口经营人不属于《海商法》规定的承运人的受雇人、代理人,不能依据《海商法》第五十八条的规定主张免责或限制赔偿责任。第二种观点认为,港口经营人是否有权依据《海商法》第五十八条的规定主张免责或限制赔偿责任,应当根据不同的案情,判断其是否属于《海商法》规定的承运人的受雇人或者代理人。第三种观点认为,可以将港口经营人识别为实际承运人,准许其援用承运人的责任限制抗辩。

这类问题的产生源于英国上诉法院1954年对"喜马拉雅"号案的判决,由此产生提单上约定的《喜马拉雅条款》(以下简称约定《喜马拉雅条款》)和《海牙-维斯比规则》第四条第二款以及之后采纳该规定的各国国内法规定的《喜马拉雅条款》(以下简称法定《喜马拉雅条款》)。我国《海商法》第五十八条系吸收借鉴《海牙-维斯比规则》第四条第二款的规定而来。约定《喜马拉雅条款》与法定《喜马拉雅条款》,相同之处是均明确涵盖保护承运人的受雇人、代理人;不同之处是:法定《喜马拉雅条款》明确排除或者不包含独立承包人(缔约人),约定《喜马拉雅条款》往往明确保护独立承包人并载明承运人作为独立承包人的代理人代表其订立该条款(《喜马拉雅条款》)。

就法定《喜马拉雅条款》而言,在我国现行法律制度和港口经营状况下,适用该条款的空间几乎不存在。首先,我们应当看到,在我国法律下,代理概念、受雇人责任与英美国家不同。在我国法律下,代理仅适用于民事法律行为,而港口经营人受船方或者货方委托进行装卸等港口作业,属于事实行为,在该工作环节中其难以成为代理人。目前我国的港口经营人基本上都是企业,受雇人一般是自然人,企业不可能成为受雇人,至多作为承运人的履约辅助人,很多情况下系作为独立承包人进行港口作业(不受承运人具体操控而独立进行作业,承运人仅协助配合)的,即使将参与港口作业的某些自然人识别为承运人的受雇人,根据《中华人民共和国侵权责任法》(以下简称《侵权责任法》)第三十四条的规定,受雇人在工作中造成的损害由雇主承担责任,无须所谓"受雇人"承担责任,更谈不上抗辩责任限制的问题。根据《海商法》第四十一条和第四十二条关于海上货物运输合同、承运人、实际承运人的定义,实际承运人应当是实际从事由一港到另一港之间运输或者部分运输的人,港口经营人在一港之内作业,不能认定为实际承运人。

至于提单上约定的《喜马拉雅条款》,港口经营人是否可以援引,英美国家多数案例持支持态度,但也不完全一致;而在我国《合同法》下,涉及第三人利益合同和格式合同的规定。我国《合同法》对于为第三人利益的合同中第三人的权利没有明确规定，需要进一步研究。提单条款系格式条款，约定港口经营人作为独立承包人享受承运人的责任限制，很可能构成《合同法》第四十条规定的"排除对方主要权利"（免除货方大部分货损损失数额时可构成该情形）等格式条款无效的情形。

总体上看，一般不倾向认定港口经营人可以享受承运人的责任限制抗辩，如果有特殊情形可以再进一步研究。《海商法》为承运人规定免责和责任限制等权利无非是基于海上风险的特殊性，而港口经营人一般不承担海上风险，不支持其享受海运承运人责任限制公平合理。

（十四）关于航次承租人是否可以主张海事赔偿责任限制的问题

《海商法》赋予船舶所有人、经营人、承租人等享受海事赔偿责任限制的权利，主要是基于船舶经营面临海上风险而对其给予特殊保护。航次租船合同承租人并不拥有船舶，对船舶的营运没有控制权，也不承担船舶营运的风险，其系经营运输而并非经营船舶。将航次租船合同承租人作为享受海事赔偿责任限制的主体，与海事赔偿责任限制制度的设立目的以及发展趋势并不相符。因此，《海商法》第二百零四条规定的船舶承租人不包括航次租船合同承租人。

（十五）关于海上保险合同的有关问题

《海商法》第十二章对海上保险合同做了专门规定，《中华人民共和国保险法》（以下简称《保险法》）也有适用于海上保险合同的规定。实践中，部分法院对责任保险中保险人的赔偿责任、对被保险人行使不同诉权的处理方式等问题在程序和实体处理上存在一些困惑。经研究，可将相关审理思路统一如下。

1. 关于沿海、内河保险合同保险人代位求偿权诉讼时效起算点的问题

依据《最高人民法院关于海上保险合同的保险人行使代位请求赔偿权利的诉讼时效期间起算日的批复》，海上保险合同的保险人行使代位请求赔偿权利的诉讼时效起算日，应依据《海商法》第十三章的规定。但是，该条批复以及《海商法》第十三章均是针对国际海上运输、海上保险合同。于是，有人认为沿海、内河保险合同中保险人代位求偿权时效的起算点应该依据《保险法》的司法解释二第十六条之规定，自保险人取得代位求偿权之日起算。我们认为，无论是国际海上货物运输合同，还是沿海、内河货物运输合同采用的都是一年短时效，是基于保护水运交易稳定的考量。保险人的代位求偿权以货主向承运人的赔偿权利为基础，不宜超越原始权利的范畴，故沿海、内河保险合同保险人代位求偿权的时效起算日应该按照《最高人民法院关于如何确定沿海、内河货物运输赔偿请求权时效期间问题的批复》（法释〔2001〕18号）规定的诉讼时效起算时间确定。

2. 关于责任保险中保险人如何赔偿保险金的问题

此问题涉及《保险法》第六十五条关于责任保险规定的理解与适用。在被保险人对第三者应负的赔偿责任尚未确定时，第三者起诉被保险人并将保险人列为第三人的，法院依据《民事诉讼法》的司法解释第二百二十二条的规定进行审查，法院在立案阶段应对原告在诉状中列明的第三人是否符合追加条件予以审查决定，并向当事人释明。对于符合无独立请求权的第三人条件的，法院立案时将其列为第三人，并通知参加诉讼。对于不符

合无独立请求权第三人条件的,向原告释明。法院可对列明的第三人询问,以确定第三人和原被告之间的实体法律关系与原被告之间的法律关系是否有直接的牵连性,根据询问情况决定是否通知第三人参加诉讼。在被保险人对第三者应负的赔偿责任尚未确定时,第三者直接起诉保险人和被保险人的,对于普通案件,法院可以判决认定被保险人的责任,驳回第三者对保险人的诉讼请求。对于人身伤害和船舶油污等需保险公司积极配合船东完成理赔手续的案件,为了有利于纠纷的解决,法院可以认定保险人的责任。在认定保险人与被保险人均承担责任的情况下,可以判决保险人与被保险人承担不真正连带责任。

3. 关于保险合同之诉与运输合同之诉的处理问题

对于此问题,被保险人(货主)在货损后,有权在保险合同或者运输合同中择一而诉。其选择运输合同之诉取得赔偿后,依然有权就不足部分请求保险人赔偿。被保险人(货主)在货损后,同时起诉承运人和保险人的,法院应当向当事人予以释明,进行诉的分离,先行中止其中一个案件的审理。

(十六)关于海上养殖的有关问题

海上养殖涉及的问题集中在养殖损失赔偿标准的确定上。被侵权人经营的养殖场所及设施受到损害,可以请求侵权人赔偿其由此造成的养殖设施损失、养殖物损失、恢复生产期间减少的收入损失,以及为排除妨害、消除危险、确定损失支出的合理费用。养殖设施损失赔偿额按照合理的修复费用计算,设施受损严重无法修复或修复费用高于重置费用的,按重置费用计算。计算养殖物损失赔偿额时,养殖物数量按照被侵权人举证证明的投苗数量计算,明显高出行业技术标准的,按照行业技术标准确定;养殖物规格按照残存养殖物确定,养殖物全部丧失的,参考投苗规格、养殖时间、当地同类水产品生长速度等因素确定;养殖物价格按照事故当时、当地的市场价格计算。计算收入损失时,恢复生产期间应参考对养殖场所及设施进行清洗、修复或者更换所需的合理期间,以及养殖季节等因素进行计算,因被侵权人原因导致延误的时间,应予以扣除;收入损失计算标准参照《最高人民法院关于审理船舶油污损害赔偿纠纷案件若干问题的规定》第十六条的规定,应以其前三年同期平均净收入扣减受损期间的实际净收入计算,并适当考虑影响收入的其他相关因素予以合理确定,也可以参考政府部门的相关统计数据和信息,或者同区域同类生产经营者的同期平均收入合理认定。被侵权人未依法取得养殖水域使用权和养殖行政许可从事海上养殖,主张收入损失的,人民法院不予支持;但被侵权人举证证明其无须取得使用权及养殖许可的除外。

(十七)关于船舶扣押与拍卖的有关问题

海事请求人申请对船舶采取限制处分或者抵押等保全措施的,海事法院可以依照《民事诉讼法》的有关规定,裁定准许并通知船舶登记机关协助执行。司法实践中,针对挂靠船舶扣押、船舶扣押期间如何监管、船舶拍卖中相关证件如何处理等问题,经讨论,暂明确如下。

1. 关于挂靠船舶扣押的问题

根据《物权法》第二十四条的立法本意,该条规定的"善意第三人"仅为与标的物有物权关系的第三人,而不包括没有物权关系的一般债权人。挂靠船舶登记所有人的一般债权人(即与船舶没有物权关系的债权人),不属于《物权法》第二十四条规定的"善意第三人",其债权请求权不能对抗挂靠船舶实际所有人的物权。一般债权人申请扣押挂靠船舶后,挂靠船舶实际所有人主张解除扣押的,应予支持。对挂靠船舶享有抵押权、留置权和船舶优先权的债权人,属于上述"善意第三人"的范畴。对挂靠船舶善意取得担保物权的债权人申请扣船,挂靠船舶实际所有人以《最高人民法院关于适用〈中华人民共和国物权法〉若干问题的解释(一)》第六条的规定主张解除扣押的,不予支持。在认定船舶权属时,应当对挂靠关系的存在、船舶价款的支付、船舶的占有和经营、挂靠经营期间经营收入归属等相关证据进行严格审查,避免当事人恶意串通,以虚构船舶挂靠的形式转移财产,逃避债务。

2. 关于船舶扣押期间监管及费用的问题

船舶所有人或经营人无法联系或拒不履行监管职责的,不属于扣押船舶裁定作出后因客观原因无法执行的情况,海事法院应依据《关于扣押与拍卖船舶适用法律若干问题的规定》第七条第二款的规定进行处理,不宜依据该司法解释第九条第二款的规定裁定终结执行。船舶因流拍被解除扣押的,监管费用由扣押申请人负担。船舶因案外人异议解除扣押的,监管费用也由扣押申请人负担。

3. 关于船舶拍卖相关证件的处理问题

船舶拍卖是对船舶物权进行的处分,捕捞许可证、运输许可证属于行政相对人取得的行政许可,不应一并处理,应由买受人自行办理新的行政许可。但是,海事法院为保障拍卖船舶取得更好的效果,在事先协调有关行政主管部门同意拍卖后注销原证而由买受人重新申请获得捕捞许可证、运输许可证的,也可以将该情况向买受人事先说明。

(十八)关于光船承租人因经营光租船舶产生债务在光船承租人或者船舶所有人破产时的受偿问题

对于光船承租人因经营光租船舶而产生的债务,债权人可以申请扣押光租船舶,也可以依法申请拍卖,从拍卖款中受偿。但光船承租人或者船舶所有人破产时,因破产案件原则上由受理破产案件的法院集中管辖,由此存在《海事诉讼特别程序法》与《破产法》的衔接问题,需要在海事案件的审理和执行过程中予以明确。

(1)在扣押、拍卖等强制措施针对船舶光租人,而非船舶所有人应负责任的海事请求时,如果光船承租人进入破产程序,虽然该海事请求属于破产债权,但该船舶并非破产企业(光船租赁人)的财产,不属于破产财产,可以通过海事诉讼程序清偿债务。

(2)在扣押、拍卖等强制措施针对船舶光租人应负责任的海事请求,且该请求具有船舶优先权、抵押权、留置权时,如果船舶所有人进入破产程序,请求人在破产程序开始后可直接向破产管理人请求从船舶价款中行使优先受偿权,并在无担保的破产债权人按照破产财产方案受偿之前随时进行清偿。

(3)在扣押、拍卖等强制措施针对船舶光租人应负责任的海事请求,但该请求不具有船舶优先权、抵押权、留置权时,若船舶所有人破产,该光租船舶是船舶所有人的破产财产,鉴于债权人原本可以申请拍卖光租船舶清偿债务,可以准许该债权人参照《企业破产法》的规定,在普通债权顺位中按照比例受偿。

(十九)海事行政案件等其他问题

自最高人民法院于 2016 年 2 月发布《关于海事法院受理案件范围的规定》以来,各海事法院已经开始受理海事行政案件,实践中对于海事行政诉讼受案范围、海事行政调查的可诉性等问题存在认识困惑。经讨论,暂时明确以下要点。

1. 关于海事行政诉讼受案范围的问题

《关于海事法院受理案件范围的规定》第七十九项至八十五项明确了海事法院受理海事行政案件的类型。其中的"海事行政",是指对海域或者通海可航水域的民商事活动、安全、环境行使行政管理监督权力的行政主管机关依法进行的行政行为;"海事行政机关"不仅指国家海事局及其下属行政执法机构,还包括:国家海洋局及其下属行政执法机构;农业部渔政渔港监督局及其下属行政执法机构;海警、海关、边防、检验检疫等其他对船舶、船员、船载货物、航运、海洋资源、渔业资源、海洋和通海可航水域环境保护等负有行政执法权限的国家行政机关。公安边防海警在行使上述行政职权时属于海事行政机关,其对于"三无"船舶所做的罚没处罚属于该规定第七十九项规定的情形,属于海事法院的受案范围。但公安边防海警从事的刑事侦查行为等依照《刑事诉讼法》的明确授权行为引发的纠纷则不属于行政诉讼的受案范围。当事人诉请省海洋与渔业局公开海域管理政府信息,属于该规定第八十二项规定的情形,属于海事法院的受案范围。

2. 关于海事行政调查可诉性的问题

《行政诉讼法》第二条规定了行政诉权的范围,即行政诉讼针对的是侵犯了当事人合法权益的行政行为。《事故责任认定书》是行政机关通过调查对当事人责任进行划分的书证,是证据的一种,并不能直接影响当事人的权利义务。如果该认定书确系错误,当事人可以向上一级机关申请重新认定,也可通过提供足以推翻认定书的证据并由法院在诉讼过程另行认定。因此,行政机关作出事故责任认定书的行为不是直接影响当事人合法权益的行政行为,不具有可诉性。

3. 关于船员劳务合同纠纷案件诉讼费的收取问题

对该类案件,可参照《诉讼费用交纳办法》第十三条(四)项有关劳动争议案件每件交纳 10 元的标准收费。

【海商法律专题】

记名提单货物控制权视域下海商法与民商法的碰撞和融合

王　珊　周　烨[①]

【摘要】本文从海上货物运输合同记名提单法律关系中货物控制权与提货权这一新视角切入,通过对我国法律框架内作为一般法的民商法与特别法的海商法就货物运输法律规定进行比较、借鉴,分析货物控制权与提货权的实际流转情况以及相关当事方应当承担的权利与义务等,并通过对我国海事审判实践中出现的难题进行研判,详尽阐述海运履约方"三方两种法律关系"的要义。在兼顾各方利益的前提下,将货物控制权概念引入海商法律中,从而为科学调整并完善中国法下海运履约方的权利与义务,破解海事审判司法实践中热点、难点问题,谋求一项既与国际接轨又具中国特色的立法新思维。

【关键词】货物运输;记名提单;控制权;提货权

司法是一个国家法治建设的关键要素之一,一国司法作用的充分发挥是该国参与国际法治建设的重要方面。[②] 党的十八大报告提出"海洋强国"战略,着力提升我国在开发海洋、利用海洋、保护海洋、管控海洋等方面的综合国力。这对我国海洋航运规则、海洋法制建设提出了一个与海洋大国地位相称的更高要求。

在众多民商法学者眼中,或许海商法只是民商法中一个不太起眼的特别法。但是致力于海商海事研究的专家学者们却强烈呼告海商法的独特性。我国台湾地区学者杨仁寿指出:"海商法之研究,自 Julien Bonnecase 教授所著《海商法之独自性》一书问世以来,海商法与一般民商法,不再被视为'性质'同一之法律,咸认海商法有自主性与特殊性之一面,不能与一般民商法混为一谈……"[③]但是,要正确全面地解读海商法,仍需从海商法与民商法的关系入手。海商法与民商法两者之间,既有联系又有区别,既有共性又有特性之别,这两者的互动与碰撞也为我们学习和研究海商法提供了一条重要的线索。本文虽只局限在海上货物运输中记名提单这一极其微观的视域,但通过将货物控制权概念引入海

---

① 王珊,上海市高级人民法院民事审判第四庭庭长;周烨,上海市高级人民法院民事审判第四庭审判员。
② 参见贺荣:《论中国司法参与国际经济规则的制定》,载《国际法研究》2016年第1期(双月刊)。
③ 参见杨仁寿:《海商法论》,台湾三民书局,1986年版,第1页。

商法律,也不失为一次据实提炼海商法治要素新概括的有益探索和尝试。

一、记名提单法律要素的特性甄别

《海商法》第七十一条规定:"提单,是指用以证明海上货物运输合同和货物已经由承运人接收或者装船,以及承运人保证据以交付货物的单证。提单中载明的向记名人交付货物,或者按照指示人的指示交付货物,或者向提单持有人交付货物的条款,构成承运人据以交付货物的保证。"《海商法》第七十九条第一款规定:"提单的转让,依照下列规定执行:(一)记名提单:不得转让;(二)指示提单:经过记名背书或者空白背书转让;(三)不记名提单:无须背书,即可转让。"

《最高人民法院关于审理无正本提单交付货物案件适用法律若干问题的规定》(以下简称《无单放货司法解释》)第一条:"本规定所称正本提单包括记名提单、指示提单和不记名提单。"这是最高院第一次通过司法解释,明确"记名提单"是"提单"的一种。

我国的司法审判实践,对记名提单的确认,以在提单正面的收货人栏中是否载明特定的公司或个人作为判断依据。

(一)不可转让性:与合同法的碰撞

《海商法》第七十九条明确规定:"记名提单不得转让。"纵观我国海商法律制度,记名提单与指示提单、不记名提单的根本区别,就在于不可转让性。

对记名提单的不可转让性,海商法学界认为,记名提单不可转让是指名提单不能由托运人转让,但可以由记名收货人背书转让。① 司玉琢教授认为,记名提单不可转让,是指记名提单除从托运人处转移至记名提单收货人处之外,在其他任何情况下均不得背书转让。② 郭瑜博士也持相同观点③。

"转让"是民商事法律关系中常见的由一方将其财产、权利或者义务让渡给另一方的法律行为。结合《合同法》第七十九条和第八十八条的规定,《合同法》中的转让是指除根据合同性质、当事人约定和法律规定不得转让的情况之外,债权人可以将合同的权利或者义务全部或者部分转让给第三人。海商法作为民商法的特别法,也只是在民商法未有明确规定时,方才适用其自体性的法律规范。据此,就"提单转让"的寓意,可以理解为:提单出让人通过提单背书或者径行将提单交付的方式,将提单以及提单所承载的权利义务,从出让人手中转移至受让人手中的一种民事法律行为。

(二)提货凭证性:与物权法的碰撞

提单法律制度源于英国航运贸易实践,在英国海商法律制度中,提单被表述为"bill of lading as document of title"。纷争也就在"title"这个关键词上。长期以来,我国将"document of title"翻译并理解为物权凭证,进而引发学界对"记名提单是否是物权凭证"的争议。

---

① 参见傅旭梅:《中华人民共和国海商法诠释》,人民法院出版社,1995 年版,第 157~158 页。
② 参见司玉琢:《新编海商法学》,大连海事大学出版社,1999 年版,第 143 页。
③ 参见郭瑜:《提单法律制度研究》,北京大学出版社,1997 年版,第 33 页。

不可否认,记名提单在商业贸易、跟单结算、资金高效流转等方面具有举足轻重的作用。只要控制了记名提单,就等于控制了货物。然而,坚持将记名提单视为物权凭证的观点无疑将关注的重点都集中在了贸易环节,反而忽略了其在运输环节的本质特征。笔者认为,从事海商海事实务工作者或专家学者,应当抛弃记名提单是"物权凭证"的门户之争,从海上货物运输的视角,解读记名提单在运输领域中的物权性抑或债权性。

提单作为"document of title",其目的在于证明货物由谁占有或控制,而不是为了证明货物的物权归属。这种旨在证明货物的实际掌控状态,而非货物的权利状态①的表述,显然更符合债权的特征。

二、货物控制权在民商法中的形成与展开

通观各国立法,鲜有在一国海商法律制度下规定货物控制权的,但在民商事法律法规内,确有货物运输控制权的规定。究其原因是:货物控制权起源于普通法系中古老的中途停运权(Right of Stoppage in Transit)。

(一)商法下的货物控制权

中途停运权作为一种商人习惯法,通常是指在贸易买方可能丧失支付能力或者明示或默示自己难以履行付款义务时,没有收到货款的卖方,在买方尚未实际占有货物之前,有权要求承运人中止运输并重新占有货物。从货物控制权形成的历史看,主要是产生于商人之间的交易习惯并约定成俗,并为法律所承认。然而,当我们将目光投到海上,当货物控制权与提单相结合后,商人习惯法能否简单适用值得商榷。正如国际著名的商法、贸易法大家施米托夫所言,货物控制权利既是货物买卖上的惯例,又是货物海运上的惯例。②

(二)我国《海商法》与《合同法》中的货物控制权

《海商法》第八十九条规定:"船舶在装货港开航前,托运人可以要求解除合同。但是,除合同另有约定外,托运人应当向承运人支付约定运费的一半;货物已经装船的,并应当负担装货、卸货和其他与此有关的费用。"上述法条将托运人合同解除权限定在船舶开航之前。那么,船舶在装货开航之后,托运人能否单方面变更或解除合同,《海商法》没有相应规定。有观点认为,托运人有任意解除权。③ 也有学者认为,货物已经装船开航,托运人不得单方解除合同。④

《合同法》第三百零八条规定:"在承运人将货物交付收货人之前,托运人可以要求承运人中止运输、返还货物、变更到达地或者将货物交给其他收货人,但应当赔偿承运人因此受到的损失。"《合同法》的这项权利规定,通常被理解成是托运人的货物控制权。⑤

---

① Wang Lizhi:《On the Nature of Straight Bill of Lading and Releasing the Cargo Wherea Straight Bill of Lading is Issued》,Paper Collection of The Sixth International Conference on Maritime Law,P.135.
② 参见[英]施米托夫:《国际商法——新的商人习惯法》,中国大百科全书出版社,1993年版,第5-7页。
③ 参见胡康生:《中华人民共和国合同法释义》,法律出版社,1999年版,第472页。
④ 参见邢海宝:《海商提单法》,法律出版社,1999年版,第225页。
⑤ 参见李志文:《论水路货物运输中托运人的货物控制权》,载《当代法学》2001年第9期。

1. 一个备受合同法影响的概念

《无单放货司法解释》第九条规定："承运人按照记名提单托运人的要求中止运输、返还货物、变更到达地或者将货物交给其他收货人，持有记名提单的收货人要求承运人承担无正本提单交付货物民事责任的，人民法院不予支持。"这条规定明显烙有《合同法》第三百零八条的印痕。它在承认《合同法》第三百零八条货物控制权的基础上，将托运人的货物控制权直接运用于记名提单而引发争议，成为海商海事法律界十分关切的焦点。[①]

2. 简单运用合同法可能存在的司法风险

首先，《合同法》第三百零八条的适用前提是托运人为权利主体，并不涉及存在提单的情况，尤其是记名提单。其次，该条的立法背景为单一的货物买卖法律关系。在海上运输中，因承运人签发了记名提单，又引出了由提单法律关系所调整的承运人与提单持有人之间的提单法律关系，即出现了两种不同类型的法律关系并存的情形。第三，当记名提单已经合法转让给记名收货人，记名提单托运人还能否仅凭"承运人将货物交付给收货人之前"这一条件，行使对涉案货物的控制权。第四，"……托运人可以要求承运人中止运输……"该条用"可以"一词，蕴涵了托运人对货物的控制权只是一种请求权，即托运人对货物控制权的实现，需要承运人的同意和配合。

3.《合同法》基本原理的适用困境

按照合同法一般的释法原则，合同的变更应当取决于双方当事人之间的合意，除非法律直接赋予合同一方变更的权利。海上货物运输合同作为合同的一种，就合同变更的规则，同样应该遵守合同法的一般原理。

托运人与承运人建立了海上货物运输合同关系。承运人一旦签发提单，同时受到提单约束，对提单持有人负有凭单交货的义务。托运人依照《合同法》第三百零八条的规定，向承运人作出变更收货人的指示，而承运人也同意变更。然而，此时承运人并未免除向提单持有人的交货义务，其结果应当是承运人向提单持有人赔偿无单放货的损失后，再依据《合同法》第三百零八条的"但书"向托运人追偿。但是，如果托运人丧失赔付能力或者无法足额赔偿，则承运人的损失将无法得到弥补。所以，作为一个谨慎的承运人，当《合同法》第三百零八条无法给予其足够的保障时，托运人的货物控制请求权恐怕难以实现。

三、提货权在海商领域中的客观存在

首先，不论是《海商法》还是《无单放货司法解释》都肯定并强调了记名提单属于提单的一种，是承运人据以交付货物的保证。这是海商法开宗明义，对提单三大基本功能的诠释。其次，承运人签发记名提单的前提是依照托运人的要求，托运人之所以选择记名提单，无疑也是其与买卖合同中的收货人达成的合意。再次，对于买方而言，通过记名提单

---

① 参见郑肇芳、荚振坤：《提单运输与货物控制权问题》，载于《国际海商法前沿问题文萃》，中国法制出版社，2008 年版，第 66 页；李小年：《从一则案例看记名提单项下的中途停运权问题——兼评对最高院关于无单放货的新司法解释第九条的理解与适用》一文，载于《中国法学会审判理论研究会海事海商审判理论专业委员会 2011 年论文汇编集》。

保证自己可以在付款赎单后,向承运人主张提货的权利;同样对承运人来说,既然签发了记名提单,就有义务向记名提单收货人凭单放货。

(一)提货权在《合同法》和《无单放货司法解释》中的缺失

在《关于〈审理无正本提单交付货物案件适用法律若干问题的规定〉的理解与适用》(以下简称《无单放货司法解释的理解与适用》)一文中,[①]作者在主要内容第八条阐述道:"记名提单收货人的提单权利依附于记名提单的托运人,记名提单托运人享有对运输货物的支配权,所以根据《合同法》第三百零八条的规定,在货物交付给收货人之前,记名提单托运人享有变更运输合同的权利,包括要求承运人中止货物运输、返还运输的货物、变更约定的货物到达地,或者指令承运人将货物交付给记名提单收货人以外的其他人的权利。需要说明的是,本条规定体现了在指导思想上弱化提单在运输环节的物权功能,强调提单在运输环节的货物交付单证功能的特点。"由此可见,作者独钟《合同法》,将第三百零八条适用于记名提单,从而得出记名提单持有人(托运人)享有合同(货物运输)变更权利这一结论。

然而,前述"记名提单收货人的提单权利依附于记名提单的托运人"的结论性解释,有可能影响记名提单在海上货物运输中的功能。毕竟不同于陆上运输,提货权在海上运输领域是独特存在的。

(二)用尽海商法原则[②]

在海运贸易实践中,如果法律只认定记名提单托运人具有货物控制权,淡化记名提单收货人即使合法持有正本提单也无法提货的客观事实,最终会让记名提单变成"折载的精灵"。长此以往,记名提单收货人的地位和权益或将随着记名提单托运人的随意指示变得风雨飘摇,充满了变数和风险。这也可能有违《无单放货司法解释》起草者旨在通过借鉴国际先进海事立法,规范和统一国内海事裁判标准和尺度的初衷。

1. 准确理解单证贸易在海商法中的重要功能

单证贸易是航运贸易的基石,凭单放货也是承运人在海上货物运输中最重要的义务之一。如果合法提单持有人的权益,能凭借托运人的指示轻易改变,那么谁还愿意接受原本最安全的记名提单。在跟单信用证贸易兑付制度下,又还有哪家银行愿意接受记名提单。早在《合同法》制定伊始,我国海商法学界的老前辈朱曾杰就对《合同法》第三百零八条提出异议:"在国际贸易跟单信用证支付货款的情况下,货物装船后,其风险已经转移给买方,因此谁是收货人应当以提单记载为准。除非托运人仍持有全套正本提单,否则托运人无权中止运输、变更收货人。"[③]

2. 精准把握合同与提单在海上运输中的双重转让

在海上运输中,托运人并非是唯一的货物控制权主体。货物控制权与提货权各自独立、互相衔接,不存在孰先孰后、谁依附于谁的主从关系。

---

① 参见刘寿杰:《〈关于审理无正本提单交付货物案件适用法律若干问题的规定〉的理解与适用》,载《人民司法·应用》,2009 年第 9 期。

② 此原则是郭瑜教授在其著作《海商法的精神——中国的实践和理论》(北京大学出版社,2005 年版)中提出的观点,即在司法实践中,当海商法与一般民商法发生冲突时,应优先适用海商法的相关规定。笔者对此表示赞同。

③ 参见全国人大法律工作委员会、全国人大常委会法工委 1998 年 11 月 3 日《法制工作简报》。

承运人在目的港向谁交付货物,首先是依据记名提单托运人的指示。然而,记名提单托运人一旦将全套正本记名提单交付给记名提单收货人,收货人便通过记名提单取得了提货权,成为新的货物控制权主体,并最终凭借其所持有的正本记名提单向承运人主张提货权。

四、记名提单下承运人与托运人、收货人之间的权利义务

(一)承运人与托运人之间的合同法律关系

当记名提单托运人向承运人作出要求变更收货人的指示时,如前所述《合同法》第三百零八条也并未直接赋予托运人可以自行变更的权利。依据该条规定,记名提单托运人只不过享有行使变更运输合同的请求权。

如果承运人接受了记名提单托运人的变更指示,在将货物交付给记名提单收货人以外的其他收货人时,就变相地拒绝了记名提单收货人凭单提货的法定权利。此时记名提单收货人依据提单法律关系向承运人主张无单放货赔偿责任时,承运人便不能以"听命"托运人的指示作为抗辩理由,只能先行向记名提单收货人赔付后,再另行主张要求托运人承担其向记名收货人赔偿的损失。

《无单放货司法解释》第九条是依据我国海上货物运输法律框架,创设了在记名提单项下,承运人可根据托运人的指示变更收货人,而无须向记名提单收货人履行凭单放货的义务,给予承运人在上述情况下免除其交付义务。可以预见,一旦发生上述情形,记名提单收货人在提单运输法律关系中将无法寻求保护,只得通过买卖合同法律关系,向记名提单托运人主张相应权利。

(二)承运人与收货人之间的提单法律关系

货物控制权与提货权是两种不同的法律关系。当两种法律关系同时发生在海上货物运输环节中,就会涉及承运人、托运人和收货人三方利益关系。承运人与提单持有人或收货人的法律关系,自记名提单从托运人手中转至记名收货人手中开始。而实践中经常会引发记名提单托运人的货物控制权与记名提单收货人的提货权之间孰先孰后的争议。

面对托运人的货物控制权,承运人是否只要"听命"于记名提单托运人的指示,就能够免除自己凭单放货的责任和义务?倘若对记名提单托运人变更收货人这项权利不加限制,则会出现托运人随意变更收货人的情形。在这种情况下,承运人将无所适从,对究竟执行托运人哪次变更指令感到困惑,进而动摇提单法律关系的稳定性。

五、抓住完善海商法制建设中国方案的话语权

在国际航运法律领域,历来鲜有中国话语权。要实现"21世纪海上丝绸之路"所倡导的"平等互利、包容互鉴、合作共赢、共同发展"的蓝海规划,除了经济的支持与倾斜外,中国作为一个负责任、有担当的大国,必须加快完善法治化、国际化、便利化的营商环境;健全有利于合作共赢并同国际贸易投资规则相适应的体制机制,逐步优化航运政策、健全海

洋法律、完善改革中国海商法治体系,为建设国际海事司法中心,提供中国方案的话语权。

(一)化解记名提单货物控制权冲突的指导思想

《海商法》诞生于 20 世纪 90 年代初,而国内民商法领域中的《合同法》等出台相对滞后。前后规则的设计、过渡、衔接,缺乏灵活的榫头,或唇齿误撞,或遗有硬痕。如何准确理解适用海商海事领域的特别法律规定,同时又能融合民商法律制度的基本原则,必须做到"三个坚持":一是坚持"以人为本"。就记名提单下的控制权及相关托运人、承运人、收货人的利益,予以客观、公正、公平的综合思考。二是坚持"求同存异"。科学梳理托、承、收"三方两种"法律关系,择其"一般原则"和"例外因素"以策万变。三是坚持"简而能禁"。准确把握航运实务客观规律,既简约明了,又便于操作;既维护法律尊严,又引领航运诚实守信的风尚。

(二)对《合同法》第三百零八条的再认识

《合同法》没有涉及承运人需凭运输单证构成向收货人交付货物的保证,其适用范围和遵循的法律原理,是民法制度下有关货物运输的相关规定,在收货人最终提货之前,承运人与收货人之间并无任何权利义务关系。正因为如此,《合同法》第三百零八条关于托运人在货物被交付原收货人之前,可以向承运人行使中止或变更运输合同权利的规定,也就有了充分的法理依据。

此外,《合同法》第三百零八条的"但书"规定,实则保障了承运人因变更运输合同造成其有额外成本或负担的赔偿后,可以向托运人主张补偿的权利。这也充分体现了权利义务对等的合同法原则和精神。

(三)对《无单放货司法解释》第九条的再认识

如前述,该解释是在借鉴《合同法》第三百零八条的基础上提炼而来。它从规避承运人风险的视角,规定承运人履行了记名提单托运人的指示,将货物交付给记名提单收货人之外的人,可以不对记名提单收货人负责。这个愿望固然善意和美好,却有失偏颇。法律作为国之重器,是"定轻重"的"权衡","正曲直"的"准绳"。面对此类"曲直"过程的判断,《无单放货司法解释》虽不失一套凝聚排难而上、释惑而进的智慧范本,但百密难免微瑕。第九条在设计上更多从承运人无须担责的逻辑视角出发,忽略了收货人的提货权,从而与《海商法》其他有关提单条款在衔接上略显生硬,给海上货物运输实践带来一丝困惑。

(四)对《鹿特丹规则》第五十一条的再认识

联合国大会于 2008 年 12 月 11 日通过了《联合国全程或部分海上国际货物运输合同公约》(以下简称《鹿特丹规则》)。目前,已有超过 23 个国家签署了这一公约,其中不乏"21 世纪海上丝绸之路"沿线国和海运强国,如丹麦、荷兰、挪威等。[①] 与之前的三大提单公约相比,有关货物控制权的若干规定是该公约的重大创新内容之一。

我国虽未签署《鹿特丹规则》,但是该公约代表着国际社会目前在海上货物运输领域最新的立法成果,值得参考借鉴。该规则关于货物控制权规定为:当控制方行使货物控制

---

① http://www.unis.unvienna.org/unis/pressrels/2009/unisl133.html,2016 年 7 月 4 日第一次访问。

权时,必须向承运人出示全套正本运输单证,如果不能出示,就不能行使货物控制权。

因此,当记名提单托运人已经将全套正本记名提单转让到记名提单收货人手中时,标明托运人已经转让了货物控制权,记名提单收货人因为受让了记名提单而成为货物控制权方,托运人无权再指示承运人变更收货人。《鹿特丹规则》的规定,避免了承运人必须同时面对记名提单托运人货物控制权与记名提单收货人提货权两个请求时的困境,便于其将货船顺利驶向大海深处抵达目的港。从法律适用的实务角度衡量,《鹿特丹规则》既维护了海上货物运输航运秩序的稳定性,也避免了因贸易合同项下的纠纷而殃及海上货物运输的交易安全和执行规则。

（五）调整记名提单货物控制权的立法建议

通过前文的阐述,笔者以为,应当从以下四个方面来完善我国记名提单货物控制权在司法实务中的冲突与协调:

第一,记名提单托运人享有货物控制权的基础条件即记名提单托运人在下列情况下有权向承运人请求变更收货人:(1)记名提单尚未交付给记名收货人;(2)托运人从记名收货人处重新收回全套正本记名提单。

鉴于海上货物控制权的特殊性有别于一般的民商法律关系,如果将货物控制权这一概念引入海商法,不但可以丰富海商海事法律的要素,而且能合法保护海上货物运输当事人的权利。

第二,记名提单托运人货物控制权丧失的前提是:记名提单托运人已将全套正本记名提单转让给记名收货人,即转让了货物控制权,则记名提单托运人无权要求变更收货人。

在记名提单法律关系中,记名提单托运人货物控制权不可能永远存续在海上运输的全过程中,托运人一旦将记名提单转移至记名收货人,其背后体现的便是《合同法》中的债权转让法律关系。这样规定也更好地融合了民商法律的原则和精神。

第三,记名提单收货人行使货物控制权的条件是:记名提单转至记名收货人处,则记名收货人成为货物控制权人,享有提货权。此条既强调了提单在海上货物运输中提货凭证的功能,又与海商法立法精神一脉相承。

第四,记名提单承运人与托运人和收货人之间的三方法律关系为:记名提单收货人凭正本记名提单向承运人主张提货权,承运人向记名提单收货人交付货物;在此情况下,承运人拒绝接受记名提单托运人要求变更收货人的指示,无须对托运人承担违约责任。

这是以承运人为中心,涉及托运人和收货人"三方两种"提单法律关系的调整内容。其背后的法律含义是将《海商法》第七十八条的一般规定具体化,更重要的是给予承运人合法权益的明确保障。

六、小结

在海事审判司法实践中,发现个把问题并不难,本文也只是截取了海上运输记名提单货物控制权这一视角,通过分析国际公约、商事习惯、海上运输以及提单法律的相关规制,进而系统梳理了海商法与民商法的冲突碰撞和有效融合的可行性。难就难在,每一位致力海商海事审判事业的参与者,有责任、有义务为我国建成"具有较高国际影响力的国际海事司法中心",据实提炼海商法治要素的新概括,积极回应中外平等主体对航运法制完善的新要求、新期待;在既尊重国际海运的传统习惯的同时,又彰显海上法制与其他民商法律之间的协调,在海商海事服务方面提出更有见地、更有质量、更有效力的中国话语,为"21世纪海上丝绸之路"建设以及"海洋强国梦"的实现保驾护航。

论特别敏感海域制度在南海海域的适用

王玫黎　宋春阳①

【摘要】南海作为我国最大的边缘海,是世界上航运价值最高的海域之一,其生态环境却因繁忙的海洋运输和不知节制的渔业活动遭受了严重的破坏,在南海建立特别敏感海域制度,对保护生物资源多样性、改善海洋生态环境具有重要意义,有利于协调生存与发展之间的利益冲突,在经济与环境平衡中寻求共赢,促进可持续发展。在南海适用特别敏感海域制度,应在坚持中国对南海海域绝对主权的基础上,建立联合周边国家共同申请制度,在现有国际公约框架的指导下健全相关的保护措施,对违反其措施的船只强化承担的法律责任。

【关键词】南海海域;航运;闭海或半闭海;特别敏感海域;国际海事组织

航运活动既是最廉价的货运方式,也是最为长久、经济性最强的一种海洋资源利用行为。南海是我国面积最大、实用性最强的海域,拥有着极其多样的生物资源和丰富的油气资源,同时还是世界上最繁忙的海运航道之一。而日益频繁的船舶交通运输却使原本脆弱的南海海洋生态系统遭受严重打击,人们在追逐物质条件完善的同时,如何保护环境,保护眼下乃至子孙后代的永久利益已成为我国南海的相关重要议题之一。目前,特别敏感海域制度已为越来越多的欧洲国家所采纳,与我国比邻的菲律宾、马来西亚、印度尼西亚和越南等东南亚国家不断加紧行动,尤其是 2017 年菲律宾已通过法令设立了特别敏感海域制度,这对我国的海洋权益造成了较大的冲击,因此,对这一问题的研究具有较高的理论价值和较强的实践意义。

一、特别敏感海域制度的缘由

特别敏感海域制度(Particularly Sensitive Sea Area System,PSSA)是由国际海事组织

---

① 王玫黎,西南政法大学国际法学院教授,博士生导师。此文为王玫黎主持 2017 年国家社科基金西部项目"中国-东盟合作开发区域海洋制度研究"(17XGJ003)以及 2016 年教育部人文社会科学一般项目"闭海或半闭海合作制度研究"(16YJAGJW003)的阶段性成果。宋春阳,西南政法大学国际法学院涉外法律实验班学生。

(以下简称 IMO)针对 1978 年国际邮轮安全和防污染会议的决议而提出的,其目的在于保护脆弱的海洋生态环境。特别敏感海域是指那些因受国际货运的影响,而需要由 IMO 采取特殊行动实施保护且在自然生态、社会经济、科学技术方面均具有重要意义的海洋区域,[①]同时这些区域在受到国际航运的影响时又十分脆弱,因此一片海域在被申请确认为特别敏感海域时,除了需要遵守相关的法律规定外,还必须得到 IMO 的批准或认可,从而达到保护生态脆弱性的目的。

特别敏感海域制度有其自身的法律依据。虽然外国船舶享有在《联合国海洋法公约》(以下简称《海洋法公约》)中明文规定的领海等海域的无害通过权,但若不加以控制,大量运输油类物质和化学物质的船舶便会对海洋环境造成难以修复的伤害,损害的不仅仅是相关国家,更是全人类及其子孙后代的永久性利益。因此,《海洋法公约》在允许航运自由的同时,规定了缔约国有义务采取必要的措施保护相关海域稀有的生态系统。这一规则的确立,既体现了对海域内航运船舶的管制,也为特别敏感海域制度的建立奠定了基础。

特别敏感海域制度是经 IMO 大会决议而非签订公约建立的,该决议并不具有法律约束力。虽然成员通常会遵守 IMO 作出的相关决议,但普遍认为其性质仅仅是一种建议,而不能作为强制实施特别敏感海域制度相关措施的法律依据。

二、特别敏感海域制度确定的标准及保护措施

(一)特别敏感海域制度确定的标准

根据 1991 年 IMO 通过的关于指定特殊区域和确定特别敏感海域指南的相关决议,特别敏感海域在生态环境、社会经济、科学技术等三个方面具有重大意义,但这三个层次是并列关系,即只需满足生态标准、社会经济标准或科学技术标准中的任一项,且因国际航运而受到生态破坏的威胁,则该海域可被确定为特别敏感海域。三项标准如下:

1. 生态标准

该标准要求该区域的生态系统是稀缺或唯一的,且该区域的生态过程与生态群落有着密切的联系,具有物种多样性、资源多产性的特点,是一片处于高度自然状态下,没有人为因素干扰的脆弱、敏感而完整的海域,对于环境条件改变的适应性极差,在船舶航运的过程中几乎处于不堪重负的极限边缘状态。

2. 社会经济标准

该标准要求其区域相关生物、矿产资源的利用对于当地具有特别的经济益处,本地居民依此维系自身的生存发展,具有很强的依赖性。除此之外,一片海域如若具有重大的娱乐或旅游价值,同样可以视其符合相应的社会经济标准。

3. 科学技术标准

该标准要求该海域具有较高的科学研究价值,可以作为该海域内生态环境的微型代

---

① Lynda M. Warren, Mark W. Wallace. The Donaldson Inquiry and its Relevance to Particularly Sensitive Sea Areas [J]. International Journal of Marine and Coastal Law, 2004, 9(4): 523-534.

表,为该区域生物和资源的研究提供重要的依据。若该海域内具有特殊的自然现象,如特定的生物、海水流动等,则该区域符合设立特别敏感海域的相关标准,应受到相关政策的特殊保护。

在设定水域方面,特殊区域仅适用于闭海和半闭海①,这类海域在数量和面积上都是有限的,如地中海、加勒比海、波斯湾、南海等。

（二）特别敏感海域制度的保护措施

在现有制度下,针对特别敏感海域的保护措施主要有两大方面:

1. 对船舶采取相应的排放限制

《国际防止船舶造成污染公约》(以下简称《MORPOL 73/78》)中对排放标准、排放设备及排放量进行了具体的规定与管制。

2. 对船舶采取相应的航线定线或其他特殊航行办法

航线定线是指对船舶的航线进行规定,如设立近海通航区、避航区、警戒区等,同时也可以设立分道通航制或涉海航线等;而其他特殊航行办法则包括引水制度、交通限管和限速等,虽然这些制度的直接目的都是保障船舶航行安全,但安全的航行同样可以降低对周遭环境的威胁,从而保护海洋生态系统。船舶污染是指在船舶航行、停泊以及装卸货物的过程中对周遭环境造成的消极性损害,主要包括大气污染和水污染两类。

三、南海适用特别敏感海域制度的必要性

（一）南海生态环境所面临的污染日益增加

南海海域地理环境十分特殊,属于半闭海,仅通过一些相对狭窄的海峡与大洋相连。相比作为大洋靠近陆地边缘部分的阿拉伯海,此种状态下的南海海水流通性更差,海水中的污染物往往会长时间聚集而不易扩散、消解,即南海的自净能力更差,海洋生态所能承受的污染也更轻微、更脆弱。闭海或半闭海这种相对封闭的海域导致了其海洋环境的自成一体性,在这类特殊的海洋系统中,包括了初级生命形式的浮游生物到高级生命形式的海洋哺乳动物,形成了独特的、复杂的、独立于开阔海洋的生态环境系统。② 因此,《海洋法公约》第一百二十三条的达成从事实上确认了闭海或半闭海地区所具有的特殊性。③ 随着世界经济贸易的持续性发展以及人口数量的迅猛增长,海洋所承载的货运量始终呈逐年大幅度增长状态。同时,由于船舶运输过程中不可避免地将一部分物质排入海洋以及海运自身存在的风险,其不确定性进一步加剧了造成海洋污染的潜在性威胁。为了维护我国持续发展的需要,在进行海上运输活动的同时保护海洋环境,最大限度上防止海洋

---

① 闭海或半闭海(Enclosed or Semi-enclosed Sea):《海洋法公约》第一百二十二条规定了其定义,闭海或半闭海沿岸国为两个或两个以上国家环绕,由一个出海口连接到另一个海或洋的封闭性或半封闭性的海域。南海是有着8个沿海国的国家或地区,其主要部分是由领海或专属经济区组成,是典型的半闭海。Satya N Nandan C. B. E. and Shabtai Rosenne, United Nations Convention on the Law of the SEA 1982.

② 参见朱建庚:《海洋环境保护的国际法》,中国政法大学出版社,2013年版,第146页。

③ 参见王玫黎,谭畅:《论闭海或半闭海沿岸国的合作:以南海为例——与克里斯托弗·莱恩博先生商榷》,载《学术界》2016年第5期。

污染已成为必由之路。针对南海的海洋环境,除了设立相关的法律法规之外,引进并适用特别敏感海域制度,与我国既存的海洋特别保护区制度相结合,也成为保护南海海域环境的重要途径之一。

南海位于中国大陆的南面,是世界上海陆运输最繁忙的海域之一,也是我国对外贸易的重要航道。自古以来,南海就是东西方交流的主要通道。作为古代丝绸之路的重要通达地区,南海曾是东西方贸易交往和文化交流的重要桥梁,在促进周边各国经济发展的同时也推动了东方文明向世界传输,引发了西方世界对中华文化仰视崇拜的狂热浪潮。而今,南海对经济发展的作用同样不容小觑。作为欧亚三大航线中的重要一支,南海是我国对外经济文化交流的主要通道,是我国同亚洲其他国家、非洲及欧洲国家交流联系的重要纽带,战略地位十分显著。根据相关统计,每天有超过全世界一半以上的超级油船途经该海域,其运输的油流量分别高达苏伊士运河的 5 倍和巴拿马运河的 15 倍;同时南海海域也是世界上最大的液化石油气贸易区,每年经其运输的液化石油气可达世界贸易总量的三分之二。由此可见,南海航线上不仅运输繁忙,而且每日所经船只大多数从事的都是具有环境损害危险的货物的运输,不论是由于人为排放还是因为海上事故,海上交通运输的繁忙加大了污染源进入海洋的可能性,使其承担着更大的海洋环境污染风险,因此应加强对南海地区过往船只的监管,强化环境保护。

作为中国最大的边缘海,南海海域蕴藏着储量可观、种类丰富的能源资源。就石油而言,整个南海地区的石油贮藏总量约为 6.4 亿吨,高达中国总储量的三分之一,是世界上石油开采最密集的地区之一。而随着人类对石油资源需求的持续增加,越来越频繁的原油开采及运送加大了海上溢油事故的风险性,从而使该海域的生态环境承担了更多被破坏的危险。南海的海洋环境和生物资源问题具有跨国性和流动性,仅凭一己之力难以有效解决。《内罗毕宣言》已然明确指出,"只有采取一种综合的、并在区域内做到统一的办法",才能有效治理海洋环境污染。

(二)有利于加强中国对南海的管辖,维护我国的主权权益

南海及其诸岛地处连接太平洋与印度洋的咽喉之地,战略地位极其显赫,具有巨大的航运和军事价值;同时南海位于亚热带、热带地区,海洋性更为明显,自然风光秀美,资源贮藏丰富,素有"亚洲地中海"之称,自古以来便为兵家必争之地。据史料记载,中国最早发现和有效利用南海。南海诸岛是中国不可分割的神圣领土,这在 20 世纪 70 年代中期以前已为国际社会所广泛认可。

但随着 20 世纪 70 年代后期南海地区资源的发现,越来越多的国家想分一杯羹,便引发了愈演愈烈的南海主权争端。南海的困局表面上为以岛屿为核心的领土主权争端,但究其根本则是在能源开发和海洋资源利用驱使之下的利益之争。从理论上而言,中国对南海海域享有的主权神圣而不容侵犯,但在现实方面,我国对南海一直缺乏有力的管理,大量岸礁、岛屿被侵占,沿海各国在中国的领土上肆意开采资源,这不仅践踏了我国的主权,其不知节制地开采、捕捞更严重破坏了南海海域的整体生态环境,危害了人类可持续发展的长远利益。因此,应在南海海域建立一套完整的管理体系来规范海洋资源的开发利用,而特别敏感海域制度则为首选。这有利于加强我国对南海资源开发的监管,从而对周边国家侵占岛屿、开发资源等违法行为形成有效牵制,用实际行动确立起中国对南海海

域享有的不容侵犯的绝对主权。同时,建立特别敏感海域制度也有利于促进周边国家的深入合作,践行我国"主权在我,搁置争议,共同开发"的原则,从根本上缓解南海纷争,促进南海周边共同发展,维护地区和平与稳定。世界上其他的闭海或半闭海地区的区域合作经验已经表明,在有限领域内的成功合作能够产生"溢出效应"(spillover effect),从而有助于国家间关系的改善。[1]

四、南海具有适用特别敏感海域制度的可能性

(一)南海海域高度符合设立特别敏感海域的标准

1. 南海海域符合生态环境标准

南海海域面积广阔,既是中国最大的外海,同时还是世界第三大边缘海,具有丰富的海洋生物物种和独一无二的海洋生态系统。2016 年中国海洋质量公报调查表明,在南海大陆坡和众多岛礁里繁衍栖息的海产鱼类高达 2 000 种,其中可供捕捞的经济鱼种便有800 种之多,而海礁之间还分布有几十种以砗磲、刺鲅为代表的高经济价值生物,构成了南海海洋生态系统的基础。同时,南海海域地处热带季风性气候区,降水丰沛,岛屿上植被覆盖率极高,湿地广布,为诸多动植物提供了繁衍栖息之所。除此之外,南海底部所储藏的矿产、油气资源总量也让人叹为观止,而对这些生物、非生物资源的开采、利用又成为人类维系生存发展的主要方式,合理地利用固然不会破坏南海的生态系统,但现实中毫无节制地开采、索取加重了海洋所承受的压力,甚至引发了赤潮、生物多样性锐减等持续性的重大灾害,严重损害了人类可持续性发展的利益。

2. 南海海域符合社会经济标准

如上所述,南海不仅具有种类丰富、经济价值极高的生物、非生物资源,同时地处扼印度洋与太平洋之间的咽喉要地,既是战略地位极其重要的海上通道,还是世界上最繁忙的航线之一,对国际贸易运输有着重要影响。除此之外,南海地区优越的地理环境和气候条件也使得该海域素来以风景迤逦秀美而著称,以南海中的海南岛、台湾岛为例,每年前往该岛屿游览的旅客无数,旅游产业强盛,极大地促进了当地经济的发展。因此,可以说,南海海域具有极高的社会经济价值,它既是周边各国人民维持日常生活的重要物质来源,同时也是当地经济的重要支柱产业,更是世界贸易往来的、东西方文化交流的重要出口。

3. 南海海域符合科学技术标准

南海位于我国南部,拥有着全球最具代表性的海洋生态系统,是世界上生物多样性最为明显的海域之一。据统计,南海海域登记在册的海洋生物多达 4 000 余种,其中濒危物种有 500 种之多,且大部分物种的生活习性及利用价值尚未完全掌握,具有极高的研究价值。因此,定期对南海海域的生物资源及环境现状进行调查,建立南海生物物种基因库,对水中生物尤其是一些濒危物种进行救济和保护,不仅能让人们更好地了解南海、保护南海,同时还可以加强我国在海洋科研方面的能力,保护物种遗传的多样性。

---

[1] Erik Fanckxand Marco Benatar, "The 'Duty' to Co-operate for States Bordering Enclosed or Semi-Enclosed Seas," Chinese(Taiwan) Year Book of International Lawand Affairs, Vol. 31, 2013, P. 1.

综上,南海不论是在保护生态环境、促进社会经济发展还是在推动科研进步等方面都具有重要意义,在南海区域设立特别敏感海域制度势在必行。

(二)特别敏感海域制度在南海建立的理论依据

虽然现阶段南海周边各国并未对南海海域的环境保护签订任何协定或条约,但作为《海洋法公约》的缔约国①,各国理应遵循其相关规定,以合理的手段防止南海环境污染,共同保护南海的海洋生态系统。并且,除《海洋法公约》外,《MORPOL 73/78 公约》所主张的包括特殊海域、特别敏感海域和环境高风险海域在内的特别区域制度也是南海环境纠纷处理的重要依据。南海海域符合该公约中设立特别敏感海域制度的全部标准,且周边国家皆是该条约的缔约国,各国应在这两个条约的框架下共同推进特别敏感海域制度的建立,促进南海海域生态环境的改善,从而使人类生存发展的长久利益得到保护。

(三)南海周边诸国的积极响应为其设立提供了可靠的现实条件

随着经济全球化的发展,各国利益息息相关。作为全人类生存发展共同的物质来源,如何保护自然、维持生态平衡早已超出一个国家的范围,成为全世界共同的向往与追求。② 在"21 世纪海上丝绸之路"倡议的推动之下,南海周边各国对于在南海海域加大环境保护力度均表现出了欢迎和支持的态度。各国积极展开与中国的合作,追求最大程度上的共赢。并且,除了在环境保护方面切实展开合作之外,南海五国之间日益密切的经济交往也为南海生态的改善提供了便利的条件。在吸引外资与对外投资的过程中各国均越来越重视外资项目给环境带来的影响,这不仅有利于环境保护,还有利于改善各国间的关系,拓展合作的范围,实现利益共赢。

五、在南海适用特别敏感海域制度的困境及突破

根据该制度申请的相关规定,若针对一片海域,有两个及以上的国家对其享有共同利益,则应在各方磋商达成一致的情况下共同申请。正如前文所提到的,南海海域是世界上主权争议较大的海域之一。也就是说,该地区的归属和划界争端将直接影响特别敏感海域制度申请资格的取得;而若仅中国一国独自申请,由于该制度本身只是大会决议的产物而非经公约建立,未能体现出每一缔约国的真实意愿,则即使得到受理,届时在推行上也会受到阻碍,因此,如何切实有效地推动特别敏感海域制度的建立也是当下的热点议题之一。

特别敏感海域制度固有其优越性,但若想在南海充分发挥作用,仍需不断地探索完善。针对在南海设立该制度的相关措施,笔者有以下建议。

1. 建立共同申请制度

就申请方式而言,在坚持中国对南海诸岛及其附近海域拥有绝对主权的基础上,联合

---

① 《海洋法公约》第五十六条和第二百一十一条规定,沿海国在专属经济区内有海洋环境的保护和保全的管辖权,有权采取措施控制来自船舶的污染,沿海国可以通过主管国际组织与任何其他有关国家进行适当协商后,要求在其专属经济区内明确划定特定区域,采取防止船舶污染的特别强制措施。

② Markus J. Kachel. Particularly Sensitive Sea Areas. Hamburg Studies on Maritime Affairs,2008.

周边五国共同申请。特别敏感海域制度的建立将导致该海域海上格局的重新分配,在南海争端愈演愈烈的今天,任何一个或部分国家单方面提出申请都将加剧该地区矛盾,不利于和平稳定发展。中国及周边五国只有通过共同磋商、谈判、联合向 IMO 提出申请,①才能最大限度上搁置争议,在海洋环境保护乃至航运、资源开放等领域进行全面而深入的合作。

2. 在现有《海洋法公约》框架的指导下健全相关的保护措施

特别敏感海域制度的实质是一种对脆弱海洋生态系统的划分,本身并不具有改善海洋生态环境的功能,因此必须结合相关措施才能切实发挥保护作用。同时,特别敏感海域制度并不具有公约性质,这也就意味着我国可以在其规则框架下有目的性地借鉴选择最合适的保护措施。如西欧针对载重燃料单壳油船的禁航制度,可以明显降低船舶污染的危险,对我国具有重要的借鉴意义。在选择保护措施时,应对生物分布、通航密度及周边国家利益等因素进行全面综合的考量,在坚定我国南海主权的基础上兼顾周边各国利益,做到环保先行,最大限度上改善海洋环境。

3. 对违反相关措施的船只强化其承担的法律责任

除了建立一套完整的保护措施体系,也应对船只违反其措施所应承担的法律责任进行规制,从而加强对该制度实施过程的监管。一国船只在南海违反了特别敏感海域制度后,对其如何规制就涉及了管辖权问题,由于我国南海地区本身就存在争议,因此更应该在申请时便就违反保护措施的处罚进行拟制,防止届时无法达成一致而损害周边国家之间的交流与合作。

保护南海生态环境,防治航运所带来的船舶污染,需要我们从多方位、多角度全面考虑各种现实状况。特别敏感海域制度自提出至今已经历了二十多年的发展历程,一直在不断地更新与完善。若设立该制度,不仅能降低南海区域内冲突的敏感性,更有助于区域内各国的良性互动,并为未来南海海域争端的最终解决寻求契机。② 对于包括我国在内的南海五国而言,我们应从多方位、多角度探究和实践保护南海的相应对策,继续深入研究特别敏感海域制度在南海适用的可行性,在不引起争端的情况下以和平协商的方式加强与周边各国的合作,共同探索保护南海的有力方案,使南海海域的生态环境得到切实有效的保护。

① Julian Roberts. Area-based Management on the High Seas:Possible Application of the IMO's Particularly Sensitive Sea Area Concept. International Journal of Marine and Coastal Law,The,2010,25(4):483–522.
② 参见张颖:《半闭海制度对南海低敏感领域合作的启示》,载《学术论坛》,2016 年第 6 期,第 68 页。

航运企业破产诉讼专题

航运企业跨境破产引发的司法冲突与协调

——以韩进海运破产为视角

韩进海运破产法律问题研究课题组①

【摘要】从较为典型的韩进海运破产事件出发,在对韩进海运破产国内外相关案件情况调研的基础上,剖析企业跨境破产引发的司法冲突,特别是航运企业破产中破产程序与海事程序的冲突问题,梳理国际上解决跨境破产程序的主要模式和相关国家在韩进海运破产案中应对司法冲突的做法,提出我国应借鉴《跨境破产示范法》中的主从破产程序制度,在现行法律基础上,按照承诺互惠原则,先行承认和协助在外国进行的主要破产程序,协调破产程序与海事程序之间的冲突,明确船舶优先权的特殊地位。

【关键词】航运企业;跨境破产;司法冲突;主要破产程序;从属破产程序;平行破产程序

跨境破产(Cross-border Insolvency)伴随着企业经营的国际化而产生,是企业进行国际经济活动的产物,随着区域经济合作与世界经济一体化的深化,跨境破产案件日益频发。航运业作为一个古老的行业,始终站在经济全球化的前沿,航运企业的破产普遍涉及跨境破产法律问题,并带来诸多具有航运特色的司法冲突难题。

一、韩进海运破产国外相关案件情况

韩国韩进海运有限公司(Hanjin Shipping Co.,Ltd.,以下简称韩进海运)成立于1977年,曾是韩国第一大、全球第七大集装箱班轮公司。由于韩进海运在行业繁荣时期对全球航运市场形势的严重误判,在扩大运能、更新船只方面步子迈得过大,签订了大量10年期的高额租船协议,导致2008年金融危机后,行业运力过剩,竞争激烈,运费降低,BDI(波

---

① 课题组成员单位:广州海事法院、华南师范大学国际航运法律与政策研究中心、广东敬海(南沙)律师事务所、广州国际航运仲裁院。课题组负责人:叶柳东、詹思敏、曾二秀;执笔人:徐春龙、徐锦堂、曹阳辉;统稿人:倪学伟。

罗的海干散货指数)从 2008 年的峰值 11 793 点下跌至 2016 年 2 月 10 日的历史最低点 290 点。韩进海运的负债比率虽然从 2013 年的 1 462.5%降低到了 2015 年的 847.8%,但是仍然非常惊人。2016 年上半年,全球贸易低迷趋势明显,全球航运市场屡创新低,航运业业绩普遍惨淡,间接造成韩进海运破产。

(一)韩进海运在韩国申请破产

在债务重组努力失败后,韩进海运于 2016 年 8 月 31 日向首尔中央地方法院申请接管。法院于 9 月 1 日作出裁定,依韩国《债务人重整与破产法》(Debtor Rehabilitation and Bankruptcy Act)第三十四条第一款准予启动破产重整程序,指定监管人及其任期,确定重整债权人、重整担保债权人及股权人名单的提交期间,确定重整请求权、重整担保权利及股权的申报期间,确定重整请求权、重整担保权利的核查期间以及重整计划提交的截止日期。根据韩国《债务人重整与破产法》的规定,重整程序的开始产生以下效力:保护重整债务人资产,禁止实施强制执行等行为,中止强制执行程序和中止诉讼程序。该法还规定,在其实施过程中,外国人及外国公司与韩国人及韩国公司享有同等地位。

(二)韩进海运申请外国承认、配合在韩国的破产程序

首尔中央地方法院关于韩进海运重整的裁定在境外并不产生当然的效力。为保护其财产不被扣押和拍卖,韩进海运开始了境外承认申请之旅。

1. 韩进海运申请美国承认配合破产程序

韩进海运监管人于 2016 年 9 月 2 日向美国联邦破产法院新泽西区法庭提出根据美国《破产法》第十五章承认外国破产程序的申请,寻求美国《破产法》的保护。该法庭的约翰·谢伍德(John K. Sherwood)法官在 9 月 9 日作出一项临时裁定,给予韩进海运临时性保护,禁止债权人在美国水域扣押韩进海运船舶,以使这些船舶更易于进入美国港口卸货。

2. 韩进海运申请新加坡承认配合破产程序

韩进海运监管人于 2016 年 9 月 9 日向新加坡高等法院提出承认韩进海运重整程序的申请。该法院于同年 9 月 14 日依普通法作出临时裁定,准予韩进海运监管人提出的请求,即承认韩国的韩进海运重整程序,限制所有针对韩进海运及其新加坡全资子公司的进行中的诉讼、可能提起的诉讼或新提起诉讼,或针对韩进海运及其新加坡子公司资产的任何强制执行,中止所有针对韩进海运及其新加坡子公司的程序直到 2017 年 1 月 25 日。不过,新加坡高等法院在裁定中对其裁定的效力做了例外规定,即该裁定不适用于早先已扣押的"韩进罗马"(Hanjin Rome)号有关的扣船、诉讼及其他相关事项。

3. 韩进海运申请澳大利亚承认配合破产程序

2016 年 9 月 23 日,韩进海运监管人又向澳大利亚联邦法院申请承认韩国的破产重整裁定。澳大利亚联邦法院新南威尔士分庭依据《2008 年跨境破产法》附件一(联合国国际贸易法委员会《跨境破产示范法》)第十九条规定,针对"韩进米兰诺"(Hanjin Milano)号作出临时裁决,明确在 9 月 30 日或随后的法院判令之前:(1)任何人不得针对"韩进米兰诺"号及其货物、集装箱和船用燃料和油行使留置权;(2)"韩进米兰诺"号使用或占有的财物或在该轮的财物(货物除外),其所有人或出租人不得接管或收回。该裁定使得一

直在墨尔本海域游弋接近一个月的"韩进米兰诺"号得以进港卸货。随后,新南威尔士分庭于9月30号作出进一步裁定,准予韩进海运监管人提出的请求,禁止针对韩进海运财产的任何执行行为;禁止执行任何韩进海运拥有或控制的船舶及其上的货物、集装箱和船用燃料和油;禁止韩进海运使用或控制的或在其船上的货物以外的其他财产的使用人或出租人未经监管人或法院允许对该财产实施占有或收回;允许合法占有韩进海运财产的留置权人或抵押权人继续占有该财产,但禁止其出售或执行留置权或抵押权;未经监管人书面同意或法院准许,不得启动或继续针对韩进海运或其财产的诉讼,也不得启动或继续针对韩进海运财产的强制执行。

另外,韩进也向日本提出承认在韩国进行的破产程序为主要程序。日本法院亦批准其申请,并停止扣押韩进航行在日本港口之间的船舶及船载货物。

然而,经过近半年的重整,韩进海运并未走出破产困境,最终被宣告破产。2017年2月17日,韩国首尔中央地方法院宣布,鉴于清算价值超过继续经营价值,韩进海运正式破产,法院方面将通过公平、公正的程序,力保债权人的利益。

二、韩进海运破产国内相关案件情况

(一)情况简述

韩进海运破产案波及全球航运、物流、贸易等相关产业和多国司法领域,也涉及我国航运界相关从业主体。根据相关数据统计,至2016年10月上旬有228家中国公司到韩国法院申请债权登记。截至2016年11月24日,我国各地法院涉韩进海运案件的海事诉讼特别程序案件、民事诉讼诉前保全案件及一审案件共74件,总受案标的约9.48亿元人民币,扣押韩进海运作为光租人或实际所有人(Beneficial Owner)的船舶5艘。

2017年1月,我国海事法院作出第一批涉及韩进海运破产案件的判决。1月4日,厦门海事法院一审审结由韩进海运破产引发的7起涉及集装箱运输、港口作业、理货、拖航等合同纠纷案件,分别判决韩进海运或其中国子公司韩进海运(中国)有限公司〔以下简称"韩进(中国)"〕承担责任,涉案标的金额约1 100余万元人民币。1月23日,上海海事法院对江苏远洋新世纪货运代理公司诉韩进海运通海水域货物运输合同纠纷案作出一审判决,支持原告全部诉讼请求,判决韩进海运支付欠款并承担案件受理费和诉前财产保全费。

(二)案件类型

从统计数据看,国内涉及韩进海运的案件主要有如下几种类型:

1. 申请扣押船舶

对韩进海运所有或光租的船舶享有海事请求权的申请人,根据《海事诉讼特别程序法》的规定,在诉讼前向船舶停泊港所在地的海事法院提起的申请扣押船舶的海事保全请求,责令被申请扣押船舶的光租人、登记所有人或实际所有人提供相应的海事担保。截至2016年11月,全国海事法院依据《海事诉讼特别程序法》的规定,依法扣押了韩进海运所有或光租的5艘船舶,包括上海海事法院依法扣押的"韩进杜尔福"(Hanjin Dueeeldorf)号、"韩进搜虎"(Hanjin Sooho)号、"韩进中国"(Hanjin China)号、"韩进联合王国"(Hanjin United Kingdom)号,广州海事法院依法扣押的"韩进鹿特丹"(Hanjin Rotterdam)号。截至2016年11月,前述5艘船舶均因申请扣押人(包括轮候申请扣押人)与韩进海运达成相关协议后申请解除,由上海海事法院和广州海事法院依法审查后,予以解除扣押。

2. 申请诉前财产保全

相关债权人依据《民事诉讼法》对韩进海运或其在中国设立的全资子公司"韩进(中国)"或者"韩进(中国)"的分支机构提起的诉前财产保全。主要有以下三种形式:(1)申请扣押韩进海运或"韩进(中国)"所有的集装箱;(2)申请查封"韩进(中国)"所有的房产;(3)申请冻结"韩进(中国)"或其分支机构的银行存款或股权。

3. 提起一审诉讼

申请人在海事请求保全或民事诉前财产保全获准后在法定期限内提起民事诉讼:(1)扣押船舶后,对韩进海运提起海事诉讼;(2)扣押集装箱后,对韩进海运或"韩进(中国)"提起民事诉讼;(3)查封房产、冻结银行存款或股权后,对韩进海运、"韩进(中国)"或其分支机构提起民事诉讼。

4. 直接提起诉讼

依据合同关系(船舶代理协议、海上货物运输合同、货运代理合同)对韩进海运或其在中国境内的全资子公司或分支机构直接提起诉讼。

(三)请求方的主体范围

从目前掌握的情况看,已经发生的纠纷主要涉及如下主体:

1. 码头作业方

例如盐田港、蛇口港、赤湾港、上海港等港口作业主体,依据与韩进海运的合同申请扣押船舶,并在申请获准后的期限内提起海事诉讼。

2. 船舶代理方

例如中国深圳外轮代理有限公司基于与"韩进(中国)"的船舶代理合同关系,申请扣押船舶及请求查封银行存款的诉前财产保全。深圳联合国际船舶代理有限公司基于与韩进海运的船舶代理协议提起的申请扣押船舶的海事保全。

3. 物流服务方

例如深圳西部联合物流有限公司依据与"韩进(中国)"的物流服务协议提起的申请扣押集装箱及后续提起的海运集装箱保管合同之诉。

4. 托运人或收货人

例如深圳市福聚德国际货运代理有限公司对"韩进(中国)"深圳分公司提起的海上货物运输合同之诉。

另外,部分国外加油方也曾就申请轮候扣押韩进海运所有或光租的船舶等事宜向海事法院进行过咨询。

(四)后续相关联的案件

因韩进海运申请破产,我国各港口的货物运输及提取环节,必然涉及改船和改港,其间也必然涉及韩进海运与其他班轮公司的共仓、融仓纠纷,涉及托运人和收货人改单换船与韩进海运或其全资子公司及分支机构的纠纷,涉及船舶备品和物料供应方或者物流服务提供方的纠纷,还可能涉及保险人赔付后提起的代位求偿纠纷。

进入 2017 年度,以广州海事法院为例,又有相关物流服务方申请扣押韩进海运及"韩进(中国)"所有的海运集装箱,也有相关收货人对于韩进海运或"韩进(中国)"的船舶代理人就提货换单环节畸高的换单费到广州海事法院提起诉讼。

三、跨境破产及其引发的司法冲突

(一)跨境破产的定义

跨境破产又称为跨国破产、国际破产,是指含有涉外因素的破产,如债权人和债务人来自不同国家、债务人资产分布于不同国家时基于外国法而提出破产申请。[①] 在某些多法域国家,即使在本国内也并未统一破产立法,其跨法域内发生的破产案件的法律性质,也类似于跨境破产案件,属于跨境破产案件的一个特殊类型。

(二)跨境破产引发的主要司法冲突

无锡尚德太阳能电力有限公司(以下简称无锡尚德)破产重整案[②],中国法院审理中曾面临管辖权认定的难题。无锡尚德是一家在江苏省无锡市注册成立的外商独资企业,股东是注册在英属维尔京群岛(BVI)的太阳能系统有限公司(以下简称 BVI 尚德)。BVI 尚德的唯一股东则是在开曼群岛注册成立的尚德电力控股有限公司(以下简称开曼尚德)。2012 年至 2013 年,尚德系统的危机爆发,大量债务到期无法清偿。包括无锡尚德、BVI 尚德和开曼尚德在内的几家公司都陷入债务违约,资产不足以清偿负债。如果在我国同时启动无锡尚德和 BVI 尚德的破产重整程序,则有利于实现重整价值的最大化,最大限度地拯救债务人企业,也符合 BVI 尚德的主要资产即无锡尚德位于我国的实际情况。但我国法院能否启动 BVI 尚德和开曼尚德的破产程序? 如果严格按照《中华人民共和国企业破产法》(以下简称《企业破产法》)第三条进行解释,[③]我国对破产案件采取的是债务人住所地法院管辖标准,BVI 尚德并非在我国注册成立,住所地也不在我国,我国法院似乎无法行使管辖权。最终,我国法院放弃了对 BVI 尚德主张破产管辖权。

珠光集团公司(以下简称珠光公司)破产案中,也涉及管辖权争议问题。珠光公司在澳门成立,根据香港公司法视为未注册公司,珠光公司在香港设立全资子公司,即珠光(香港)有限公司(以下简称珠光香港)。珠光公司和珠光香港都是珠海市政府的"窗口企业"。在该案中有三个平行程序,珠光公司在澳门、香港和内地的债权人分别在当地对其提出破产申请。渣打银行在香港申请珠光公司破产时,珠光公司认为香港法院不具有启动破产程序的管辖权,破产程序应该由澳门法院启动。但是,香港高等法院裁定香港法院对该案有管辖权,理由是香港法院指定的清算人不被澳门法院承认,因此清算人实际上无

---

① 参见韩德培主编:《国际私法新论》,武汉大学出版社,1997 年第 1 版,415 页。
② 无锡市中级人民法院(2013)锡破字第 5 号。
③ 《企业破产法》第三条规定:破产案件由债务人住所地人民法院管辖。

法对该公司采取任何行动,澳门法院指定的清算人也无权在香港行使清算人的权利,而应借助香港法院指定的清算人行使权利。[1]

除了以上案例所涉及的破产案件管辖的问题,实践中,跨境破产引起的司法冲突问题,主要有下列几种:(1)一国的法院有没有管辖权;(2)如果有管辖权,法院应适用哪一个国家的法律,即审判地国家的法律还是另一国家的法律;(3)各国法院以及主持破产程序的清算人等,在多大限度内对同一个债务人的境外破产程序予以认可并提供协助;(4)一国的法律是否承认在另一国家进行的破产程序的效力,以及随之而来的破产判决的执行问题。即跨境破产需要解决的问题主要是管辖权、法律适用、境外破产程序的认可和协助,以及境外破产判决的承认与执行这四方面的问题。

(三)航运企业跨境破产案件的特点

由于航运企业的特殊性,在涉及航运企业跨境破产的案件中,除了上述普通跨境破产案件可能存在的司法冲突外,还存在与航运业自身特点密切相关的冲突。

首先,涉及的债权人众多。韩进海运提交破产保护后,据悉在全世界范围内大约有85条属于韩进海运旗下的船舶滞留海上。该事件影响广泛,涉及来自方方面面的债权人,包括船员、港口、引航、拖船、货主、加油商、船员公司、港口拖车服务、集装箱出租人、货代以及托运人等。据统计,在2016年年底滞留在海上的集装箱大约有54万标准箱。

其次,航运企业旗下有大量船舶以单船公司运营,给破产程序的处理带来影响。航运企业多采取租赁方式扩大商船运力。据报道,在韩进海运的全部运力中,仅有不足10%是由其自有船舶完成的。换言之,韩进运营的船舶超过90%其实并非韩进海运的财产。单船公司作为独立的法人,将进行单独的破产程序。而单船公司一般登记在马绍尔群岛、巴拿马等方便旗国家,每家单船公司本身也将涉及跨境破产的司法冲突问题。对债权人而言,单船公司的运营模式本身可能即构成对破产程序中财产保全措施、债权受偿的法律障碍。

再次,航运企业大量租入并非其所有的船舶投入运营,增加了跨境破产的复杂性。韩进海运主要提供集装箱运输服务,而集装箱运输属于班轮运输,一般由承运人对外签发班轮提单。在韩进海运以承运人身份签发班轮提单,而货物运输实际由其租赁船舶执行的情况下,如果在运输合同项下产生争议,货主在扣船时就会遇到巨大的法律障碍。以中国为例,2016年韩进海运破产消息传出后,在中国发生的十余起与韩进海运有关的财产保全案件中,除两起港口作业纠纷外,财产保全的对象都没有指向任何一艘具体的船舶,而只能指向被申请人"韩进(中国)"的"银行存款或其他财产"。

最后,海事保全程序对航运企业的破产产生重大影响。海事程序主要是指针对船舶及其所载货物的海事强制程序,通过扣押船舶、货物、拍卖等程序以担保海事债权的实现。对于船公司来说,船舶是其最重要的资产,一旦船公司破产,散布在世界各地的船舶就成了债权人追逐的首要资产。谁先扣到了船,谁就能在其后的破产程序中取得优先受偿的机会。

---

[1] 参见王芳:《香港与内地跨境破产的法律框架研究》,载《政法论坛》,2009年第5期,第80页。

(四)航运企业跨境破产中的特殊司法冲突

除了与普通跨境破产案件存在相类似的司法冲突外,航运企业跨境破产过程中可能出现的司法冲突主要体现在破产程序与海事程序(主要是海事保全程序)之间的冲突。

鉴于船舶的流动性以及航行的风险,债权人需要尽快采取扣船行动,以及时取得债权受偿的担保,否则机会转瞬即逝。而海事保全程序推进与个别债权的提前清偿,将与破产程序的进行与整体债权的清偿产生交织、交错。

海事程序与破产制度背后的不同价值取向,决定了两者间注定会产生实践的冲突。对于海事债权人来说,扣船是实现债权最方便也是最可靠的手段,否则他们将要面临参加在陌生国家适用他们所不熟悉的法律进行的破产程序。没能扣到船或者由于种种原因无法扣船的债权人,则希望通过破产程序以保证他们可以获得受偿债权的最大化。破产债务人则更希望能在一个破产程序中解决所有的债务问题,而不愿应对各地的扣船程序。

由于我国《破产法》与《海商法》有着不同的立法背景和价值,破产程序与海事程序之间的冲突还可能体现为两部法律条文存在冲突。如我国《企业破产法》第十九条规定,人民法院受理破产案件后,有关债务人财产的保全措施应当解除,执行程序应当中止。但我国《海商法》第二十八条、第二十九条规定,船舶优先权应通过法院扣押产生优先权的船舶行使,自船舶优先权产生起一年不行使的,该优先权消灭。即在航运企业破产中,如果依照《企业破产法》规定解除对船舶的保全措施,则将导致原先受船舶优先权担保的债权无法得到清偿,甚至产生消灭该优先权的效果。

四、跨境破产程序的主要模式

国际上,各国仍主要通过双边、多边合作条约来处理跨境破产案件。但大部分国家之间用来协调管辖权冲突的多边条约,都在其适用范围内排除了破产案件的适用,而是通过一些区域性或国际性条约用以专门调整跨境破产问题,如联合国、欧盟制定的相关的破产程序规则。

(一)跨境破产程序的三种模式

国际上没有一部统一适用于各国的跨境破产程序规则,在跨境破产实践中各国都不遗余力地寻求最佳的程序模式实现破产目的。但因采纳的立法原则不同,其答案也迥然有异,[1]产生了普遍主义的单一破产程序、地域主义的单独破产程序和主从破产程序三种模式。

普遍主义(Universalism)认为一家跨国公司在其主要利益地(Center of Main Interest, COMI)进行破产程序,而其在破产法院地之外的财产也归于该破产程序的管辖之内,境外法院对此破产程序予以承认与协助。相应地,单一破产程序坚持"一人一破产"及"债权人平等"的普遍主义立场,主张由特定法院对某一破产债务人的所有财产行使全部管辖权并赋予该破产程序普及效力。[2] 该模式可以避免不同国家依《破产法》对同一债务人发

---

① 参见汤维建:《论国际破产》,载《比较法研究》,2005 年第 2 期,第 114 页。

② Forum on Asian Insolvency Reform:Insolvency Systerms and Risk Management in Asia,2004. P. 81.

起多重破产程序以及对外国债权人给以不公平对待的情况发生,大大降低破产成本,与此同时也降低了债务人转移财产、优先支付的可能性。

与普遍主义相反的理念则是地域主义(Territoriality),该观点主张破产程序应适用财产所在地的本地法分别进行,彼此之间没有联系。各个地方的债权人都会争相抢夺债务人财产,以便在破产程序中获得优先受偿。这样的做法往往会对域外的债权人权利造成损害,并且从整体上来看债权人在清算程序中获得的利益总和是小于适用普遍主义下的跨境破产程序。原因在于适用不同法域的程序会造成费用支出的大大增加,从而使得整体上债务人清算的财产缩水。与地域主义相匹配的单独破产程序,即复合破产制。该模式不承认外国破产程序的域外效力,强调一国法律效力及于受其本国法律支配的人和物,因而一国对其本国领域内的财产有当然的管辖权。19世纪80年代末—20世纪70年代以前的德国、[1]19世纪的美国[2]均是实行单独破产程序的典型国家。[3] 在该模式下,位于境外的债务人财产,仍归债务人所有,不受本国破产程序的影响。债务人仅在以下两种情形下丧失其对位于境外财产的控制:①财产被财产所在国扣押;②财产所在国又开始新一轮的破产程序。

普遍主义的单一破产程序与地域主义的单独破产程序在理论上是对立的。但在实践操作中,并没有哪一个国家绝对地坚持某个理论,具有实际效用的双重做法是各国普遍采用的模式。一方面,尽可能地使本国破产宣告的效力及于国外;另一方面,在对外国破产程序的承认上谨慎严格,力图削弱外国破产程序在本国的效力。例如英、美两国在实践操作中就作出了类似规定。

主从程序模式将破产程序分为主要破产程序和从属破产程序,通过主从破产程序模式协调各国利益冲突。破产案件由主要利益中心所在地法院管辖,由其操控主要破产程序,这样可以使案件判决的域外效力最大化,并为与已经开始从属破产程序的法院的合作提供可能性。[4] 对主要破产程序拥有管辖权的法院有权要求破产债务人财产所在地有管辖权的法院协助其完成破产程序,有时还会将本国的破产实体法应用于外国破产程序中,坚持主要程序的主导性。

(二)主从破产程序是当前跨境破产的主流

国际上适用主从程序模式的国家以其立法主要参照依据或适用范围的不同,分为两大阵营:第一组是以联合国国际贸易法委员会1997年通过的《跨境破产示范法》(Uncitral Model Law on Cross-border Insolvency)[5]为蓝本制定内国法的哥伦比亚、新西兰、英国、英属

---

① 德国1889年《破产法》第237节规定,在外国宣告的破产,效力不及于在德国国内的财产,债务人在德国有营业所或普通裁判籍者,虽已在外国受破产宣告,仍得在德国再受破产宣告。20世纪70年代后,德国在实践中转向有限度的普遍性原则,2003年制定新的《破产法》,引入《欧盟规则》内容,采取了有限的普遍性原则。

② 19世纪的美国曾采用属地主义立法例规定跨境破产程序,但随着经济实力的发展及海外贸易、投资的增多,美国在实践及其后《破产法》改革中采用了更为灵活的规定。

③ 参见余劲松:《跨国公司法律问题专论》,法律出版社,2008年版,第268页。

④ Berends A. J:The Uncitral Model Law on Cross-Border Insolvency:a Comprehensive Overview,Tulane Journal of International and Comparative Law,Vol. 6(spring 1998),P. 312.

⑤ 共有41个国家共有43个法域通过了以示范法为基础的立法,其中包括美国、英国、加拿大、澳大利亚、日本等主要发达国家。

维京群岛、美国、塞尔维亚、波兰、罗马尼亚、黑山、南非、厄立特里亚①、日本、墨西哥等国。
第二组是直接适用《欧盟破产程序规则》(The European Council Regulations on Insolvency
Proceedings)并且适用范围仅限于成员国之间的除丹麦以外的欧盟其他成员国。不论是
《跨境破产示范法》还是《欧盟破产程序规则》,都以实用主义的主从破产程序来解决跨境
破产中的一系列问题。

1.《欧盟破产程序规则》

2000 年 5 月 29 日,欧盟理事会将其 1995 年于布鲁塞尔通过的《关于破产程序的公
约》改为《欧盟破产程序规则》,并直接在破产案件中适用。该规则已成为在欧盟各成员
国间解决跨境破产案件管辖冲突、促进跨境破产案件在欧盟范围内合作协调的主要法律
依据。

《欧盟破产程序规则》对跨境破产程序做了主要破产程序与从属破产程序的两层分
类。主要破产程序具有普及性,居于首要地位。该程序的管辖权仅属于债务人主要利益
中心所在地国的法院,其他成员国法院对该程序无权管辖。

《公共秩序保留规则》也同样被规定于规则中。欧盟任何一成员国基于本国公共政
策的考虑,若对主要程序的承认和执行与本国国家政策、基本原则或本国宪法规定的个人
自由及基本权利相悖时,可对他国启动的主要破产程序不予承认或不予执行该破产判决。

从属破产程序因申请人的申请而启动,申请人有以下两种:主要破产程序指定的破产
清算人,以及已被请求国法律规定具有破产程序请求权的任何单位、机构和个人。② 只要
这些申请符合基本条件,即可在被申请国开始从属破产程序。从属破产程序启动后,所有
债权人(不只限于本国债权人),均可参与该破产程序。③

2.《跨境破产示范法》

《跨境破产示范法》自其起草之日起,就以国际合作为出发点,将主从破产程序作为
跨境破产国际合作制度进行设计,并提供给联合国成员国,使成员以内国法的方式在跨
境破产案件中应用,实现跨境破产的国际合作。

与《欧盟破产程序规则》不同之处在于,《跨境破产示范法》在主从程序两重分类的基
础上,又将从属破产程序进一步细分为非主要破产程序和平行破产程序。主要破产程序
是由债务人主要利益中心所在地法院发起的破产程序;非主要破产程序是在债务人的经
常性营业场所所在地,由该地法院开始的破产程序。

在外国进行的主要破产程序与非主要破产程序都要在本国获得承认的前提下才会在
本国发生效力,不同之处仅在于获得承认的效力及协助程度上的区别。主要破产程序经
本国承认后,本国将给予主要破产程序一系列的协助,以助该程序顺利完成:①将与债务
人有关,涉及债权、债务、财产、责任的未决诉讼予以终止,但维护债务人权利、增加债务人
财产的诉讼可使其继续;②停止执行程序对债务人财产的执行,尽量保护债务人财产,维
护债权人的利益;③禁止主要破产程序进行时对债务人财产的转移、转让,在财产上设定

---

① Status of Conventions and Model Laws,Uncitral Document A/CN,9/626,25 May 2007,P. 19.
② The EU Regulation on Insolvency Proceedings,29.
③ The EU Regulation on Insolvency Proceedings,32(1).

担保等减少债务人财产的行为。

对于非主要破产程序,各国有权依据本国实际情况,自主裁定是否给予在外国开始的破产程序以上协助。

平行破产程序是一种属地性的破产程序,规定当某项外国破产程序得到本国承认后,如果在该外国程序中本国债权人利益受到损害,此时债务人在本国境内仍拥有资产,则本国法院可依该规定在本国开始一项平行的破产程序,但这一程序的效力仅仅及于本国境内存在的债务人财产或由本国程序所管理的财产。该程序的设定是为了最大限度地保护本国债权人的利益。

《跨境破产示范法》中三种破产程序在效力上有着主、次、先、后的区别。对外国主要破产程序的承认不妨碍本国境内平行破产程序的开始。当同一债务人在本国与外国同时存在破产程序时,本国法院有责任予以配合与合作,但对外国破产程序的承认、协助与本国程序存在矛盾时,本国破产程序效力优先。

在《跨境破产示范法》出台后近二十年的实践中,普遍主义成为跨境破产的主流理论,很多国家通过国内立法将《跨境破产示范法》加以转化应用。

五、各国在韩进海运破产案件司法冲突中处理的实践

(一)美国相对注重破产程序,承认配合韩国程序

2005年美国通过了《破产法典》(Bankruptcy Code)修正案,其中新的第15章"辅助及其他跨界程序"就是依据《跨境破产示范法》而制定。美国《破产法》扩充并完善了美国跨国破产法的内容,为跨国贸易及投资者提供了一个透明、公平及高效的法律制度保障。

依照美国《破产法典》第15章,外国破产程序分为两种:一种为"主要程序"(Main Proceeding),即在债务人利益中心地进行的程序;另一种为"非主要程序"(Non-main Proceeding),即发生在非债务人利益中心地的程序。申请人可以向美国破产法院申请承认外国破产程序。如果外国破产程序被认定为主要程序,会自动导致美国相关程序的中止,并禁止债权人对债务人在美国境内财产采取的一切行动(包括扣船)。而对于非主要程序,法院仅会禁止债权人特定的追偿行动以对债务人财产进行必要的保护,而不会自动禁止其他追偿行为。

美国的破产法属于联邦法,由专门的破产法院管辖。虽然海事程序在美国也同样属于联邦法,却是由普通的联邦法院管辖。那么在海事破产程序中,两个法院的管辖权就产生了冲突。在韩进海运破产案中,韩进公司依据《破产法典》第15章向美国联邦破产法院新泽西区法庭提交了破产承认申请。随后法官签发了临时禁令,禁止美国境内针对韩进海运的一切诉讼程序和海事程序。在美国司法实践中,跨境破产和海事程序发生冲突之时,法院还是倾向于保护破产债务人以及破产程序的统一性。

(二)澳大利亚较注重海事程序,承认配合韩国程序

与美国相同,澳大利亚也通过国内立法《2008年跨境破产法》(Cross-border Insolvency Act 2008)接受了《跨境破产示范法》。但澳大利亚在解决跨境破产程序和海事程序的冲

突问题上,采用了不同的方法。

在 Yu v. STX Pan Ocean Co., Ltd. 案中,澳大利亚联邦法院认为具有担保性质的海事优先权可以作为跨境破产程序的例外得到优先受偿。本案中,被告泛洋海运同样是一家韩国船公司,在 2013 年向首尔地方法院提出破产重整申请。在此期间,该公司旗下的一艘船在澳大利亚被扣。破产管理人基于《跨境破产示范法》第二十条向澳大利亚联邦法院提出承认外国破产程序的申请,同时依据《跨境破产示范法》第二十一条向法院申请额外救济,要求将公司在澳大利亚的所有财产移交管理人。法院认为,如果根据《2008 年跨境破产法》给予破产管理人额外救济,则会损害《2001 年公司法》(Corporation Act 2001)下债权人的利益①。根据《2001 年公司法》471C 项规定,当公司进行破产清算之时,有担保的债权权利不受影响。法院认为,海事优先权是《跨境破产示范法》范围外的担保债权,因此它的受偿不受破产程序的限制。

法院同时将这种海事优先权限定为具有担保性质的债权,而一般的海事权利,例如合同债权(燃油供应款、货损赔偿)等则不属于优先权的范围之内。换言之,法院会对扣船申请进行审查,如果是为了实现担保债权,那么法院会在破产程序之外批准扣船;如果是为了从船舶拍卖价款中取得普通债权的受偿,那么法院会驳回申请。根据澳大利亚法,仅有四种海事优先权具有优先于《跨境破产示范法》管辖的效力:海难救助产生的优先权;船舶碰撞产生的优先权;船员工资以及船长为船舶运营的必要垫资。

(三)新加坡较注重破产程序,承认配合韩国程序

新加坡虽然同中国一样没有接受《跨境破产示范法》,但是新加坡法院会根据相关先例和普通法原则对跨境破产给予司法协助。韩进海运破产消息发出后,"韩进罗马"(Hanjin Rome)号在新加坡成为首艘被扣押的韩进海运船舶。随后韩进海运向新加坡高等法院提出了申请,要求法院签发临时禁令,禁止新加坡境内一切针对韩进海运及其子公司的未决或潜在诉讼及财产保全或执行行为。法院随后做出准许,签发了禁令[Re Tai Suk(as foreign representative of Hanjin Shipping Co., Ltd.)[2016] SGHC 195]。

新加坡法院在签发类似的禁令时,主要考虑以下三个因素:

1. 拟重组公司与破产重组程序地的实际密切联系

考虑韩进海运的公司注册地、总部所在地、上市地点、公司董事国籍等因素,其与韩国破产法院之间存在实际密切联系。

2. 破产重组程序对境外债权人的公平公正性

任何对破产重组程序所在地境内债权人或个别大债权人的优先性保护,都会构成拒绝承认和协助跨境破产的适格理由,尤其在程序上须保障境外债权人获得充分的时间和资料,以考虑重组计划方案的可行性。韩进海运已向法庭保证其将向所有境外债权人送达书面通知,以保证各方充分参与破产重组会议及决议。法庭补充强调提供重组方案英文版本和远程会议设施在将来重组会议流程中的必要性。

3. 与境外破产重组程序存在冲突的其他因素

韩进海运在韩国的破产重组程序与境外债权人在新加坡申请扣押韩进船舶构成实际

---

① Balancing cross-border insolvency applications and ship arrests in Australia. http://www.clydeco.com/insight/article/balancing-cross-border-insolvency-applications-and-ship-arrests. 2017 年 3 月 1 日访问。

冲突,法官注意到高等法庭先前在 TPC Korea [2010] 2 SLR 617 一案中认为当系争资产涉及船舶时,通过 *High Court (Admiralty) Jurisdiction Act* 下海事管辖权扣押船舶是自治有效(self-contained)的。但法官认为扣押船舶海事管辖权仍然受制于法庭规则第四条第 92 号令赋予法庭为防止不公和程序滥用而在必要时做出裁令(即便与扣押船舶海事管辖权存在冲突)的权力。另外,法官提示本案不应遵循 TPC Korea [2010] 2 SLR 617 一案作为先例的另一原因是,TPC Korea 一案的差别性事实在于当事人选择同时申请免于扣船的临时裁令和召集会议审议重组计划的裁令,后者被判定不符合新加坡《公司法》的规定,只有前者得到获准。

可见,新加坡虽然没有采纳《跨境破产示范法》,但是在实践中,也会综合考量各种情况,基于"一致的跨境破产司法管辖有利于防止个别债权人在破产程序启动后通过择地诉讼获得对其他债权人造成不公的优先受偿权"这一规则,基于外国破产程序以必要的司法协助。

(四)中国更注重海事程序,未关注韩国破产程序

我国并没有采纳《跨境破产示范法》,在跨境破产问题上,仅在《企业破产法》中有一条原则性的规定,即《企业破产法》第五条第二款规定。[①]

以韩进海运为例,目前我国同韩国就跨国破产承认方面并没有缔结相关双边或多边条约,如果要承认韩进海运破产程序的效力,主要是基于互惠原则。鉴于目前还未有中国破产案件获得韩国法院承认的先例,韩进海运的破产程序在中国获得承认的可能性不大。因此,在韩进海运破产的案例中,对于中国境内的债权人来说,采取海事程序无疑是取得债权实现的最有力手段,不用担心自己在国内的扣船行为会受到跨境破产程序的限制。但对于境外韩进海运的破产管理人来说,这显然是对他们不利的。

事实上,韩进海运 2016 年 9 月宣布破产重整后,我国债权人反应迅速,在半年时间内先后向全国各地包括广州、上海、武汉、大连等的海事法院申请对韩进海运的船舶、集装箱、各地分公司的财产进行诉前财产保全,并获得各地海事法院的裁定支持。从上述国内法院的审判情况可以看出,我国法院遵循我国的海事诉讼程序对相关债权债务纠纷予以处理,并没有关注韩进海运在韩国启动的破产程序。

韩国法院对韩进海运破产案作出的判决和裁定在中国的效力仍处待定状态,中国没有采纳《跨境破产示范法》,没有国际义务承认韩国法院对韩进海运破产案作出的任何判决或裁定。在目前中国法律框架下,尚未有承认跨境破产的有效机制,海事程序仍然是实现债权最常用的手段。

六、完善我国航运企业跨境破产制度的建议

破产法的重要价值在于,当债务人资产不能清偿全部债权人的债权的情形下,在法院

---

① 该条原文为:"对外国法院作出的发生法律效力的破产案件的判决、裁定,涉及债务人在中华人民共和国领域内的财产,申请或者请求人民法院承认和执行的,人民法院依照中华人民共和国缔结或者参加的国际条约,或者按照互惠原则进行审查,认为不违反中华人民共和国法律的基本原则,不损害国家主权、安全和社会公共利益,不损害中华人民共和国领域内债权人的合法权益的,裁定承认和执行。"

的主导下,开启一个公正、透明的破产程序,统一解决所有债权债务纠纷。因而,禁止个别清偿、自动冻结个别清偿程序是各国破产立法的基本制度,这一点在联合国《跨境破产示范法》有充分体现。令人遗憾的是,正是基于中国《破产法》的立法缺陷而导致的跨境破产法律规则的缺失,使境外的破产管理人很难在中国法院申请到有效的救济措施。①

从兼顾债权人和债务人权益以及公平公正的角度出发,课题组建议采取以下措施完善、解决航运企业跨境破产中的司法冲突问题。

(一)借鉴《跨境破产示范法》中的主从破产程序制度

自 1997 年联合国国际贸易法委员会通过该示范法以来,已有美国、日本、澳大利亚、南非、英国、比利时、韩国等 41 个国家 43 个法域采纳了这一国际立法。

《跨境破产示范法》的目的,不是统一各国的实体破产法,而是侧重于授权和鼓励各个法域进行合作与协调,并尊重各国程序法之间的差异。其第二十条第(1)项规定采纳国可给予外国申请人救济,第(2)项允许采纳国根据其国内相关立法对该救济作出限制和保留。例如采纳《跨境破产示范法》的国家可以同时规定如果相关船舶已在该国被扣押,第二十条第(1)项规定的救济即不可适用,这显示示范法本身并没有为任何具体法律冲突个案提供单一的答案。以"船舶在 B 国被扣押后,航运公司在 A 国进入破产程序"为例,同为《跨境破产示范法》采纳国的英国和日本即采取了完全相反的做法。在英国,如果海事请求保全已经完成扣押和拍卖流程,则即使该航运企业在其母国进入破产程序,英国境内的海事诉讼仍将继续进行。在日本,一旦该航运企业在其母国进入破产程序,之前在日本已经进行海事诉讼程序即告终止,相关保全也会被撤销。

我国有关跨国破产问题仅有一条原则性的规定,无法满足日益开放的国际交往需求。建议在思考完善跨境破产有关制度时,借鉴《跨境破产示范法》有关规定,制定我国的《跨境破产法》或者在《破产法》中增加跨境破产专章。在此之前,可考虑由最高法院制订相应的司法解释,对外国破产程序和破产判决的承认、协助等相关问题予以明确规定。

(二)适用承诺互惠原则,先行提供司法协助

我国《企业破产法》第五条:"对于外国法院作出的发生法律效力的破产案件的判决、裁定,涉及债务人在中华人民共和国领域内的财产,申请或者请求人民法院承认和执行的,人民法院依照中华人民共和国缔结或者参加的国际条约,或者按照互惠原则进行审查,认为不违反中华人民共和国法律的基本原则,不损害国家主权、安全和社会公共利益,不损害中华人民共和国领域内债权人的合法权益的,裁定承认和执行。"

最高人民法院《为"一带一路"提供司法服务和保障的意见》指出:"要在沿线一些国家尚未与我国缔结司法协助协定的情况下,根据国际司法合作交流意向、对方国家承诺将给予我国司法互惠等情况,考虑由我国法院先行给予对方国家当事人司法协助,积极促成互惠关系,积极倡导并逐步扩大国际司法协助范围。"

根据上述规定,在韩进海运破产事件中,应当首先考察韩国是否曾在跨境破产案件中给予过我国互惠待遇,以决定我国法院是否应根据《企业破产法》第五条对韩国法院的判决、裁定予以承认。当然，如果韩国方面承诺将给予我国司法互惠，我国法院也可考虑先行给予司法协助，承认韩国法院关于韩进海运破产的判决、裁定。这也能体现我国作为世界大国的担当与风度。

在这一方面，美国法院首对我国法院作出的尖山光电股份有限公司破产裁定予以认可，意味着尖山光电破产管理人可以依据中国《企业破产法》对在美国的资产进行处置，同时也为国内法院适用互惠原则、承认美国法院的破产裁定创造了条件。相信随着时间的推移，会出现我国法院适用互惠原则承认美国或其他国家破产程序的案例。①

（三）协调破产程序与海事程序之间的冲突

《企业破产法》第十九条有关破产债务人财产担保措施应在人民法院受理破产案件后解除，该条与我国《海商法》第二十八条、第二十九条关于船舶优先权需要扣船才能行使的规定相冲突。

澳大利亚对承认外国破产程序之前的扣船和承认外国破产程序之后的扣船予以区别对待，如果扣船在先，则该海事请求被视为已有担保（Secured Claims），不受后续的承认外国破产程序影响。海事请求人能否抢在破产程序得到承认之前完成扣船，就成了诉讼成败的关键，这也正是韩进海运当时令其所属船舶在海上减速航行的原因。

可以借鉴澳大利亚的做法，通过国内立法、司法解释的形式，对船舶优先权所担保的债权与其他债权区别开来，明确船舶优先权的特殊地位，将有助于解决《破产企业法》与海事程序法之间的冲突，也有助于解决航运企业跨境破产中的一些法律冲突问题。

七、结语

航运企业跨境破产与海事程序的冲突与协调是当今航运界的一个热点问题，特别是在后经济危机时期，航运业萎靡不振的情形下，可以预见未来航运企业破产的案件会有增无减。由于当前各国立法的迥异，很难在这一问题上达成统一与协调。各个国家对此采取了不同的做法，因此在遇到这类问题时只能进行个案分析（Case by Case Analysis），难以拿出一个统一的解决方案。

虽然目前这一问题已经引起了各主要航运国家的重视，并且相关机构已经采取了行动，但在短期内还是难有周全的方案。期待各国能在这一问题上展开更加深入的合作，特别是中国要积极参与其中：对外，展现负责任大国的形象；对内，建立与完善中国跨境破产法律制度。

---

① 海宁市法院办理的尖山光电股份有限公司（以下简称"尖山光电"）跨境破产案，创下了国内法院的破产裁定获得美国法院认可的先例。尖山光电成立于2006年9月，曾跻身全球新能源企业500强排行榜。但随着光伏行业寒潮袭来，这家企业濒临破产。2013年11月5日，海宁市农村信用合作联社向嘉兴市中级人民法院申请对尖山光电进行破产重整。同年12月5日，该案移交至海宁市法院审理。12月25日，海宁市法院裁定受理该案，尖山光电及其下属公司整体破产重整正式进入司法程序。尖山光电审计后的总资产账面价值为14.4亿余元，全部资产变现预计仅为5.4亿余元，但共有119家债权人申报33.2亿余元债权，得到确认的债权总额为17.3亿余元。尖山光电及其关联公司在美国新泽西约有1.5亿元的资产。破产管理人直接向美国联邦破产法院新泽西区法庭申请获得破产保护，委托美国律师向当地法院提出救济申请。2014年8月12日，美国破产法院裁定承认海宁市法院破产裁定。参见石静霞、黄圆圆：《中美跨界破产合作里程碑——"尖山光电案评析"》，载《法律适用·司法案例》，2017年第4期。

海事诉讼与破产程序的冲突与衔接

——兼议涉海破产法律制度的完善

吴胜顺[①]

【摘要】造船和航运业近年持续低迷,船企破产频发。因纠纷管辖两相分开、法律制度各自独立——海事海商纠纷由海事法院专门管辖,适用《海事诉讼特别程序法》《海商法》等特别法,而破产案件由地方人民法院受理,主要适用《企业破产法》。当海事诉讼遭遇企业破产,或者破产程序遭遇海事诉讼,矛盾与冲突终究难免。本文以亲历的案件实例为基础,梳理归纳海事诉讼与破产程序的诸多冲突,在现行法律框架下,结合实践做法,探讨两者之间程序衔接问题,并提出完善立法、及时制定司法解释的相关建议。

【关键词】海事诉讼;破产程序;冲突与衔接;司法解释

近几年来,造船和航运业持续低迷,船企破产此起彼伏。由于纠纷管辖两相分开、法律制度各自独立,冲突和争议不断。从 2013 年起,笔者陆续参与办理了多起船企破产案件,从管辖到审判,从保全到执行,从船舶扣押、拍卖到船款分配,及至船舶优先权、海事赔偿责任限制等,问题层出不穷,法律却终有不周。本文在梳理归纳海事诉讼与破产程序诸多冲突的基础上,在现行法律框架下,探讨两者之间的程序衔接,并提出完善立法、及时制定司法解释的有效建议。

一、海事诉讼与破产程序的冲突

(一)当海事诉讼遭遇破产程序:现实难题

以笔者所在的海事法院派出法庭为例,2013 年 6 月份起至 2017 年年初不足 5 年时间里,派出法庭共处理了涉及 5 家破产清算或重整的造船、航运企业所有的 10 艘船舶及相关案件。扣押船舶 5 艘,占相应期间扣押船舶数量的近 1/6;拍卖船舶 7 艘(其中 6 艘系

---

① 吴胜顺,宁波海事法院法官。

接受地方人民法院委托拍卖），占拍卖船舶数量的近一半；涉及诉前财产保全案件 5 件，诉讼案件 44 件，执行案件 30 件。案件处理过程中，问题频现，既有法律制度层面的，也有具体实践操作层面的，而且涉及海事诉讼的各个环节。

（二）当海事诉讼并行破产程序：冲突环生

1. 纠纷管辖上的冲突

（1）海事海商纠纷专门管辖

海事海商纠纷由海事法院专门管辖，其依据是《海事诉讼特别程序法》及其司法解释、《最高人民法院关于海事法院受理案件范围的规定》（简称《海事法院收案范围规定》）、《最高人民法院关于审理发生在我国管辖海域相关案件若干问题的规定（一）》、《最高人民法院关于审理发生在我国管辖海域相关案件若干问题的规定（二）》等。海事海商纠纷专门管辖，也包括了针对船舶或者船载货物、船用燃油和物料提出的财产保全、债权登记与受偿以及执行。即便地方人民法院在审理或执行案件过程中需扣押或拍卖船舶，也应当委托海事法院执行。专门管辖还排除了当事人约定管辖；案件违反专门管辖的，可依法启动再审。

（2）企业破产案件集中管辖

破产程序，案件集中管辖。一是破产案件由债务人住所地人民法院管辖；二是地方人民法院受理破产申请后，有关债务人的民事诉讼，只能向受理破产申请的法院提起；三是有关债务人财产的保全措施应当解除，移交管理人接管；四是有关债务人的执行程序应当中止；五是债权人应当在债权申报期限内向管理人申报债权。

（3）专门管辖与集中管辖的冲突

一是海事法院是否受理破产案件；二是地方人民法院受理破产申请前海事法院已经受理的海事海商案件，是否继续管辖；三是地方人民法院受理破产申请后，以破产企业为一方当事人的海事海商纠纷，管辖如何确定；四是债权登记与确认，财产保全以及执行案件，管辖如何衔接。

2. 审判程序上的冲突

（1）海事海商纠纷审判

海事海商纠纷审判，依《海事诉讼特别程序法》《民事诉讼法》等规定保全、审理和执行。

（2）企业破产案件审判

法院受理债务人破产申请后，审判程序和裁判均受影响或限制。审判程序上：一是已经开始而尚未终结的有关债务人的民事诉讼或者仲裁应当中止，在管理人接管债务人的财产后，诉讼或者仲裁继续进行；二是债务人对个别债权人的债务清偿无效；三是重整期间，对债务人的特定财产享有的担保权暂停行使；四是有关债务人财产的保全措施应当解除，执行程序应当中止。案件裁判上：法院受理债务人破产申请后，个案审理旨在确认有争议的债权，并通过破产程序对债务人财产进行整体清偿。一是附利息的债权自破产申请受理时起停止计息；二是对担保人或其他连带债务人，《企业破产法》做了特别规定。

（3）海事审判与破产审判的冲突

海事海商纠纷审理过程中，一方当事人进入破产清算、重整或和解的：一是海事诉讼纠纷个案是否中止审理,如何中止;二是个案审理和裁判如何与破产程序衔接;三是此类海事海商纠纷裁判是普通的给付判决还是依附于破产程序,裁判是否赋予执行力,担保权如何裁判;四是裁判对利息如何计算,担保债务和主债务有无区别。

3. 保全与执行的冲突

(1)海事请求保全与执行

实践中,海事请求保全与企业破产程序发生冲突主要有以下几点:一是船舶拍卖。《海事诉讼特别程序法》第二十九条规定:"船舶扣押期间届满,被请求人不提供担保,而且船舶不宜继续扣押的,海事请求人可以在提起诉讼或者申请仲裁后,向扣押船舶的海事法院申请拍卖船舶。"二是船舶扣押期间的保管及其费用。《最高人民法院关于扣押与拍卖船舶适用法律若干问题的规定》(简称《扣押与拍卖船舶规定》)第7条规定:"船舶扣押期间由船舶所有人或光船承租人负责管理。""船舶所有人或光船承租人不履行船舶管理职责的,海事法院可委托第三人或者海事请求人代为管理,由此产生的费用由船舶所有人或光船承租人承担,或在拍卖船舶价款中优先拨付。"三是船舶优先权的行使。船舶优先权具有对物性、隐秘性、随船性、程序性、优先性等特征,法律上一般作为船舶担保物权对待,但又不以登记或者债权人占有为公示方式。《海商法》第二十八条和第二十五条分别规定,船舶优先权应当通过法院扣押产生优先权的船舶行使;船舶优先权优先于留置权和抵押权从船舶拍卖价款中受偿。四是执行中拍卖船舶。《海事诉讼特别程序法》对海事案件的执行并未专门作出特别规定,但该法第四十三条规定:"执行程序中拍卖被扣押船舶清偿债务的,可以参照本节有关规定。"同时,地方人民法院不受理船舶保全申请;地方人民法院为执行生效法律文书需要扣押和拍卖船舶的,应委托船籍港所在地或者船舶所在地海事法院执行。

(2)破产程序中财产处置

破产程序中,债务人财产由管理人按照《企业破产法》规定进行管理并负责处置,排除了个案审理或执行中保全和处置债务人财产的做法。

(3)海事请求保全与破产财产处置的冲突

由于船舶的特殊性、流动性和国际性,船舶扣押与拍卖,是最具特色的海事诉讼特别程序,也因此更容易与破产程序发生冲突。一是地方人民法院受理船企破产清算、重整或和解之前,海事法院已经扣押的船舶是否必须解除扣押;解除扣押的,已经发生的船舶保管等司法费用如何处理;债务人不支付船舶保管等司法费用的,海事法院能否为避免损失扩大而先行拍卖船舶。二是当事人能否基于船舶优先权、船舶留置权、船舶抵押权等担保物权,申请海事法院先行拍卖船舶。三是地方人民法院能否拍卖船舶;如果委托海事法院拍卖的,应由谁委托,如何启动;与船舶有关的债权人应向海事法院申请债权登记还是向管理人申报债权。四是处置船舶过程中,能否适用船舶优先权催告程序。

4. 清偿制度上的冲突

(1)海事诉讼债务清偿制度

海事诉讼中的债务清偿,涉及船舶拍卖价款和基金,其特殊性主要体现在以下三个方面:一是船舶价款分配。与被拍卖船舶有关的债权参与登记,并依《海商法》及其他法律规定的受偿顺序分配。二是船舶优先权。船舶优先权先于留置权和抵押权受偿;船舶优先权项目及其受偿顺序依照《海商法》第二十二条和第二十三条规定确定;船舶优先权不因船舶所有权的转让而消灭,但可以通过催告程序消灭;船舶优先权可因时效届满、船舶被强制出售或灭失而消灭。三是海事赔偿责任限制和责任限制基金制度。海事赔偿责任限制是一项法定抗辩权;责任人设立责任限制基金的,财产免于扣押和执行;限制性债权赔偿限额及其赔偿顺序,根据《海商法》第二百一十条等规定确定。

(2)破产程序财产清偿制度

破产清算中,债务人财产清偿遵循以下顺序:一是破产别除权,即对破产人的特定财产享有担保权的权利人,对该特定财产享有优先受偿的权利;二是破产费用和共益债务由债务人财产随时清偿;三是破产财产在清偿破产费用和共益债务后,依照《企业破产法》第一百一十三条规定的顺序清偿。

(3)海事诉讼与破产程序清偿制度的冲突

海事诉讼和破产程序,各自规定了特殊的清偿制度和顺序,存在诸多冲突。一是《海事诉讼特别程序法》规定的与被拍卖船舶有关的债权参与船舶拍卖价款分配,是否适用于破产财产清偿。二是《海商法》规定的船舶优先权受偿顺位,是否同样适用于破产财产清偿。三是责任人破产清算、重整或和解的,对海事赔偿责任限制以及基金如何影响。

二、海事诉讼与破产程序的衔接

(一)纠纷管辖上的衔接:指定管辖

地方人民法院受理债务人破产申请后,针对债务人的民事纠纷,由该法院集中管辖,但海事海商纠纷,可报请指定管辖。

1. 船企破产案件管辖

不少意见认为,基于特别法优先于普通法、专门管辖优先于普通管辖、公正与效率原则等许多因素考虑,船企破产由海事法院集中管辖更为适宜。[①]《企业破产法》第三条规定:"破产案件由债务人住所地人民法院管辖。"结合《最高人民法院关于适用〈中华人民共和国企业破产法〉若干问题的规定(二)》(以下简称《企业破产法司法解释(二)》)第四十七条有关受理破产案件的人民法院对海事纠纷可指定管辖以及《海事法院收案范围规定》等,基本可以肯定海事法院不受理破产案件。唯一还有可能的,是上级人民法院认为确有必要,比如单船公司破产、债务人财产主要系船舶、债权债务主要是海事债权债务等,由海事法院受理破产案件更为适宜的,指定海事法院受理船企破产案件。毕竟无论是《企业破产法》《民事诉讼法》《海事诉讼特别程序法》,还是《海事法院收案范围规定》,都未明确禁止海事法院受理破产案件。

2. 破产申请受理前海事海商纠纷管辖

《企业破产法》第二十条规定:"人民法院受理破产申请后,已经开始而尚未终结的有关债务人的民事诉讼或者仲裁应当中止;在管理人接管债务人财产后,该诉讼或者仲裁继续进行。"据此,地方人民法院受理破产申请后,之前已经受理的有关该债务人的民事诉

---

① 参见向明华:《船舶司法拍卖客体探析》,载《法学》,2009 年第 12 期。

讼,在管理人接管债务人财产后,继续审理。但仍有一些问题需要明确:一是该条所指对案件"继续审理",包括海事法院已经受理的海事案件。二是海事法院在管理人接管债务人财产后,恢复案件审理的同时,可告知诉讼当事人依法向管理人申报债权。

3. 破产申请受理后海事海商纠纷管辖

《企业破产法》第二十一条规定:"人民法院受理破产申请后,有关债务人的民事诉讼,只能向受理破产申请的法院提起。"同时,《企业破产法司法解释(二)》第四十七条第三款规定:"受理破产申请的人民法院,如对有关债务人的海事纠纷等案件不能行使管辖权的,可以依据《民事诉讼法》第三十七条的规定,由上级人民法院指定管辖。"由此可见,地方人民法院受理债务人破产申请后,针对债务人提起的民事诉讼,由受理破产申请的法院集中管辖,但对于海事海商纠纷,可以报请上级法院指定管辖。此处有几个问题值得讨论。第一,《企业破产法司法解释(二)》第四十七条第三款所指的"海事纠纷"的范围,泛指海事法院审理和执行的各类海事海商纠纷,包括海事诉讼特别程序案件以及海事执行案件,其范围宜根据《海事法院收案范围规定》确定,既方便,也有依据。第二,尽管司法解释用了"可以"一词,但仍宜作"海事海商纠纷原则上指定海事法院管辖"的理解,与海事法院专门管辖制度相称,限于受理破产的地方人民法院或其上级法院认为没必要指定或者不方便指定等少数情形例外。第三;"上级法院"当指受理破产申请的地方人民法院和被指定管辖的海事法院的共同上级法院,通常情况下为债务人所在地高级人民法院,但由于不少海事法院都存在跨行政区域管辖问题,这样一来,其共同的上级法院便是最高人民法院,报请指定管辖多有不便。为简化报请指定管辖程序,在这种情况下,也可由债务人所在地高级人民法院直接商请对发生在本辖区的海事海商纠纷有管辖权并设立了海事法院的高级人民法院指定该海事法院管辖。而被指定的海事法院,应指对发生在债务人辖区的海事海商纠纷有管辖权的海事法院。第四,船企破产涉及海事海商纠纷不可避免,实务中,应尽可能避免案件在法院之间反复移送。一方面,严格执行《企业破产法》第二十一条的规定,地方人民法院已经受理债务人破产申请的,除非上级法院指定,海事法院不受理有关该债务人的民事诉讼。海事法院不知道地方人民法院已经受理债务人破产申请而受理了有关该债务人的海事海商纠纷的,应告知受理破产申请的地方人民法院,由其决定是否报请上级人民法院指定管辖;受理破产申请的地方人民法院不报请指定管辖,或者上级人民法院经报请后认为没必要指定管辖的,海事法院可裁定驳回起诉,告知当事人向受理破产申请的地方人民法院申报债权。另一方面,应当一并指定而不宜个案分别指定。地方人民法院受理船企破产申请后,可以视实际情况和需要,报请上级人民法院对与该船企有关的海事海商纠纷,一并指定债务人所在地海事法院或者有管辖权的海事法院管辖。

4. 债权登记与确认、财产保全以及执行案件管辖

地方人民法院受理破产申请后,案件实行集中管辖,包括债权登记与确认。一是海事法院裁定拍卖船舶或受理设立海事赔偿责任限制基金的,按照《海事诉讼特别程序法》第一百一十一条、一百一十二条发布债权登记公告,债权人在公告期间就与被拍卖船舶或特定海事事故有关的债权,向管理人申报债权而不再向海事法院申请债权登记。二是破产程序实行集中清偿制度,个别清偿无效,排除了海事法院之后受理与该债务人有关的财产

保全和执行案件的管辖权。执行案件中止执行后,地方人民法院裁定宣告债务人破产或裁定终止和解或重整程序的,海事法院应裁定终结执行程序。①

（二）审判程序上的衔接:依附审判

当破产程序与债务人个案诉讼一并进行时,个案诉讼受制于破产程序,具有依附性。

1. 关于中止

《企业破产法》第二十条规定:"人民法院受理破产申请后,已经开始而尚未终结的有关债务人的民事诉讼或者仲裁应当中止;在管理人接管债务人财产后,该诉讼或者仲裁继续进行。"由于破产案件与海事海商纠纷分别在不同的法院审理,中止诉讼相互衔接上仍有些问题需要澄清。第一,地方人民法院受理破产申请后,代表债务人参加诉讼等法律程序的职责转由债务人的管理人履行,属于《民事诉讼法》第一百五十条规定的法定中止情形,无论此类诉讼在哪个法院进行,包括海事法院,都应当裁定中止诉讼,等待管理人接管债务人财产。第二,管理人接管债务人财产后,案件继续审理的,应由管理人而不是原法定代表人代表债务人参加诉讼,履行诉讼职责,诉讼代理人也应当由管理人而非原法定代表人授权委托。实务中那种不中止诉讼,甚至继续由原法定代表人代表债务人并委托代理人参加诉讼的做法,不符合《企业破产法》的规定。

2. 关于审理

由于地方人民法院正在审理债务人破产清算、重整或和解案件,海事海商纠纷个案的审理,应与之妥善衔接。第一,针对债务人提起的海事海商纠纷诉讼,债权申报并经债权人会议核查,已经受理破产申请的地方人民法院裁定确认的,海事法院应当终止诉讼;对债权有异议的,由海事法院继续审理和裁判。至于终止诉讼的方式,可以由原告撤回起诉,或者裁定驳回起诉,但本文认为这种情况下,裁定终结诉讼更为妥当。第二,海事海商纠纷个案审理过程中,当事人不得向海事法院申请对债务人行使担保物权,但法律另有规定的除外;不得对债务人的财产采取保全措施;案件审理和裁判限于对债权或者对船舶或海域使用权等物权或其效力的确认,而不涉及对担保物的强制执行。

3. 关于裁判

针对债权人与主债务人之间的裁判。地方人民法院受理债务人破产申请后,根据《企业破产法》第十六条的规定,个别清偿无效。因此,个案诉讼成了破产程序的一部分,原告的债权也成了破产债权。相应地,针对原、被告之间所做的裁判依附和服务于破产程序,性质上属于破产程序中对破产债权的确认判决,作为债权人参与债务人破产分配依据而不是作为债权人强制执行的依据。

针对债权人与连带责任保证人之间的裁判。对此,实务中存在较大分歧。一种做法是,适用《企业破产法》第一百二十四条规定和《最高人民法院关于适用〈中华人民共和国担保法〉若干问题的解释》(简称《担保法解释》)第四十四条第二款,认为在债权人一并起诉主债务人和连带责任保证人场合,主债务人破产清算能够成为连带责任保证人承担清偿责任一时的抗辩和阻却,性质上属于附条件和附期限的给付判决。在主债务人破产清算程序终结后,债权人未得全部清偿的,可依该生效判决申请法院强制执行。另一种做

---

① 《最高人民法院关于执行案件移送破产审查若干问题的指导意见》第20条。

法是,适用《企业破产法》第十六条、第九十二条第三款和《担保法解释》第四十四条第一款的规定,对连带责任保证人作出如下区分处理:对于同时受理破产清算、重整或和解的连带责任保证人,只作确认判决,即判决确认债权人对该连带债务人享有连带债权,而对于其他连带责任保证人,则作给付判决,即直接判决连带责任保证人向债权人清偿连带债务。① 相比较而言,后一种做法,似更符合连带责任保证的本旨。

4. 关于利息

《企业破产法》第四十六条第二款规定:"附利息的债权自破产申请受理时起停止计息。"问题在于:一是连带保证人的担保债务利息是否也停止计算? 二是债务人迟延履行期间的债务利息是否还应当计算?

连带责任保证人担保债务利息。一般认为,《企业破产法》第四十六条第二款所强调的是"附利息的债权",而不问对象是主债务人还是其他担保人。因此,利息自破产申请受理时起停止计算的规定,不仅适用于破产债务人,也同样适用于连带责任保证人,而无论一并起诉主债务人和连带责任保证人,还是单独起诉连带责任保证人。但理论上仍存争议,尤其判决连带责任保证人直接向债权人清偿的,依据《企业破产法》第九十二条第三款和《担保法解释》第四十四条第一款的规定,似应持续计算利息,不受《企业破产法》第四十六条第二款的限制。

债务人迟延履行期间债务利息。该问题也即《民事诉讼法》第二百五十三条和《最高人民法院关于执行程序中计算迟延履行期间的债务利息适用法律若干问题的解释》第二条是否适用的问题。判决计算债务人迟延履行期间的债务利息,只适用于履行期间确定的金钱给付判决。迟延履行期间债务利息计算也应区分主债务人与连带责任保证人,区别对待。主债务人的债务利息计算至法院裁定受理破产或重整申请之日止,不存在迟延履行期间债务利息计算的问题。对于连带责任保证人,无论按前述哪种做法,都承担直接清偿或继续清偿责任,应计算相应的迟延履行债务利息。

(三)保全与执行上衔接:特别程序

破产程序与海事诉讼,实务中冲突最大的莫过于财产保全,而且主要体现在船舶的扣押和拍卖上,必须统一认识,规范操作。

1. 船舶保管费用

海事法院扣押船舶后,地方人民法院受理债务人破产申请,根据《企业破产法》第十九条的规定,保全措施应当解除,执行程序应当中止。但问题在于,船舶不同于其他财产,扣押期间会持续产生大量费用,如何处理? 尤其是在指定第三方看管并由第三方垫付相关费用的情况下,更尤其是在长期扣押或者债务人重整迟迟没有结果的情况下,保管费用巨大,且持续发生,是否应在解除扣押前先行结算就成了一个两难的现实问题。本文认为,地方人民法院受理债务人破产申请后,管理人接管海事法院已经扣押的船舶前,应当先行结清或者妥善解决此前已经发生的船舶保管费用,既不支付也不提供担保且船舶不宜继续扣押的,可以拍卖船舶,清偿保管费用并提存或者移交其余价款。理由在于:第三方经海事法院指定看管船舶并垫付相关费用,系司法辅助行为,相关费用按《企业破产

---

① 最高人民法院(2010)民二终字第 104 号、浙江省高级人民法院(2016)浙民终 147 号。

法》第四十三条规定,不属于破产债权,而是共益债务,应当随时清偿;在船舶未解除扣押前,仍适用《海事诉讼特别程序法》第二十九条的规定,船舶扣押期满,未提供担保,且不宜继续扣押的,申请人可以申请拍卖船舶;船舶拍卖后,优先清偿船舶保管费用。

2. 船舶担保物权

破产程序中,担保权人能否对担保物行使担保物权,以及如何行使担保物权,本就存在争议。当破产程序和海事诉讼平行进行时,由于案件在不同的法院之间进行,更由于船舶担保物权有其特殊性,尤其是船舶优先权,争议就更大。争议的焦点在于:当事人能否行使船舶优先权、船舶留置权、船舶抵押权等担保物权,申请海事法院拍卖船舶。

(1)暂停行使担保物权限于重整。《企业破产法》第七十五条第一款规定:"在重整期间,对债务人的特定财产享有的担保权暂停行使。但是,担保物有损坏或者价值明显减少的可能,足以危害担保权人权利的,担保权人可以向人民法院请求恢复行使担保权。"结合该法第九十六条第二款的规定,①可见,需要暂停行使担保物权限于重整程序,而不包括破产清算和和解程序。船舶担保物权亦然。

(2)暂停行使担保物权例外情形。重整程序中,暂停行使担保物权存在以下例外情形:第一,担保物由担保权人占有的担保物权。因债务人未占有担保物,且担保物可以通过清偿或者另行提供担保赎回,不需要停止对担保物权的行使。船舶优先权、船舶留置权便是此类担保物权。第二,担保物交回债务人占有和管控便丧失担保效力的担保物权。船舶留置权以占有船舶为前提,船舶优先权应通过扣押船舶行使,皆属此类情形。第三,《企业破产法》第七十五条第一款后段规定的情形。该款规定,重整程序中,担保物有损坏或者价值明显减少的可能,足以危害担保权人权利的,担保权人可以请求恢复行使担保权。船舶不同于陆地上的财产,被扣押后,由于折旧、保管、市场等因素影响,风险和费用都极高,该情形普遍存在。

(3)暂停行使不包括优先受偿权。担保物一旦变现,担保物权暂停行使的前提条件不复存在,应当优先清偿,不得挪为他用,而且变现款也不适用于提存。船舶担保物权的担保权人,对船舶价款具有优先受偿的权利,担保船舶已经变现的,应当优先清偿,不受重整程序中暂停担保权行使的限制。②

(4)行使担保物权变现担保船舶。一般理解,为行使担保物权而需要变现担保船舶的,只能通过管理人或者向受理破产申请的法院提出。但如果担保船舶尚处于海事法院保全之中,相关海事海商纠纷在海事法院审理或执行,与其先解除保全、移交船舶,再委托海事法院拍卖,还不如直接由海事法院拍卖更为便捷。本文认为:第一,鉴于船舶优先权应当通过扣押船舶行使,船舶留置权以占有船舶为前提,船舶优先权人或留置权人为行使船舶优先权和船舶留置权的,可以按照《海商法》和《海事诉讼特别程序法》的规定,申请海事法院拍卖船舶;海事法院认为符合法律规定的,裁定拍卖船舶,但应当书面告知受理破产申请的地方人民法院和债务人的管理人。第二,船舶抵押权人为行使和实现船舶抵押权,申请海事法院拍卖船舶的,海事法院可以协商受理破产申请的地方人民法院,认为

---

① 该款规定:"对债务人的特定财产享有担保权的权利人,自人民法院裁定和解之日起可以行使权利。"
② 相关观点,参见王欣新教授 2016 年 11 月 20 日在第一届西南破产法论坛上的主题演讲——《企业重整中担保物权的行使与保障》。

应当拍卖船舶或者在重整程序中无须停止船舶抵押权行使的,裁定拍卖船舶。

3. 委托拍卖船舶

海事海商纠纷由海事法院专门管辖,船舶扣押和拍卖具有专业性。地方人民法院受理债务人破产案件后,需要扣押、拍卖船舶的,应当委托海事法院具体实施。依据有两方面:一是《海事诉讼特别程序法》的司法解释第十五条有关执行中委托扣押拍卖船舶的规定;二是《企业破产法司法解释(二)》第四十七条有关特殊纠纷可指定管辖的规定。根据《企业破产法》第一百一十一条和第一百一十二条的规定,管理人可以对船舶进行变价,但管理人自行变现船舶的,应注意避免因船舶优先权未消灭而对买受人产生不利负担。实践中,受理破产申请的地方人民法院通常委托海事法院扣押和拍卖债务人船舶,但仍有一些问题需进一步明确和统一。一是此类船舶扣押和拍卖,性质上不是海事请求保全行为,而是对债务人财产的保全和变现行为;二是此类船舶扣押和拍卖并非基于当事人或者管理人的申请,而应由受理破产案件的地方人民法院委托海事法院进行;三是此类委托只是单项委托而非全案委托,限于扣押、拍卖船舶等具体事项;四是海事法院接受委托后,应当依照《民事诉讼法》第一百五十四条和《海事诉讼特别程序法》的司法解释第十五条的规定作出船舶拍卖裁定,但裁定可以不列当事人;五是船舶拍卖价款列入债务人财产,相应地债权登记也应向破产管理人提出;六是船舶扣押和拍卖,依照《海事诉讼特别程序法》规定;七是与被拍卖船舶有关的债权人提起的诉讼,属于海事海商纠纷的,可按《企业破产法司法解释(二)》第四十七条规定指定海事法院管辖,但此类诉讼不是《海事诉讼特别程序法》规定的确权诉讼,而是破产程序中的债权确认诉讼。

4. 船舶优先权催告

根据《海商法》第二十六条和《海事诉讼特别程序法》第一百二十条的规定,船舶转让时,受让人可以通过船舶优先权催告程序消灭船舶优先权。企业破产程序中,除委托海事法院司法拍卖船舶外,通过自行变卖+船舶优先权催告方式对船舶进行变价,也未尝不可。但必须强调的是,不能采取受理破产法院司法拍卖+船舶优先权催告模式,原因在于,司法拍卖属于原始设定船舶所有权行为,买受人通过司法拍卖取得船舶所有权系原始取得,不适用于船舶优先权催告制度。

(四)债务清偿上的衔接:利益权衡

如何规定债权受偿顺序,属于立法价值取向和利益平衡问题,清偿制度上应做好衔接。

1. 与被拍卖船舶有关的债权

根据《海事诉讼特别程序法》第一百一十一条的规定,只有与被拍卖船舶有关的债权才能申请债权登记并参与船舶拍卖价款的分配。由于债务人进入破产清算,船舶系债务人财产,与其他债务人财产无差别,上述规定不适用。

2. 船舶优先权

认为船舶优先权作为法定担保物权,具有别除权性质,看法鲜有差异。[①] 分歧在于船

---

① 周支军:《论船舶优先权在破产程序中的地位》,载《新学术》,2007 年第 5 期;向明华:《船舶司法拍卖客体探析》,载《法学杂志》,2009 年第 12 期。

舶优先权在破产清算中的受偿顺序,尤其是《海商法》第二十二条第一款第五项所列的船舶在营运中因侵权行为产生的财产赔偿请求与《企业破产法》第一百一十三条第一款第一项所列的职工工资、医疗等费用的受偿顺序。主要有三种观点:一是船舶优先权整体优先原则;二是排除船舶优先权原则,统一按《企业破产法》第一百零九条、第一百一十条和第一百一十三条等规定受偿;[①]三是混合优先原则,即将《企业破产法》第一百一十三条第一款第一项和第二项与《海商法》第[②]二十二条第一款第一至三项规定结合起来,不区分船上和岸上,按同类债权同一顺序受偿。本文认为,《海商法》第二十五条第一款规定船舶优先权优先于留置权和抵押权受偿,而留置权和抵押权属于别除权,对特定的财产享有优先受偿的权利,不足受偿或者放弃优先受偿权利的,其债权才作为普通债权参与破产财产分配。按通常逻辑,船舶优先权应当先于其他破产优先权受偿,更先于普通债权受偿,而不论属于哪一类优先权项目。排除船舶优先权原则,以及混合优先原则,不符合现行法律规定,皆不可取。其实,上述观点,从《企业破产法》第一百三十二条规定中也可以得到印证,即仅对该法公布之日前所欠的职工工资、医疗等费用,基于历史欠账,予以优先保护。

3. 海事赔偿责任限制及基金

海事赔偿责任限制是海上特殊法律制度。债务人破产清算,同时在海事诉讼中因特定海事事故行使海事赔偿责任限制抗辩或者设立基金,两者在程序和受偿制度上都存在差异。

责任限制抗辩权利。债务人破产重整、和解或清算,为维护债权人共同利益,不影响其在海事诉讼中,依照《海商法》的规定提出责任限制抗辩。

责任限制基金设立。存在两种情况:一是地方人民法院受理破产申请之前,债务人已经在海事法院设立了责任限制基金;二是债务人尚未设立责任限制基金,但依法可以申请设立基金。是否继续维持责任限制基金设立和基金案件的审理,以及是否申请设立责任限制基金,既是诉讼事务,也涉及债务人财产的管理与处分。根据《企业破产法》第二十五条的规定,应由管理人履行职责,从有利有益于债务人破产重整、和解或清算出发,作出决定。

基金受偿与分配。债务人设立基金,系为与特定海事事故有关的全部限制性海事赔偿请求提供担保。在破产清算中,基金作为破产人的一项财产,属于《企业破产法》第一百零八条规范的"特定财产";基金所担保的债权,同样具有别除权性质。结合《海商法》和《海事诉讼特别程序法》的相关规定,破产清算中,责任限制基金受偿可做如下处理:一是限制性海事赔偿请求权人未根据海事法院公告要求依照《海事诉讼特别程序法》第一百一十二条规定在公告期间向管理人申报债权的,视为放弃债权,既不得参与基金受偿分配,也不得再参与破产财产受偿分配。二是限制性海事赔偿请求对责任限制基金,依照《企业破产法》第一百零九条规定优先受偿。三是限制性海事赔偿请求参与基金分配,根据《海商法》规定确定受偿顺序与方式。四是限制性海事赔偿请求在基金中未能完全受

---

① 孟强:《单船公司破产债权受偿顺序问题研究》,载《法学》,2008 年第 2 期。

② 罗猛,李智渊:《船舶管理公司破产清算顺序初探》,载《经济研究导刊》,2010 年第 11 期;金秀琴:《船舶管理公司破产债务的范围及种类辨析》,载《经济研究导刊》,2010 年第 35 期。

偿的,其未受偿的债权,不适用《企业破产法》第一百一十一条的规定,不得参与破产人破产财产的受偿分配。

三、结论:思考与建议

(一)问题:各自为战,程序并行冲突难免

破产程序与海事诉讼的冲突,或许在《企业破产法》《海事诉讼特别程序法》制定的年代,及至《企业破产法》2006 年修订时,未曾显现,甚至也未做预设。但随着近几年来造船和航运业相继步入低谷,船企破产此起彼伏,两者之间冲突层出,不断困扰着司法实务。

破产案件由地方人民法院审理,海事法院不受理破产案件;海事案件由海事法院专门管辖,地方人民法院即使在破产程序中,一般也不愿去碰海事海商纠纷。两类案件相互纠缠,两个程序分头并进,两种审判却各自为战,是无法回避现状。由于船舶的流动性和国际性,海事海商纠纷的特殊性,海事法院的跨行政区域性,更加凸显出两种审判体制所带来的冲突。两种程序在不同法院分别进行,不同法院之间,共同的上级法院不同部门之间,甚至最高法院不同部门之间,个案协调十分困难,效率低下,确定性弱。程序设计上,破产程序是概括性程序,相对海事审判中的船舶拍卖价款或基金分配,可谓是"大破产";海事审判是针对个案的专门审判,相对于船企重整、和解或清算,船舶拍卖及价款受偿分配,勉强可称为"小破产"。两者在程序设计上缺乏协调,法律规制上不能兼顾。企业破产法律制度强调自身的概括性和公平集中清偿理念,而海事海商法律制度突出自身的特殊性和技术性,当这两种各自独立的特别法律制度在个案中并行相遇,在案件管辖、审判、保全、执行、清偿等诸多方面的冲突,就势难避免。

(二)出路:完善立法,相互衔接减少冲突

造船、航运企业破产进入频发、多发期,特别是"韩进海运"破产引起的许多问题,必须妥善加以应对。破产法律制度与海事海商法律制度各自独立,显然已经不适应社会经济发展。针对实务中频频遭遇的两种程序之间的冲突问题,有必要进行全面梳理,并加以分类和区别对待,着力解决船企破产案件与海事审判的衔接。当务之急,是在现有法律框架下,及时制定司法解释或者指导意见,减少冲突,规范做法。

航运企业破产引发留置权纠纷的裁判规则

谭学文①

【摘要】近年来,航运公司破产事件引发了一系列留置权纠纷案件。此类案件的审理需要综合运用海事海商、物权合同和公司破产等法律制度,妥善平衡留置权人、债务人及留置物所有人之间的权利与义务关系。在司法实践中,需要进一步明确航运企业债权人取得留置权的基本规则,尤其是在留置非债务人所有财产的情形下,以《物权法》第二百三十、二百三十一条作为相应法律依据。留置权人在航运企业破产程序中,应当谨慎行使留置权的第一次效力与第二次效力,将留置权担保的债权以别除权的形式在破产程序中受偿,遵循留置权的受偿顺序规则,并运用利益衡量方法综合平衡相关利益主体的权益。留置物所有人亦享有提起非法留置相关诉讼的诉权以及对债务人的违约损害赔偿请求权,并就该债权在破产程序中申报和受偿。

【关键词】航运企业;破产;留置权;别除权;利益衡量

2016 年 8 月以来,韩进海运破产事件引发了全球范围内的扣船与诉讼风暴,备受世界瞩目。在向法院申请扣押船舶或提起诉讼的同时,港口经营人、非经营性船东、船厂等相关方纷纷实施"自救",通过留置船舶、集装箱及船载货物以作为债的担保。例如,由于担心韩进海运无法支付港口作业费,一些港口经营人要求货主在交纳押金或保证金之后方可提货,引起了货主的强烈反对。② 留置物的所有权人或合法占有人往往会事后提起非法留置的相关诉讼,主张实施留置的主体侵害其物权。本文以航运企业破产引发的留置权纠纷为视角,探讨债权人取得留置权的基本规则、留置权人在破产程序中的权利行使规则以及留置物所有人的权利救济途径,以求妥善化解留置权纠纷,平衡保护利益相关方的合法权利,维护航运市场秩序和社会繁荣稳定。

---

① 谭学文,广州海事法院海事庭法官助理。
② 参见张文广:《如何应对韩进海运破产保护的冲击》,载《中国海事》,2016 年第 10 期,第 34 页。

一、航运企业破产引发的留置权纠纷的基本要素

在航运企业破产引发的留置权纠纷中,涉及三个基本要素,即留置物、留置权人(债权人)、他人(留置物所有权人或合法占有人)。

1. 留置物

依照《物权法》第二百三十条的规定,留置物一般为动产。在海事审判领域,主要为船舶、集装箱和船载货物。船舶作为特殊动产,在其之上的留置权可能成立《海商法》第二十五条所规定的船舶留置权,也可能成立仅以船舶作为留置物但法律适用无特殊的普通留置权。集装箱和船载货物之上成立普通留置权,并无法律适用上的特殊性。

2. 留置权人

就船舶留置权而言,《海商法》第二十五条第二款将其作为造船人、修船人所享有的专属权利。以船舶为客体的留置权,还包括《海商法》第一百六十一条①规定的承托方对被拖物(船舶)的留置权和第一百八十八条第三款②规定的救助方对获救船舶的留置权③,但上述留置权并不适用《海商法》第二十五条规定的特殊顺位规则,因而应归入普通留置权的范畴。以船载货物作为客体的留置权,包括《海商法》所规定的海上货物运输合同下承运人对承运货物的留置权、定期租船合同下出租人对货物的留置权及依据我国《物权法》《合同法》等成立的普通留置权(如打捞人对沉船沉物的留置权,港口经营人对集装箱货物的留置权等)。在航运企业破产引发的留置权案件中,留置权人通常为破产企业的债权人。

3. 他人

在留置权纠纷中,债务人一般不会提起诉讼,而留置物所有权人(如货主、集装箱租赁公司、非经营性船东)作为真实的物权人多会提出异议,主张返还留置物或请求损害赔偿。留置物的合法占有人如货代企业也可能依据《物权法》第二百四十五条关于占有保护的规定,请求无权占有人返还留置物。

二、航运企业债权人取得留置权的基本规则

在航运企业破产引发的留置权纠纷中,核心问题是留置权的取得是否具有合法性与正当性。船舶留置权与普通留置权在权利主体、适用法律、受偿顺序等方面存在不同,其留置权的取得规则也应分别阐述。

---

① 该条规定:"被拖方未按照约定支付拖航费和其他合理费用的,承托方对被拖物有留置权。"

② 该款规定:"未根据救助人的要求对获救的船舶或者其他财产提供满意的担保以前,未经救助方同意,不得将获救的船舶和其他财产从救助作业完成后最初到达的港口或者地点移走。"

③ 有观点认为救助方有权留置被救助方的财产,且在纯救助的情况下,可成立无因管理之债的船舶留置权,参见许俊强:《船舶留置权若干法律问题研究》,载《中国海商法年刊》,1999年第10卷,第157页。也有学者认为海难救助的救助人对救助款项享有船舶优先权,优先于船舶留置权担保的债权,甚至可能优先于其他船舶优先权担保的海事请求,没有必要将救助人对获救船舶的控制权归类到以船舶为客体的留置权,参见李海:《船舶物权之研究》,法律出版社,2002年版,第217页。

（一）船舶留置权的取得

由于《海商法》并未规定船舶留置权的取得要件，有学者认为船舶留置权的取得需要满足造船人或修船人占有船舶、占有船舶的依据是造船合同或修船合同、占有的船舶须为"合同另一方"交付的船舶、债权与所留置的船舶有牵连关系（或基于同一法律关系产生）、造船费用或修船费用已届清偿期等积极要件及当事人之间没有不得留置的约定等消极要件。① 在海事司法实践中，通常认为造船、修船合同属于承揽合同，船厂作为承揽人，可以享有对在建或在修船舶的留置权。在建船舶已满足"已安放龙骨或处于相类似建造阶段的"，其作为一种独立物，可成为船舶留置权的客体。在安放龙骨之前，船厂所占有的材料、机器、设备等作为集合物的形式存在，除当事人另有约定外，委托建造人未向船厂支付报酬或者材料费等价款的，船厂可依据《合同法》第二百六十四条规定对完成的工作成果行使留置权。

值得注意的是，在建船舶的所有权归属关系到船舶留置权的行使是否恰当。在一般情形下，船厂在完成船舶建造时，基于建造这一事实行为原始取得船舶所有权，委托建造人在船舶交付后取得船舶所有权。因此，在无相反约定的情况下，船厂在交付船舶之前，其享有船舶的所有权，此时并不存在船舶留置权的取得与行使问题。若该船舶被航运企业的债权人所扣押，在航运企业的破产程序中船厂还享有取回权，该船舶不属于破产财产的范畴。但是，如果船厂与委托建造人在合同中对在建船舶的归属另有约定时（尤其是约定分期付款到一定数额或比率时，船舶所有权发生转移），应当尊重当事人的约定。因为依照《中华人民共和国民法通则》（以下简称《民法通则》）第七十二条第二款以及参照适用《合同法》第一百三十三条的规定，当事人可以约定在一定条件成就时即完成船舶所有权的转让，以突破"动产物权变动自交付时发生转移"这一基本规则。在合同约定的所有权转移条件成就但船舶还未现实交付时，委托建造人拖欠造船款的，船厂可以行使船舶留置权。

（二）普通留置权的取得

如前所述，普通留置权的客体可能是船舶、集装箱及船载货物。普通留置权的取得多适用物权法、担保法、合同法、民法通则及其司法解释等法律规定。在航运公司破产引发的留置权纠纷中，争议较大的问题是承运人、港口经营人、无船承运人、非经营性船东如光租或融资租赁合同下的出租人能否留置船载货物。

《物权法》第二百三十条中的"债务人的动产"是否包括其合法占有的动产？承运人能否对非托运人所有的货物行使留置权？港口经营人能否对集装箱货物行使留置权？长期以来，这些问题一直困扰着海事司法界。1994年4月，最高人民法院在广州召开全国海事法院研究室主任会议。该会议指出根据《海商法》第八十七条的规定，承运人能够留置的只能是直接债务人所有的财产，不能向法院申请扣押第三人的货物。② 1995年颁布实施的《中华人民共和国担保法》（以下简称《担保法》）第八十二条将留置权的客体表述

---

① 参见司玉琢：《海商法专论》，中国人民大学出版社，2010年版，第43页。
② 转引自陈敬根，刘忠：《有关海上承运人货物留置权的三次大辩论及其反思》，载《2007年海商法国际研讨会论文集》，第23页。

为"债务人的动产"。1999 年通过的《合同法》第三百一十五条又规定:"如果托运人没有按合同约定向承运人支付有关运费、保管费以及其他运输费用的,承运人可以对相应的运输货物进行留置。"2001 年 7 月发布的《全国海事法院院长座谈会纪要》中对这个问题统一了认识:在沿海内河的货物运输中,托运人不支付运费、保管费或者其他运输费用的,承运人可以留置相应的运输货物;但在国际港口之间的海上货物运输中,按照《海商法》的有关规定,在合理的限度内承运人可以留置债务人所有的货物。但 2007 年颁布的《物权法》又令人们对这一问题的认识更加模糊了。《物权法》第二百三十条规定:"债务人不履行到期债务,债权人可以留置已经合法占有的债务人的动产,并有权就该动产优先受偿。前款规定的债权人为留置权人,占有的动产为留置财产。"该条中的"债务人的动产"是否包括债务人合法占有的动产,司法实践中存在不同意见。为统一意见,最高人民法院民四庭于 2010 年就这一问题作出批复①,批复认为《物权法》第二百三十条第一款规定的"债务人的动产"包括债务人合法占有的动产。

债权人留置第三人所有货物的法律依据在哪儿? 除了《物权法》第二百三十条外,何者得为裁判依据? 在司法实践中,有观点认为:集装箱货物在货物所有权与占有状态相分离的情形下,他人依据动产占有事实推定其所有权状态而产生的合理信赖,应受法律保护。第三人依照《物权法》第一百零六条的规定,可以善意取得处于承运人掌控下的集装箱货物的留置权。② 这是因为动产物权以占有作为权利享有的公示方式,依据港口作业的行业惯例及交易习惯,港口经营人并不负有审查集装箱内货物所有权真实状态的义务。《物权法》第一百零六条虽规定了善意取得的三个构成要件,但是内容仍较为笼统,难以指导司法实践。

2016 年颁布施行的《最高人民法院关于适用〈中华人民共和国物权法〉若干问题的解释(一)》(以下简称《物权法司法解释》)对善意取得的主客观要件等做了详细规定,进一步明确了善意的认定标准及判断时点、合理价格的认定、适用善意取得的例外情况等司法裁量基准。就港口经营人而言,其作为航运市场上的交易主体,对集装箱内货物占有与所有相分离的状况应有一定程度的认知。因为集装箱班轮运输的承运人所承运的货物多不是其所有的货物,此系航运市场上的一般情况与交易模式。在此背景下,认为港口经营人满足留置权善意取得的"不知无处分权且无重大过失"、以合理价格受让等要件显得较为牵强。此时,能否直接适用《担保法》第八十二条和《最高人民法院关于适用〈中华人民共和国担保法〉若干问题的解释》第一百零八条③? 答案是否定的。因为依照《物权法》第一百七十八条的规定,《担保法》与《物权法》规定不一致的,适用《物权法》。在《物权法》及其司法解释对留置权的善意取得有相应规定时,不宜直接适用该司法解释的相关规定。

在检索《物权法》关于留置权的全部条文后,就会发现该法第二百三十一条关于商事留置权的规定能较好地解释港口经营人取得集装箱货物留置权的法律依据。商事留置权是商事主体在双方商事行为的场合下,债权人为实现其债权,留置债务人所有物或有价证

---

① 参见最高人民法院(2010)民四他字第 10 号批复。该批复为电话批复。
② 参见广东省高级人民法院(2016)粤民终 316 号民事判决书。
③ 该条规定:"债权人合法占有债务人交付的动产时,不知债务人无处分该动产的权利,债权人可以按照《担保法》第八十二条的规定行使留置权。"

券的权利。①《物权法》要求留置权的取得需满足动产与债权属于同一法律关系这一基本条件。传统民法理论认为民事留置权的行使需要债权人占有的动产与债权的发生存在牵连关系。

"牵连关系"的含义较"同一法律关系"要广,包括债权因该动产本身而生(包括对动产所生的费用偿还请求权和损害赔偿请求权)、债权与该动产的返还义务基于同一法律关系而生、债权与该动产的返还义务基于同一事实关系而生等三种情形。② 商事留置权的行使不需要满足"同一法律关系"要件,但还需不需要其与债权人占有的动产有关联呢? 法律对此并无明文规定,实务中对商事留置权的取得要件把握得很宽松,基本上不受限制。这主要是因为企业相互间的交易频繁,如果必须证明每次交易所发生的债权与所占有的标的物属于同一法律关系,不仅烦琐,而且执行困难,从加强商业信用、确保交易便捷和安全的立场出发,在企业之间的留置权领域,适当放宽些要求,具有积极意义。③

因此,在债权人留置第三人所有的货物的情形下,该债权人取得留置权的法律依据是《物权法》第二百三十一条所规定的商事留置。作为一个不完全法条④,该条文不能单独适用,而应与《物权法》第二百三十条一起作为认定债权人取得债务人合法占有的第三人财产的法律依据。承运人或港口经营人在非法留置货物的损害赔偿诉讼中,也应将《物权法》二百三十条及二百三十一条一起作为其抗辩权基础规范。

三、留置权人在航运企业破产程序中的行使规则

航运企业破产案件除涉及破产法、公司法等商事法律制度外,还涉及较为复杂特殊的海事法律制度及海事诉讼特别程序。海上运输的风险性、船舶的流动性、海事诉讼的涉外性等特点,使海事法律与破产法律之间的冲突难以避免。而两者之间价值倾向的差异(前者侧重保护特定海事请求权人和船舶物权人的合法权益,后者侧重保障所有破产债权人都能通过破产程序获得公平清偿)成为跨境海事破产案件中海事程序与破产程序之间冲突产生的根源之一。⑤ 目前,学界普遍关注到船舶优先权、船舶扣押、海事赔偿责任限制等制度与破产法律制度之间的差异。其实,在航运企业破产引发的留置权纠纷中,留置权的实现与破产程序之间也存在着千丝万缕的联系。一方面,海事案件专门管辖与破产案件集中管辖之间存在矛盾冲突;另一方面,海商法中的船舶留置权与普通留置权的实现路径、受偿顺位与法益考量不尽相同,这导致如何协调两者之间的关系及其与优先权、别除权与破产债权之间的关系也值得深入研究。

---

① 参见最高人民法院物权法研究小组编著:《〈中华人民共和国物权法〉条文理解与适用》,人民法院出版社,2007 年版,第 678 页。

② 参见梁慧星,陈华彬:《物权法》,法律出版社,2007 年版,第 373 页。

③ 参见崔建远:《物权法》,中国人民大学出版社,2014 年版,第 590 页。

④ 不完全法条是指只有与其他法条相结合才能创设法效果的法条,包括说明性法条、限制性法条、指示参照性法条、法定拟制等。参见[德]卡尔·拉伦茨:《法学方法论》,陈爱娥译,商务印书馆,2003 年版,第 137~144 页。

⑤ 参见勾阳阳:《跨境海事破产案件中的管辖权冲突及对策研究》,大连海事大学 2016 届法学硕士学位论文,第 10 页。

(一)留置权的第一次效力与海事诉讼保全

留置权的第一次效力,是指留置权人留置与被担保债权属于同一法律关系中的他人动产的效力。该效力以债务人不履行到期债务致使被担保债权未获清偿为发生条件。[①]第一次效力的本质是留置权人在其债权到期未受清偿前有继续占有留置物的权利。该权利可对抗留置物所有人的物权返还请求权,也可对抗一般债务人的占有返还请求权。但留置权人一般并不享有使用、收益和处分留置物的权利。[②]

实现船舶留置权的第一次效力,造船人、修船人可自行留置船舶,通常不向法院申请扣押船舶。因为船厂一般具有相应的船坞或泊位供船舶停靠,且有技术人员能够负责船舶看管,自行留置船舶较为可行。但在有些情况下,船厂若缺乏足够的看管人员、不愿垫付看管费用或者担心船舶被其他债权人扣押等,也可能申请法院对船舶先行扣押。在一段时间里,船舶扣押后船舶留置权是否消灭属于海商法学界研究和谈论的疑难问题。[③]依据《最高人民法院关于人民法院执行工作若干问题的规定(试行)》第四十条规定,执行程序中,担保物权的优先受偿效力不因法院的查封、扣押措施而消灭。2015 年颁布施行的《最高人民法院关于适用〈中华人民共和国民事诉讼法〉的解释》(以下简称《民诉法解释》)第一百五十四条第二款规定:"查封、扣押、冻结担保物权人占有的担保财产,一般由担保物权人保管;由人民法院保管的,质权、留置权不因采取保全措施而消灭。"《民诉法解释》第一百五十七条规定:"人民法院对抵押物、质押物、留置物可以采取财产保全措施,但不影响抵押权人、质权人、留置权人的优先受偿权。"《民诉法解释》既规定了保全程序中留置权人仍享有优先受偿权,又明确指出留置权不因保全措施而消灭,可以进一步打消留置权人的疑虑,通过放弃自行留置动产,而转由申请法院采取相应的保全措施。就实现普通留置权的第一次效力而言,留置权人留置集装箱及船载货物的情形也多存在于港口经营人、承运人等有条件保管留置物的主体。针对鲜活易腐等不易保管的动产,留置权人应立即折价、拍卖、变卖该动产以实现留置权的第二次效力。除此之外,留置权人也可向人民法院申请保全留置物,以避免自行保管留置物的风险。

在破产程序中,留置权的第一次效力是否受到限制?《企业破产法》第七十五条规定,重整期间,对债务人的特定财产享有的担保权暂停行使;但是,担保物有损坏或者价值明显减少的可能,足以危害担保权人权利的,担保权人可以向人民法院请求恢复行使担保权。在破产清算程序和和解程序中因为法律没有做限制性的规定,所以原则上是不停止担保权的行使的。依据《企业破产法》,似乎在企业重整期间,留置权人原则上不得行使留置权。但有观点认为,对于留置权而言,移转担保物的占有,将其返还债务人占有将会

---

① 参见崔建远:《物权法》,中国人民大学出版社,2014 年版,第 596 页。

② 留置权人仍享有收取留置物所生孳息的权利,但不归其所有。留置权人也享有留置物保管上的必要使用权,如偶尔运转船舶主机防止生锈,但不得超过保管的必要使用范围。参见梁慧星、陈华彬:《物权法》,法律出版社,2007 年版,第 377 页。

③ 参见许俊强:《船舶留置权若干法律问题研究》,载《中国海商法年刊》1999 年第 10 卷,第 155-164 页。孙光:《船舶扣押后的船舶留置权》,载《中国海商法年刊》2009 年第 4 期,第 30-34 页。

使担保权的优先权、担保效力等丧失,原则上是不能够停止对担保物权利的行使。① 因为针对留置物而言,债务人已经移转占有,经济上无法使用,如果强行恢复占有,既不利于债务人财产的增值,又必然会造成对留置权人权利的损害。因此,就留置权人继续占有留置物而言,其第一次效力一般是不受破产程序限制的。

但如果留置权人放弃对留置物的继续占有,转而向法院申请海事诉讼保全的话,其将面临海事诉讼保全与破产程序之间的衔接问题。在海事司法中,一个突出的问题是船舶在扣押中通常会持续产生大量费用(如停泊费、燃油费、人员工资、委托第三方看管费用等),海事法院在解除扣押前能否先行结算该保管费用?宁波海事法院有相应案例认为,该看管费用符合《最高人民法院关于扣押与拍卖船舶适用法律若干问题的规定》(以下简称《扣押与拍卖船舶司法解释》)第七条的规定应由船舶所有人承担;该费用系国家司法机关以国家强制力管理、处置被执行人财产而产生的费用,并非普通债权,而属于《破产法》第四十三条规定的共益债务范畴,应由债务人财产随时清偿。② 这一做法较好地衔接了海事诉讼程序与破产程序,可以作为经验推广。根据《破产法》第十九条规定,人民法院受理破产申请后,有关债务人财产的保全措施应当解除,执行程序应当中止。根据最高人民法院关于海事法院管辖和受案范围的两个司法解释,航运企业破产案件不属于海事法院的受案范围。此类案件原则上由地方法院的破产庭集中管辖,但也可报请指定管辖。③ 依据《最高人民法院关于适用〈中华人民共和国海事诉讼特别程序法〉若干问题的解释》第十五条④的规定,破产程序中的船舶扣押也应委托海事法院执行。除船舶以外的动产、集装箱及船载货物的扣押,破产法院可自行执行。在破产受理后,留置权人可向破产法院申请司法扣押集装箱及船载货物。

(二)留置权的第二次效力与实现担保物权特别程序

留置权的第二次效力,是指自留置效力发生后的一定期间届满债务人仍不履行其债务致使被担保债权未获清偿时,留置权人可将留置物折价或变价并使其债权优先受偿的效力。⑤ 留置权的实行需要具备一定的时间条件:若留置权人与债务人已约定了债务履行期限,该期限届满,债务人仍不履行债务的,留置权人可以与债务人协议以留置物折价,也可以就拍卖、变卖留置物所得价款优先受偿;留置权人和债务人没有约定债务履行期限或者约定不明确的,债务人拥有自留置效力发生之日起算2个月以上的履行宽限期;若被留置的动产是鲜活易腐等不易保管之物,留置权人可不受前述约定期间及2个月期间的限制。留置权的行使必须满足债务已届清偿期要件,债务履行期限未届满,留置权人不得行使留置权,但可依据法律规定,行使同时履行抗辩权、不安抗辩权等权利。在航运企业

---

① 参见王欣新:《企业重整中担保物权的行使与保障》,载 http://mp. weixin. qq. com/s/BIuSAdFLOXAnUhn. ljT6ACg,访问时间 2017 年 5 月 30 日。该文系作者在 2016 年 11 月 20 日召开的第一届西南破产法论坛上的主题演讲。

② 参见吴胜顺,丁灵敏:《周红斌与钦州市桂钦海运集团有限公司船员劳务合同纠纷执行案》,载《海事司法论坛》,2016 年第 3 期,第 68 页。

③ 参见《最高人民法院关于适用〈中华人民共和国企业破产法〉若干问题的规定(二)》第四十七条。

④ 该条规定:"除海事法院及其上级人民法院外,地方人民法院对当事人提出的船舶保全申请应予不受理;地方人民法院为执行生效法律文书需要扣押和拍卖船舶的,应当委托船籍港所在地或者船舶所在地的海事法院执行。"

⑤ 参见崔建远:《物权法》,中国人民大学出版社,2014 年版,第 596 页。

破产引发的连锁反应中,部分码头和服务提供商拒绝韩进海运的船舶进港作业,即是行使抗辩权的体现。

实现留置权的第二次效力,通常需依赖司法程序。就船舶留置权而言,由于海事诉讼中存在船舶优先权催告程序等特殊制度,而船舶优先权又属于法定优先权,其优先于船舶留置权受偿,因此船舶留置权应由法院通过司法拍卖船舶的方式来实现,以避免损害船舶优先权人的利益。因而,要实现被留置船舶的变价,应该有法院的介入,用法院拍卖船舶的方式来实现被留置船舶的变价。① 实践中,留置权人可申请法院依照《海事诉讼特别程序法》及扣押与《拍卖船舶司法解释》司法拍卖船舶。就普通留置权而言,实现第二次效力,可运用《民事诉讼法》规定的实现担保物权案件的特别程序。该程序为《民事诉讼法》于 2012 年修改时增加的内容,本质上是一种非诉程序。留置权人可向留置物所在地法院提出申请。依据《民诉法解释》第三百六十三条的规定,海事法院亦可受理实现担保物权案件。该司法解释第三百六十一至三百七十三条详细规定了实现担保物权案件的具体规定。

破产受理前船舶的扣押与拍卖适用海事诉讼特别程序固然无争议。破产受理前船舶已被扣押但未被拍卖的,依据前述宁波海事法院的做法,在船舶未解除扣押前,仍适用《海事诉讼特别程序法》第二十九条的规定,船舶扣押期满,未提供担保,且不宜继续扣押的,申请人可以申请拍卖船舶;船舶拍卖后,优先清偿船舶保管费用,其余款项移交破产管理人或破产法院。② 破产受理后船舶的拍卖,破产法院可委托海事法院进行。而集装箱及船载货物的变价,在受理破产之前,可由海事法院通过实现担保物权的特别程序进行,而受理破产后,由于该类案件并无法律适用和管辖上的特殊性,可由破产法院纳入破产财产统一处置,留置权人相应向破产管理人或破产法院申报债权。

(三)留置权的效力范围与别除权的行使

依据《物权法》第一百七十三条,留置权的担保范围包括主债权及其利息、违约金、损害赔偿金、保管留置物和实现留置权的费用。留置权的效力及于留置物的从物、孳息和代位物。在破产程序中,留置权担保的债权属于别除权的范畴,属于广义上的破产债权的组成部分。《破产法》第一百零九条规定:"对破产人的特定财产享有担保权的权利人,对该特定财产享有优先受偿的权利。"该条中的担保权包括抵押权、质权、留置权三类担保物权及船舶优先权、航空器优先权、建设工程价款优先权等法定特别优先权。在破产申请受理后,依据《破产法》第三十条③的规定,留置物纳入债务人财产。

《破产法》第四十六条第二款规定:"付利息的债权自破产申请受理时起停止计息。"该利息是否包括留置权所担保的主债权的利息?一般认为该规定也适用于别除权人,别除权之债权在破产申请后产生的利息在破产程序中是不予清偿的。④ 这是因为别除权人

① 参见司玉琢:《海商法专论》,中国人民大学出版社,2010 年版,第 54 页。
② 参见吴胜顺:《浙江省浙商资产管理有限公司诉浙江庄吉船业有限公司等船舶抵押合同纠纷案评析》,载《海事司法论坛》,2016 年第 1 期,第 42 页。
③ 该条规定:"破产申请受理时属于债务人的全部财产,以及破产申请受理后至破产程序终结前债务人取得的财产,为债务人财产。"
④ 参见王欣新:《破产别除权理论与实务研究》,载《政法论坛(中国政法大学学报)》,2007 年第 1 期,第 32 页。

在破产申请受理后具有优先受偿权,其可以及时行使该权利,一般不会造成较大的利息损失。在重整程序中,别除权人在重整中因延期清偿所受损失应得到公平补偿,就包括应定期向别除权人支付的相应利息。这种补偿性支付是法律对别除权人的特别保护。

留置权人或别除权人在破产程序中是否需要进行债权申报和提起债权确认诉讼?《破产法》第五十六条规定:"在人民法院确定的债权申报期限内,债权人未申报债权的,可以在破产财产最后分配前补充申报;但是,此前已进行的分配,不再对其补充分配。为审查和确认补充申报债权的费用,由补充申报人承担。债权人未依照本法规定申报债权的,不得依照本法规定的程序行使权利。"该条文将申报债权的义务归于所有的"债权人",结合《破产法》第四十九条的规定,别除权人亦具有申报债权的义务,且要"书面说明有无财产担保";否则,将承担"不得依照破产法规定的程序行使权利"的法律后果,别除权人只能退而寻求物权法、担保法等民事法律制度的救济,但其并非完全丧失受偿的权利。

（四）留置权的受偿顺序与利益衡量

《破产法》第一百零九条与第一百一十三条确立了破产债权受偿顺序的基本规则,即"别除权人优先受偿"、"破产费用及公益债务优先清偿"和"普通债权平等受偿"。在航运企业破产程序中,留置权所担保的债权处于何种受偿顺位?这涉及《破产法》与《海商法》相关规定之间的衔接问题,也涉及利益衡量方法论的运用。[①]

依据《海商法》第二十五条第一款规定,船舶之上担保物权的受偿顺位为:船舶优先权>船舶留置权>船舶抵押权。但该条第二款将船舶留置权限缩解释为造船人、修船人的特定权利,由此产生的疑问是其他以船舶为客体的留置权是否当然具有优先于船舶抵押权的受偿顺序?《海商法》本身并无明确的法律依据。《物权法》第二百三十九条规定:"同一动产上已设立抵押权或者质权,该动产又被留置的,留置权人优先受偿。"依据该规定,留置权作为法定担保物权,具有优先于意定担保物权的绝对优先地位。有学者从留置权的权利属性、留置权人的注意保管义务、留置权人与抵押权人的利益衡量等角度,认为应将所有以船舶为客体的留置权均置于船舶抵押权之前受偿。[②]该主张值得赞同,有助于理清船舶留置权与船舶抵押权之间的关系,统一司法适用。而以集装箱、船载货物为客体的留置权并不具有优先于船舶抵押权的优先受偿效力,理由是为了鼓励船舶融资,保证船舶抵押权人的优先受偿地位,不宜在船舶抵押权之前设置过多的担保物权,从而影响抵押权人的权益。[③]因此,航运企业破产程序中担保物权的受偿顺位一般应为:船舶优先权>船舶留置权>船舶抵押权>以集装箱、船载货物等为客体的留置权>一般抵押权>质权。

此外,需要运用利益衡量方法解决的是破产航运企业职工债权的受偿顺位问题。在广州海事法院审理的穗粤船务有限公司、广东蓝海海运公司等破产引发的船员工资案件中,职工债权的受偿问题较为突出。《破产法》第一百一十三条确立了职工债权在破产财

---

① 利益衡量是指法官在审理案件时综合把握案情实质,结合社会环境、经济状况、价值观念等,对双方当事人的利害关系进行比较衡量,作出哪方当事人应受倾斜保护的实质判断。参见梁慧星:《裁判的方法》,法律出版社,2012年版,第261页。

② 参见李璐玲:《对〈海商法〉中船舶留置权界定的反思》,载《法学》,2009年第2期,第110-116页。

③ 参见司玉琢:《海商法专论》,中国人民大学出版社,2010年版,第52页。

产受偿中的相对优先位置,但该顺位依然劣后于别除权。就航运企业而言,其员工有两类:一是船员,其所产生的工资、其他劳动报酬、船员遣返费用和社会保险费用依据《海商法》享有船舶优先权,排在靠前的位置受偿;二是不在船上工作的其他职工,其职工债权后于别除权受偿。然而,航运企业的破产财产在偿付别除权后,尤其是船舶抵押权担保的债权后往往所剩无几,航运企业普通员工的职工债权难以得到有效保护。实践中,法院是通过做金融机构工作,促使其让渡部分利益来解决这一问题的。例如,广州海事法院在穗粤公司员工工资分配案中,积极协调涉案金融机构,首创在法院监督下,由受偿执行财产金融机构主动设立维稳基金的做法,开创了劳动债权受偿工作新思路。在这种情形下,留置权所担保债权的实质受偿顺位也是会受到影响的。

四、留置物所有人的权利救济途径

在航运公司破产引发的留置权纠纷中,所有的留置物所有权人里往往是货主或集装箱租赁公司的利益更容易遭受损害。在航运企业有破产之虞或刚刚宣告破产时,货主可以选择行使货物控制权,中途停运、变更到达地或回运货物等实现自力救济。其在货物、集装箱被港口经营人等留置时,往往只能被迫向留置权人交纳押金或保证金才能提货或提箱。此时,留置物所有人的权利如何得到保护亦是应当关注的问题。

1. 提起非法留置诉讼的诉权

货主在交纳押金或保证金提货后,往往事后以港口经营人等非法留置货物为由提起诉讼。留置物所有权人即货主是否有权起诉?诉权是民事主体的宪法性权利,是民事主体启动民事诉讼程序的前提和基础。① 因而,留置物所有权人有就留置权纠纷诉请法院裁判的权利。《物权法》第三十七条规定:"侵害物权,造成权利人损害的,权利人可以请求损害赔偿,也可以请求承担其他民事责任。"货主在货物因被运输合同之外的第三人留置而无法提货、导致其合同权利无法实现之时,其既可以凭运输合同向承运人提起违约之诉,也可以物权受到侵害为由对港口经营人等提起侵权之诉。货主以非法留置货物为由、以运输合同之外的港口经营人作为被告提起侵权之诉,其对诉讼权利的行使并未违反法律规定。当然,货主具有诉权并不意味着其当然能胜诉。除上述港口经营人以《物权法》第二百三十一条的规定合法取得货物的商事留置权外,货主关于其受到胁迫、要求退还保证金的主张亦难以得到支持。在我国的司法实践中,对胁迫的认定条件较为严格,货主很难举证证明其受到了司法判断意义上的胁迫。② 法院一般会认为货主承诺给付保证金的行为是其真实意思表示,进而对该抗辩不予支持。

2. 对债务人的违约损害赔偿请求权

留置物所有人亦可能在执行程序中提出执行异议或提起执行异议之诉,但由于案外人即留置物所有人不能或难以提供对执行标的享有足以排除强制执行的民事权益的相关证据,其异议或请求往往难以得到法院的支持,达不到阻却执行的目的。留置物所有人在

---

① 参见江平:《民事诉讼法学》,北京大学出版社,2015 年版,第 17 页。
② 因受胁迫而实施法律行为,其可撤销性应具备胁迫、因果关系、不法性与故意四项要件。参见朱庆育:《民法总论》,北京大学出版社,2016 年版,第 284-287 页。

货物被留置后,较为可行的救济路径是凭基础法律关系向债务人主张违约。例如,货主依据货物运输合同向承运人、集装箱租赁公司依据租赁合同向班轮运输公司、非经营性船东(如船舶融资租赁企业)依据协议向承运人等主张违约责任。依据《合同法》第一百零七条,守约方可以向违约方主张继续履行、采取补救措施或者赔偿损失等违约责任。结合标的物被第三方留置的实际情况,留置物所有人可以向债务人请求承担赔偿损失、支付违约金等违约责任。

3. 在破产程序中的债权申报与受偿的权利

在标的物被留置,继而被拍卖、变卖或折价时,留置物所有人退而寻求债法保护,可以就留置物的主物、从物及孳息向债务人主张损害赔偿,其对留置物的权利转化成为一般债权。依据《破产法》第五十六条规定,在航运企业的破产程序中,留置物所有人应当就该普通破产债权向破产管理人或破产法院进行申报,并依据《破产法》第一百一十三条规定参与破产财产的分配与受偿。留置物所有人应在破产程序中积极行使上述权利。

船舶所有人破产风险下的船舶看管费问题

罗孝炳[①]

【摘要】目前,船舶看管费用的法律解决途径是船舶所有人承担和船舶拍卖款拨付两种。如以上两种途径均不可行,海事法院作为看管委托方不能解除对船舶的扣押,由此形成难题。对此,建议以预付和控制为主,尊重船舶处置的客观规律,尽量压缩扣押和看管周期,并严格审核确定看管情况和费用。区分安全管理与司法扣押的不同要求,让船舶扣押回归到财产保全的一般原理,形成法院负责、相关方协助落实以及船舶所有人可参与的有效联动机制。

【关键词】船舶扣押;看管费用

船舶拍卖是海事债权通过海事诉讼特别程序和强制执行程序得以实现的最主要方式。船舶扣押期间的看管费用如雪球一般越滚越大,且属于法院优先拨付费用,受偿顺位优于所有船舶优先权担保的海事请求,已经成为影响受偿顺位尚在船舶优先权后的船舶抵押权、船舶有关普通债权最终受偿比例的重要因素。它既受到与船舶有关的权利人的急切关注,也一直以来是海事法院讨论决定船舶拍卖款分配方案的一大热点。实践中遇到的新问题则是船舶看管费用未受偿,船舶所有人进入破产重整或清算程序,船舶扣押和拍卖应否终止?笔者查阅的一些案例对此予以否定,即继续拍卖船舶,在扣除船舶评估拍卖期间的相关司法费用后,把余款移交破产管理人。本文对此不作专门论述,而是分析两个关联问题:一是为何看管费用成为影响解除船舶扣押的因素;二是如何综合施策,降低看管费用。

---

① 罗孝炳,宁波海事法院助理审判员。

一、船舶看管费用影响解除船舶扣押的法律依据探寻

(一)法律上,支付看管费用并非解除船舶扣押的先决条件

我国《海事诉讼特别程序法》及其司法解释没有规定如果船舶不进入拍卖程序,看管船舶的费用如何解决。例如,诉前扣押船舶 30 日届满或诉讼中扣押船舶期间达成和解,请求人或原告申请解除财产保全,此前第三方看管船舶的费用由谁承担及其性质。我国《海事诉讼特别程序法》没有规定船舶解除保全的法定情形,但在其司法解释中规定了两种可以解除扣押船舶的情形:海事请求保全扣押船舶超过 30 日未起诉或申请仲裁、请求人在扣押船舶期限届满时未按照海事法院的通知追加担保。除上述两种情形外,还可以参考民事诉讼财产保全的解除条件。《民事诉讼法》及其司法解释明确解除保全的五种情况:诉前保全期间届满未提起诉讼或仲裁、保全错误、申请人撤回保全申请的[①]、申请人的起诉或者诉讼请求被生效裁判驳回的、人民法院认为应当解除保全的其他情形。第五种情况在海事诉讼实践中主要包括被申请人提供了可靠担保、在海事法院设立了海事赔偿责任限制基金、当事人达成和解。

(二)专门司法解释确定两种费用解决途径:所有人承担和拍卖款拨付

2015 年出台的《最高人民法院关于扣押与拍卖船舶适用法律若干问题的规定》第二条把船舶扣押期间可能产生的各项维持费用与支出纳入海事请求人提供担保的具体数额之中;第七条规定船舶扣押期间由船舶所有人或光船承租人负责管理,船舶所有人或光船承租人不履行船舶管理职责的,海事法院可委托第三人或者海事请求人代为管理,由此产生的费用由船舶所有人或光船承租人[②]承担,或在拍卖船舶价款中优先拨付。根据该司法解释,船舶看管费用原本是不需要发生的,只是因为船舶所有人不履行职责,才导致需要他人管理,从而产生费用。看管费用以船舶所有人承担为常态,以在拍卖款拨付为保障。此种司法解释上的常态与保障在实践中往往发生错位,船舶所有人资不抵债或消极放任,拒不履行看管职责和承担看管费用,导致绝大多数看管费用不得不通过拍卖款拨付以受偿。一旦船舶因为各种原因中止或终止拍卖,看管费用无法在拍卖款中受偿,可能给船舶扣押看管秩序带来较大冲击。由上可见,船舶看管费用的解决途径较为单一,成为影响问题解决的主要障碍。

二、充分利用现行法律手段,尊重船舶处置的客观规律,全面控制看管费用

(一)转变船舶控制方式:对经营中船舶以限制处分为先

首先,无论是诉讼前还是诉讼中,海事请求保全下的船舶扣押均需要依据申请而启

---

① 2016 年 12 月 1 日起施行的《最高人民法院关于人民法院办理财产保全案件若干问题的规定》第二十三条从申请保全人应当及时申请解除保全的角度规定了六种情形,与《民事诉讼法》及其司法解释相仿,但在第二十二条增加了双方同意解除保全以及被保全人或第三人提供充分有效担保请求解除保全两种情形。

② 为行文简便,在涉及看管费承担时均以船舶所有人代称之。

动。理由有三点:一是从立法背景看,鉴于诉讼前和诉讼中扣船性质相同,外轮与国轮也不应区别对待等理由,《海事诉讼特别程序法》借鉴《1999 年国际扣船公约》的做法,将二者统一,同时也放弃了依职权扣押和拍卖船舶的做法;①二是从法律规定来看,船舶扣押拍卖规定在《海事诉讼特别程序法》的海事请求保全章节中,该法及其司法解释是调整船舶扣押的特别法,这些特别法中均无海事法院可以依职权启动船舶拍卖的内容;三是《民事诉讼法》及其司法解释虽然规定当事人没有提出申请的,人民法院在必要时也可以裁定采取保全措施,但是《最高人民法院关于人民法院办理财产保全案件若干问题的规定》第二十八条规定,海事诉讼中,海事请求人申请海事请求保全,适用《海事诉讼特别程序法》及相关司法解释。需要说明的是,在诉讼终结、债权人获得胜诉裁判后,法院决定是否在海事执行案件中扣押船舶,可在申请扣押、担保等环节适当降低要求,但船舶扣押的启动,船舶的看管、拍卖以及债权受偿应当依据《海事诉讼特别程序法》及相关专门司法解释进行。

其次,在诉讼前和诉讼阶段,扣押正在运输经营船舶的目的主要是获得船舶所有人提供的担保和在诉讼较为便利的海事法院提起诉讼,而非马上拍卖船舶偿债。海事请求保全的价值取向是取得担保②,通过船舶扣押迫使被告提供担保,或促使当事人双方和解息诉,正是船舶扣押案件的目的所在③。据权威统计,自 1984 至 2013 年,海事法院成立以来的 30 年中,全国海事法院共扣押船舶 7 744 艘次,但实际拍卖的只有 626 艘次,不到十分之一。④ 与一般财产保全系为确保生效判决履行、防止债务人转移财产不同,海事请求保全指向的船舶由于本身价值较大。船舶监管体系健全且船舶价值往往高于申请人主张债权金额、船舶又无法分割,故申请扣押船舶的直接效果不是防止船舶被转移或灭失,而是以合法方式阻断对船舶的经营,因此扣押目的的正当性和形势紧迫性是审查决定是否准予扣押船舶的考虑因素。

再次,扣押船舶对船舶营运的冲击较大。这在我国目前船舶经营模式比较分散、船舶融资保险等金融支撑要素不发达的背景下,扣押船舶可能达不到快速换取担保的目的。从法律政策变迁的角度来看,调整海事诉讼的法律从以实际扣押船舶为原则发展到允许债权人直接依据《民事诉讼法》申请对船舶直接采取限制处分措施。根据《海事诉讼特别程序法》第二十七条规定,对船舶采取限制处分措施允许继续营运的前提是先实施保全和经海事请求人同意,其司法解释第二十九条又进一步对《海事诉讼特别程序法》第二十七条规定的"船舶继续营运"限定为"一般仅限于航行于国内航线上的船舶完成本航次"。《海事诉讼特别程序法》及其司法解释并未规定海事请求人可以直接向海事法院申请对船舶采取实际扣押以外的限制处分措施,如果海事法院基于实际情况认为不宜立即扣押,则需要先依据该法扣押船舶,再征得请求人同意转化保全方式,从扣押转化为允许船舶继续营运。2015 年《最高人民法院关于扣押与拍卖船舶适用法律若干问题的规定》第一条

① 张湘兰,向明华:《中国船舶扣押制度 50 年回眸与展望》,载《武大国际法评论》,2006 年第 2 期,第 271 页。
② 谭岳奇:《中国海事诉讼发展的里程碑》,载《法学评论(双月刊)》,2000 年第 5 期,第 75 页。
③ 张湘兰,向明华:《中国船舶扣押制度 50 年回眸与展望》,载《武大国际法评论》,2006 年第 2 期,第 264 页。
④ 罗东川等:《〈关于扣押与拍卖船舶适用法律若干问题的规定〉的理解与适用》,载《人民司法·应用》,2015 年第 7 期,第 28 页。

作出规定,允许当事人依据《海事诉讼特别程序法》规定向海事法院申请对船舶采取扣押以外的保全措施。至此,海事诉讼制度正式确认债权人可以申请对船舶直接采取限制处分措施。

综上,对于正在经营的从事沿海及通海水域货物运输的本国籍船舶,原则上先采取限制船舶处分的措施,要求被申请人在一定期限内提供担保。对已经采取限制处分、抵押等保全措施的船舶,在符合《海事诉讼特别程序法》规定的条件时仍可申请扣押①。如被申请人拒绝提供担保,则可考虑将保全措施升级到实际扣押船舶。

(二)强化请求人提供担保的责任:提高担保强度,延长担保返还期限

海事请求人坚持依据《海事诉讼特别程序法》第二十七条申请扣押船舶的,应当依据该司法解释第二十四条关于申请扣押船舶错误造成的损失的规定提供充足的担保,担保范围包括因船舶被扣押在停泊期间产生的各项维持费用与支出、船舶被扣押造成的船期损失和被请求人为使船舶解除扣押而提供担保所支出的费用。对于多个请求人同时或相近时间段均提出船舶扣押申请,可探索由其共同或按比例提供担保,如果有抵押权存在,则可引导抵押权人作为船舶扣押的最先请求人,以提供更为充足有效的担保和有能力垫付与船舶扣押相关的必要费用,如垫付船员遣散费、代办船舶扣押期间的有关船舶保险。

请求人所提交的担保函(包括《最高人民法院关于人民法院办理财产保全案件若干问题的规定》第七条规定的财产保全责任险合同)、保全申请书中应当承诺如果海事法院责令请求人看管船舶,请求人应当履行看管职责并垫付有关费用,如果海事法院委托第三方看管,请求人同样应当垫付法院审查认可的看管费用,否则法院有权解除船舶扣押,法院可从担保金中扣除看管费用,或者看管人可依法追究请求人的付款责任与担保人的连带保证责任。请求人垫付的看管费用和其他必要费用,由海事法院审查后在船舶拍卖价款中先行拨付,如果此前船舶所有人申请破产并得到法院受理,采取船舶扣押措施的海事法院决定中止拍卖、将船舶移交破产管理人的,请求人、担保人愿意先行承担船舶移交前的有关费用。

此外,应当明确担保的增加、返还或失效期限。依据《最高人民法院关于适用〈中华人民共和国海事诉讼特别法〉若干问题的解释》(以下简称《海诉法司法解释》)第二十六条规定,随着船舶扣押期间的延长、费用的增长,担保限额应当相应增加,否则法院有权解除扣押。实践中需要注意的是诉讼期间反担保的担保金额会有所增长,需要及时通知请求人增加担保。担保返还的条件和期限上,《最高人民法院关于扣押与拍卖船舶适用法律若干问题的规定》第六条把被请求人同意、生效裁判文书支持海事请求人的诉讼请求作为法院直接退还担保的充分条件,可能不利于借助担保解决船舶不拍卖、无法拍卖带来的问题。由于船舶扣押与拍卖紧密相连,可将返还期限从现行司法解释确定的时间节点(被申请人同意之日、胜诉文书生效之日以及终审后请求人申请退还担保,法院告知被请求人且被请求人未在30日内提起索赔)调整为法院可最迟至船舶拍卖和移交买受人(如

---

① 《最高人民法院关于扣押与拍卖船舶适用法律若干问题的规定》第一条解决了在先的活扣押与其他海事请求人在后的申请实际扣押船舶的关系问题,第二条解决了不同海事请求人先后申请扣押船舶的问题,均作出了肯定处理。参照这两条规定,就同一海事请求人而言,在先的活扣押可以直接转化为实际扣押船舶,无须先申请解除活扣押,再申请实际扣押船舶,一来程序烦琐,二来前者内容为后者所覆盖。

因船舶所有人破产导致无法继续拍卖,可算至海事法院解除船舶扣押之日)之时审查决定该担保是否返还及效力,此时反担保覆盖的船舶处置费用可以最终确定。

(三)加快启动不宜继续扣押船舶的司法拍卖:以诉讼中拍卖船舶为常态,以执行中拍卖船舶为补充

《海事诉讼特别程序法》关于船舶扣押拍卖的程序设计,体现了对诉讼前、诉讼中扣押与拍卖船舶两者的有机衔接,该法第四十三条规定执行程序中拍卖被扣押船舶清偿债务的,可以参照本节的有关规定,但未进一步明确"参照"的范围和程度,更未考虑与海事执行程序、企业破产程序的衔接。同时,制度设计上体现了船舶拍卖便利化和高效的倾向。比如《海事诉讼特别程序法》第二十九条规定,海事请求人申请拍卖船舶的条件比较简单:船舶扣押期满、被申请人不提供担保和船舶不宜继续扣押。《海诉法司法解释》第三十条规定,申请扣押船舶的海事请求人在提起诉讼或者申请仲裁后,不申请拍卖被扣押船舶的,海事法院可以根据被申请人的申请拍卖船舶。拍卖所得价款由海事法院提存。如何判断不宜"继续扣押",一方面可以考虑海事请求人的担保能力、船舶看管成本以及诉前转入诉讼后的案件审理周期长短,如债务人系外籍当事人,可能要涉外送达、不能在法院扣押裁定以及其后指定期限内提供担保,则应当向请求人释明《海事诉讼特别程序法》有关规定,及时启动司法拍卖程序;另一方面要宏观和微观相结合,如对于产能明显过剩、深陷资金链和担保链困境的行业企业,如船员以追讨工资、借款人以要求偿还抵押借款申请扣押和拍卖船舶,那么船舶所有人不能提供担保,可以认定船舶"不宜继续扣押",尽快在诉讼中启动司法拍卖程序。

从海事法院执行力量配备来看,将船舶拍卖的时间压缩到诉讼阶段,也是合乎时宜的。以宁波海事法院为例,为适应保全由执行机构专门实施[1]以及司法网拍形势需要,法院将船舶保全都交由司法警察执行,法官仅负责发布保全及拍卖裁定,对外委托管理部门负责船舶扣押后的评估、网拍事宜,保全、裁定到拍卖的分工基本形成。随着海事法院信息化建设和诉讼服务中心建设的进一步发展,未入额办案人员纷纷加入立案调解和诉讼服务之中,完全可以把船舶的扣押拍卖作为诉讼服务窗口的重要工作内容之一,推动工作成效更上一层楼。

(四)及时终止对已转化为破产财产的船舶采取的措施:收到船舶所有人破产报告后,立即解除船舶扣押、终止船舶拍卖和终止海事法院的组织看管职责

在现行制度框架下,海事法院在收到地方法院受理船舶所有人破产的通知后解除船舶扣押,应当及时把法律文书送达破产管理人、看管人以及海事局、边防(扣押船舶系外轮时),在送达破产管理人时书面告知已解除扣押和中止委托第三方看管,告知看管人名称、地址、联系方式、看管时间、费用标准、总额以及船舶扣押担保的情况,如破产管理人继续委托海事法院组织看管和拍卖,应当办理正式委托手续,并承诺参照破产费用或共益债务随时清偿,并可在确认费用后,由海事法院在船舶拍卖款中扣除。破产管理人自行与看管人签订看管协议,或者要求自行看管船舶,则商请其参照适用《最高人民法院关于执行

---

[1] 参见《最高人民法院关于人民法院办理财产保全案件若干问题的规定》第二条。

案件移送破产审查若干问题的指导意见》（法发〔2017〕2 号）第十五条的规定处理全部船舶扣押期间的费用；如破产管理人予以认可，则可要求海事法院配合其向看管人接收船舶，否则由破产管理人与看管人自行协商解决。在送达看管人有关船舶解除扣押和中止看管通知时，也应当记载上述看管情况以及破产管理人的基本信息、联系方式，告知看管人如放弃继续看管，则可选择通过船舶扣押时海事请求人提供的担保先行受偿，再将看管费用索赔权利转让给担保人，也可以选择就看管费用起诉破产管理人，要求确认基于保管、看护而对相关费用成立留置权。此类诉讼的性质与港航、海事部门通知企业参与海难救助相仿，参与企业本无契约上义务救助，但由于主管部门的要求，基于公共利益和自身利益考虑而提供救助服务，救助完成后可以提起海难救助之诉。

三、依职权引导各方审核确定看管费用

（一）船舶看管费用的确定和清偿不应以起诉方式启动

一方面，船员看管经历了从诉讼到审查确定的过程。海事法院扣押船舶后，一般按照规定遣散船员，但有的船员会要求留下负责看管船舶，有的船员则不愿意下船，事实上承担了看管船舶的职责。上海海事法院在早些年的案件①中采取了船舶所有人以外第三方负责、第三方与原船上船员签订《垫付费用及权利转让协议》的方式，该船员驻船看守至船舶拍卖移交给买受人，并直接向原船舶所有人提起诉讼，要求支付看护费用并从船舶拍卖款优先受偿，得到法院支持。在一些较新的法院新闻报道②中，2017 年 1 月 18 日下午，6 名留守看船船员在现场领到了被拖欠 3 年的工资共计 82 万余元，但并没有找到船员在船员工资案件判决外的其他单独索赔留守期间工资的法律文书，故该期间的看守工资应当是直接由法院作为优先拨付的司法处置费用给付。

另一方面，对于海事法院认可的专门看管公司而言，其主张的看管费用一般直接由法院审定。如果法院未委托船员看护船舶，而是委托与法院有长期船舶看护协议的船舶看管公司，则船舶看管公司会根据看护协议的计费标准、看护期限，与法院结算看护费用，不需另行提起债权登记、确权诉讼。③ 即便如此，个别案例反映诉讼仍然是解决看管费用的一种方式。在厦门海事法院（2016）闽 72 民初 324 号民事判决书中，船舶修理企业基于其受抵押权人委托提供码头、看护船舶服务，以船舶看管合同纠纷为由直接起诉船舶所有人，得到法院支持，确认其船舶留置权④成立。

笔者认为，在海事法院主导船舶拍卖款分配的情况下，以诉讼或审核方式确定看管费用在结果上并无明显差别，一般都可以全部清偿看管费。但是，从第三方看管职责应当由

① 参见《扣船期间看护费如何支付》，载上海海事法院官方网站中文版——首页——审判调研——精品案例，http://shhsfy. gov. cn/hsfyytwx/hsfyytwx/spdy1358/jpal1435/2012/02/06/d_255514. html，最后访问日期：2017 年 4 月 15 日。

② 《上海海事法院集中发放"海亿洲 1 号"船员工资》，发表于上海海事法院官方网站，网址：http://shhsfy. gov. cn/hsfyytwx/hsfyytwx/spdy1358/spdt1420/2017/01/22/2c93809759c22d410159c56dd0ee0140. html，最后访问日期：2017 年 4 月 16 日。

③ 李晓枫，高俊涛：《我国船舶司法拍卖规范的冲突与调适》，载《中国海商法研究》，2014 年第 4 期，第 71 页。

④ 在船舶未实际修理和签订修理合同的情况下，是否可以适用海商法规定的船舶留置权，可能还有待商榷。

法院确定、看管费用属于船舶处置费用性质、避免因不同法律关系得出看管费用的不同法律适用的角度出发,应当引导看管人依据《海事诉讼特别程序法》及其司法解释向海事法院申请审核确定,不宜再要求看管人就船员劳务合同纠纷、船舶看管合同纠纷、船舶修理合同纠纷等提出主张、办理债权登记和提起确权诉讼。

(二)可参照三个原则审核确定看管费用

法院审查看管方提交的费用清单时,可参照三个原则核定看管费用:一是坚持看管的微营利性。法院在指定专业看管公司看管时,应事先要求其作出承诺与提交收费标准,法院指定请求人、抵押权人等组织看管的,则需要结合其与船上人员、加油方之间签订的有关合同和费用凭证严格审查;二是坚持看管与船舶安全的对应性。船上配员在职务、人数上仅需要满足海事部门的最低要求,人员工资参照同等船员正常履行职务的一定比例(如50%~70%)计算;三是坚持看管应急处置的必要性。对应急性质费用,结合实际情况从严审查,包括抗击台风期间的船舶拖带、靠泊、加油、监护,为港口航道安全对扣押船舶的移动,以及船舶出现突发故障进行必要修理等产生的费用。

四、余论

看管具有三重法律意义:一是基于所有权的自我保护;二是司法秩序上的管理职责;三是行政监管上的安全责任。将已扣押船舶交由船舶所有人看管,虽然有利于落实船舶安全管理职责和权责一致原则,可节省第三方看管的费用,可以减少法院的看管事务,但是不一定符合船舶扣押秩序的需求,可能出现船上财产"监守自盗"的现象。第三方看管整体上具有强烈的技术性、中立性和辅助性,依然是中型以上船舶看管的首选管理模式。以宁波海事法院为例,2016年共以摇号抽签的方式为39条扣押船舶选定了第三方看管公司。除了本院采取对看管公司进行资质审查、严格监督和随机摇号选定外,北海海事法院早在2008年就向看管人发出《船舶看管指令》法律文书,要求看管人填写已接收被司法扣押的由其看管的船舶的收条。① 其他海事法院公开案例则显示由船员、船舶所有人以外的第三方与看护人员签订协议落实看管事宜。

要改变法院委托第三方看管的趋势,建议强化特定海事请求人的看管职责,并鼓励船舶所有人自行看管。

首先,区分安全管理与司法扣押的不同要求,让船舶扣押回归到财产保全的一般原理②上,把《最高人民法院关于扣押与拍卖船舶适用法律若干问题的规定》第七条规定的船舶所有人负责管理③转化为法院负责组织管理。

---

① 莫伟刚:《海事执行案件中对内河、沿海船舶的扣押看管、评估、拍卖等相关法律研究》,载《广西政法管理干部学院学报》,2008年7月刊,第43页。

② 《最高人民法院关于适用〈中华人民共和国民事诉讼法〉的解释》第一百五十四条规定:"人民法院在财产保全中采取查封、扣押、冻结财产措施时,应当妥善保管被查封、扣押、冻结的财产。不宜由人民法院保管的,人民法院可以指定被保全人负责保管;不宜由被保全人保管的,可以委托他人或者申请保全人保管。查封、扣押、冻结担保物权人占有的担保财产,一般由担保物权人保管;由人民法院保管的,质权、留置权不因采取保全措施而消灭。"

③ 此种观念由来已久、影响至今,如倪学伟在《船舶扣押中的若干法律与实务问题浅析》(中国海商法年刊第12卷,第134页)一文认为,司法行为不是民事保管行为,法院滞留船舶时安全责任仍由船舶所有人、光船承租人承担。

其次,法院根据实际情况将具体看管职责委托或指定给申请人、抵押权人承担,后者应当协助法院落实财产看护职责,督促船舶所有人履行行政监管部门要求的安全管理职责。在船舶优先权人、抵押权人具备船舶看管能力时,由于其债权受偿顺位靠前,能从船舶安全及顺利拍卖后的拍卖款中获得最大利益,所以原则上法院应当指定其协同法院落实看管船舶职责。

再次,充分调动船舶所有人、船舶实际所有人看管船舶的积极性。由于看管费用可优先拨付,争取看管船舶的主动权、把船舶交给利益相关方看管成为某些船舶所有人的内心诉求,有的甚至在感受到船舶扣押风险后直接把船开进船舶修理企业,一停了之。与其如此,不如在准确清点船上财产和征得主要债权人同意后,将愿意通过自行看管以减少责任财产损耗的船舶所有人指定为看管人,其应当向法院定期报告看管期间的垫付费用与债务情况,船舶拍卖后,相关债权人可以就未受清偿的看护期间所生债务向海事法院提出申请,经审核后从拍卖款中优先拨付受偿。如此,可以在满足船舶所有人的财产管护意愿的同时填补船舶所有人的看管能力不足。在作为被执行人的登记所有人与船舶实际所有人不一致的情况下,由实际所有人以登记所有人名义协助法院看管船舶,有利于降低实际所有人的对抗情绪,避免发生故意损坏船舶的现象,维护船舶扣押的正常秩序。

【水域污染公益诉讼专题】

长江流域水污染公益诉讼之殇及相应对策

潘绍龙①

【摘要】长江流域水污染行为导致的危害为社会所共知,而长江流域水污染公益诉讼的缺失则在一定程度上纵容了污染者的违法行为,显然不利于长江流域水环境资源的有效保护。为了长江流域航运经济得以持续发展、全长江流域拥有一个美好的生态环境,我们应该在不断完善现行环境保护法律制度的前提下,鼓励和支持相关的公民、法人和其他社会组织积极提起长江流域水污染公益诉讼,使全流域水环境保护在法治的轨道上规范、持续和有力地发展。

【关键词】长江流域;水污染;公益诉讼

长江流域水污染公益诉讼是指符合法律规定的机关和有关组织,对因污染水资源和水环境进而侵犯国家利益、社会公共利益的行为,请求人民法院依法追究相关法律责任的诉讼活动,是为制裁公共性违法行为,保护公共利益所采取的一项司法救济措施。从法律层面理解,长江流域水污染公益诉讼与私益诉讼是并存的,私益诉讼能在现行法律规范内通过侵权之诉的途径得到有效救济,而公益诉讼虽有明确规定却尚未引起全社会的重视。这一客观现实将导致无法有效惩治长江流域水污染行为,同时也会使国家和社会公共利益遭受巨大损失,故应该引起全社会的广泛关注。

一、长江流域水污染对国家和社会公共利益的损害

长江流域水污染形成的原因是多元化的,船舶在航行过程中因过失或者故意行为排放或者泄漏有害物质,以及长江两岸无数的化工厂在生产经营过程中因过失或者故意行为排放或者泄漏有害物质,是导致长江流域水污染的重要原因之一。同时,日益增多的生活垃圾的排放,在农业生产过程中无节制地使用农药、化肥,也是形成污染的原因之一。

---

① 潘绍龙,武汉海事法院海事庭庭长。

这些不同形式的污染行为,最终导致整个流域的水资源发生物理和化学变化,进而造成流域生态环境发生变异,将会严重制约全流域国民经济的发展,同时也给全流域居民的正常生活质量带来不利影响。

毋庸置疑,像全国范围环境污染的严峻形势一样,长江流域水污染的严峻形势同样引起了国家的广泛重视。近年来,国家通过完善环境保护法律制度、强化水污染司法救济力度、加强水污染行政管理以及不断提高科学技术水平等举措,努力减轻并制止污染行为对整个流域水环境的破坏。然而,长江流域水污染形式的广泛性和复杂性,现行管理体制客观存在的诸多弊端,加之公益诉讼制度未全面有效地建立和开展,决定了上述相应举措无法在短期内实现预期的良好效果。

长江流域水污染的损害结果主要有两个方面:其一,直接导致公民、法人或者其他社会组织私权利的损害;其二,直接导致国家和社会公共利益的损害。前者受害人可根据相关法律规定,直接向人民法院提起民事诉讼,通过具体的私益诉讼行为,要求水污染行为人承担相应的民事赔偿责任,并且通过水污染行为人的具体赔偿行为使自己的经济损失得到弥补。但是之于后者,由于受害人并不具体,现行法律不健全及行政体制的制约,原告不适格或者原告不愿以公益诉讼的形式向水污染行为人主张权利,最终导致这部分损失不能通过有效的法律手段加以救济。

在此,我们必须对上述两种损害结果在具体损害数额、危害程度和危害范围等方面具有正确的认识。由于私益诉讼的目的在于挽回公民、法人或者其他社会组织的私权利损害,而这些损害更多限于人的身体健康权以及与经营权相关的财产权,所以这些损害的数额往往不是很大,并且危害程度和危害范围通过有效的评估鉴定就可以确定。但是,公益诉讼的目的是挽回国家和社会公共利益的损害,而这些损害更多是以国家资源、生态环境遭到大范围、长期的破坏等形式表现出来,所以这些损害的数额不仅巨大,而且危害程度、危害范围和危害周期必须借助较为复杂的环评方式才能予以确定。2012 年年初发生在长江下游的一起严重苯酚污染事故就很好地印证了私权利受到损害和公共利益受到损害的程度不尽相同。该起事故发生后,先后有近 250 户渔民及相应的用水单位就自己因水污染导致的收益损失向行为人主张权利,总金额近 3 亿元人民币。令人尴尬的是,该起事故虽然导致水环境以及水生资源受到大范围、长期的污染损害,却没有一家单位或者个人代表国家或者社会公共利益向污染行为人主张权利。而这部分损失经相关机构初步评估,数额竟然高达 8 亿元人民币。

上述事例充分说明了一个严酷的事实,那就是公益诉讼的缺失,不仅导致国家和社会公共利益的巨大损失无法得到全面、及时的赔偿,同时也导致水污染责任人最终逃避了法律的制裁,损害了法律的尊严。这一结果不仅与我国现行法治发展的要求背道而驰,同时与我国环境保护的长远目标相去甚远。

二、加强长江流域水污染公益诉讼的意义

有效推动长江流域水污染公益诉讼制度的进行,不仅与国家和全社会加强生态环境保护的要求保持高度一致,同时也符合时代发展的要求。正所谓利在当代,功在千秋。

（一）长江流域航运经济持续发展的需要

长江流域航运经济，是指以长江流域为地理条件，以船舶为主要运输载体，通过跨部门和跨行政区划的协调管理，综合开发、利用和保护流域水、土、生物等自然资源，最大限度地适应自然规律，充分利用生态系统功能，实现全流域的经济、社会和环境福利的最大化以及全流域的可持续发展的经济体系的总称。不难看出，长江流域航运经济是一个以长江水系为纽带的巨大综合体，而水环境的污染和破坏，将导致这个综合体的直接萎缩甚至衰亡。前面我们已经述及，具体的水污染行为所造成的国家和社会公共利益的损害较之公民、法人和其他社会组织的私权利损害要大得多，对整个长江流域航运经济持续性发展所带来的危害也大得多。2012年年初发生在长江下游的那起严重苯酚污染事故，直接造成事故发生地以下数百公里的水源无法正常使用，整个水环境和水生态严重破坏。所以，有效提起水污染公益诉讼，不仅是维护社会公共利益的需要，同时也是保证长江流域航运经济持续性发展的需要。

（二）满足全社会提高生活环境质量要求的需要

水污染直接导致长江流域居民的生活和生存环境逐步恶化，严重损害人们的身体机能。为了优化长江流域居民的生活和生存环境，我们必须严格遏制各种水污染行为。随着社会经济活动日益频繁、广泛，传统道德观念在防止和避免水污染过程中的作用已然捉襟见肘。因此，在不断健全和完善长江流域水环境保护法律制度的前提下，只有利用有效的法律手段，才能有计划地保护长江流域水环境，预防长江流域水环境质量恶化，控制长江流域水环境污染，促进长江流域居民与长江流域水环境协调发展，提高人们生活质量，保护人们健康，造福子孙后代。

（三）维护社会公平、正义的需要

毫无疑问，长江流域水污染损害是一种违反相关法律规定的侵权行为，行为人应该为自己的行为承担相应的民事责任、行政责任或者刑事责任。从本质上可以看出，长江流域水污染行为侵犯的是一种以由公众共同享有、以自然环境资源为外观表现形式的特定利益。这种利益关乎人类生存，从某种层面上也可以理解为个人自由选择安全、健康居住地的权益。因此，必须将长江流域水污染行为限制在最低层面，以该行为不得侵犯他人正当权益与自由为底线。虽然对长江流域水污染行为进行限制的方法非常多，但在片面追求利益最大化的思潮影响下，不借助法律手段，仅仅以道德、个人素养为约束，已无法起到有效的遏制作用。在法治建设不断深入的大环境下，法律本身的作用即是维护公平、彰显正义，因此，有效的法律手段无疑是全面制止和避免长江流域水污染行为的最佳举措。长江流域水污染行为人必须对其违法行为承担相应的法律责任。在民事责任层面，这种法律责任除了私权利的补偿以外，更重要的是从维护公共利益的层面体现出来。唯此，才能使社会公共利益得以彰显，最终实现私权益与公权益被平等、均衡保护。

三、现阶段长江流域水污染损害司法救济途径

近几年，随着国家对环境保护的日趋重视，在原有的一大批涉及环境保护的法律、法

规基础上,许多新的法律、法规先后颁布。其中《侵权责任法》和新修改的《民事诉讼法》以及新修订的《中华人民共和国环境保护法》(以下简称《环境保护法》)不仅对环境污染侵权损害的归责原则作出了明确的规定,而且对环境污染公益诉讼的原告资格、举证责任分配等困扰审判实践多年的焦点问题也作出了明确规定。这些新颁布的法律、法规,为今后环境污染损害赔偿诉讼提供了较为详尽的法律依据。

在新的《民事诉讼法》颁布以前,在长江流域虽然有部分因水污染受到损害的公民、法人或者其他社团组织向人民法院提起侵权诉讼,但是公民、法人或者其他社会组织以国家和公共利益受到损害而提起的公益诉讼却凤毛麟角。导致这一现状的原因是多方面的,但最主要的原因仍是囿于公益诉讼在立法上的不科学。根据修改前的《民事诉讼法》,水污染中向人民法院提起诉讼的原告必须是与案件有直接利害关系的公民、法人和其他组织。而公益诉讼相对于其他普通民事诉讼的一个最大特点在于原告与污染损害没有直接的利害关系,所以,不仅是意欲提起公益诉讼的公民、法人和其他社会组织会受制于该规定无法提起诉讼,即便有的公民、法人和其他社会组织提起公益诉讼,人民法院囿于该规定也不会直接受理。目前,修改后的《民事诉讼法》较好地排除了这一法律障碍。该法第五十五条规定:"对污染环境、侵害众多消费者合法权益等损害社会公共利益的行为,法律规定的机关和有关组织可以向人民法院提起诉讼。"该规定为与环境污染损害无直接利害关系的相关机关和组织向人民提起公益诉讼以及人民法院及时立案受理提供了有效的法律依据,这是对传统"无利益即无诉权"理论的突破。与此同时,《最高人民法院关于适用〈中华人民共和国民事诉讼法〉的解释》还对公益诉讼的管辖问题作出了明确的规定。该解释第二百八十五条第二款规定:"因污染海洋环境提起的公益诉讼,由污染发生地、损害结果地或者采取预防措施地海事法院管辖。"从管辖区域看,武汉海事法院的管辖范围虽然仅限于长江干流,但由于长江流域水污染的发生地、损害结果地或者采取预防措施地均与长江干流有关,所以从上述规定可以看出,发生在长江流域的水污染公益诉讼案件,武汉海事法院均享有专门管辖权,其他地方人民法院对该类案件没有管辖权。

法律之所以规定发生在长江流域的水污染公益诉讼案件由武汉海事法院管辖,这是由武汉海事法院的管辖区域和水污染公益诉讼案件的特点共同决定的。

首先,水污染的特点在于其流动性,有些重大水污染事故导致的污染面积在长江干流上甚至绵延上千公里。而武汉海事法院的管辖区域几乎涵盖整个长江流域。这样,武汉海事法院能够最大限度地利用法律赋予的管辖权优势,有效审理各种水污染侵权案件。

其次,由于水污染事故的发生,往往与地方盲目发展经济有关,地方人民法院在审理水污染侵权案件时,难免受到当地政府不同程度的行政干扰。武汉海事法院的管辖区域几乎涵盖整个长江流域,在行政和司法上与地方政府不存在利害关系,这样能最大限度地排除地方保护主义的干扰,公正、高效地审理各类水污染侵权案件。

再次,水污染事故的正确审理,要求审判人员必须具备与水环境以及水上经营相关的各项专业技能和专业知识,而经过多年的发展和积累,武汉海事法院已经凝聚了大量涉及船舶航行、航道管理以及水文气象等方面的专业人才,这样就能最大限度地保证各种水污染侵权案件在有效的专业技能和专业知识的支撑下得以正确审理。

四、长江流域水污染公益诉讼的现实尴尬

长江流域水污染的形势日趋严峻,虽然国家通过各种形式为水污染诉讼,特别是水污染公益诉讼提供了各种便利和渠道,但令人尴尬的是,最近几年,除了有少量公民、法人和其他组织以私益诉讼形式向地方法院或者武汉海事法院提起诉讼以外,公益诉讼少之又少。这与全社会的高度重视与国家的支持鼓励严重不协调。我们认为有以下几个方面因素值得我们的深思。

(一)信息不公开导致人们对具体的水污染事故无从知晓

长江流域水生态环境与沿江经济的发展和公民的生活息息相关,任何人都有权了解具体水污染事件的发生经过、原因和责任。但是,具体水污染行为发生的原因千差万别,加之具体责任人的有意隐瞒、逃避,所以普通公众对具体的水污染事件很难有全面的了解。在无法掌握具体水污染信息的情况下,是不可能向法院提起公益诉讼的。例如,2011年3月中旬,舟山市某船务有限公司所属"建兴96"号在停靠江阴某码头进行苯乙烯卸载作业过程中,因操作失误,导致近2吨苯乙烯流入长江,造成严重污染事故。事故发生后,相关管理机构虽对肇事公司进行了处罚,但是该事故的发生以及危害并不为社会所知晓,因此,有关组织无从提起公益诉讼,相关直接受害人也无法通过诉讼途径维护权益。

(二)地方保护主义导致人们面对具体的公益诉讼时望而却步

前面我们已经述及,长江流域水污染事故大多与地方政府在片面追求经济发展过程中忽视环境保护有关,法人和其他组织如向地方法院提起水污染公益诉讼,必然会触及地方利益或者使相关监管部门的失职行为面临被公开的局面,故而在证据收集、损失认定等方面,将会受到地方保护主义的种种压力和阻挠,有时甚至会受到某些违法乱纪行为的打击报复,基于上述原因公益诉讼程序可能根本无法正常启动。

(三)立法不健全导致人们面对具体的公益诉讼时可望而不可即

公益诉讼中涉及污染事实和损失数额的证据需通过专门机构的评估鉴定方能得出,而该过程需预先投入大量的人力物力。即使诉讼程序得以正常启动,原告仍需向法院交纳诉讼费、财产保全申请费、担保费等费用。凡此种种,非一般的组织所能负担。

(四)社会公共利益的多元性给公益诉讼的启动和审理带来相应的困难

由于对公共利益的范围在认识上存在差异,每一个公益诉讼案件所体现的社会公益目标并不能代表所有社会公众或组织的意图追求,公益诉讼的司法活动进而转化为司法主体对"公共利益"的能动性界定。这对于法院和法官的角色定位提出了很大的挑战。

五、长江流域水污染公益诉讼的出路

结合长江流域水污染的现状以及现行行政、司法管理体制,笔者认为为达到最大限度拓展公益诉讼这一目的,近期内应该做好以下几个方面的工作。

（一）赋予一般公民公益诉讼的原告主体资格

《民事诉讼法》第五十五条和《环境保护法》第五十八条的规定,都体现出了我国在公益诉讼立法上的突破和跨越,使我国的公益诉讼师出有名,有法可依。但同时不尽如人意的是,其都没有赋予公民提起公益诉讼的原告主体资格。《中华人民共和国宪法》(以下简称《宪法》)第二条规定,中华人民共和国的一切权力属于人民。人民行使国家权力的机关是全国人民代表大会和地方各级人民代表大会。人民依照法律规定,通过各种途径和形式,管理国家事务,管理经济和文化事业,管理社会事务。而提起公益诉讼是公民参与国家管理的一个重要途径,国家在立法上不能排除或限制公民的这项权利。

（二）应相应降低公益诉讼的门槛

根据《环境保护法》第五十八条的规定,依法在设区的市级以上政府民政部门登记,专门从事环境保护公益活动连续 5 年以上且无违法记录的非营利性社会组织才有资格提起公益诉讼。据统计,全国上下符合该项要求的民间环保组织只有 700 家左右。而这700 家之中,大部分又是由政府组织的非政府组织,其领导人由党政部门任命,或者本来就有从政背景。这些组织基本上没有提起公益诉讼的意愿。真正有起诉资格的草根环保组织数量很少,提起公益诉讼的就更少了。而且即使是符合法律规定的社会组织,其自身能力也先天不足。我国的民间环保组织普遍没有属于自己的律师或专职法务人员。另外,环境诉讼是专业性很强的诉讼,有没有污染、污染物是什么、环境破坏的机理是什么、污染程度如何、危害是什么,都需要作出专业的判断,而民间环保组织专业技术人员也非常缺乏。要提起一个环境公益诉讼,少则几万、十几万元,多则几十万、上百万元,大部分环保组织是难以承受的。尤其是草根环保组织,它们规模比较小,筹集资金的渠道有限,有些组织甚至缺乏基本的运行经费,发工资都成问题。从外部环境来看,国内基金会的支持力量有限,而且政府没有设立专门供民间环保组织申请的资金,如设立公益项目、购买公益服务等。这种机制的缺失,使民间环保组织缺乏正常的资金来源渠道。

（三）加大长江流域水污染事件的信息公开力度

长江流域水污染,直接关系全流域公民的生活和相关企业的生产经营,因而公民、法人和其他组织均应对整个流域发生的水污染事故享有相应的知情权。但是,受水污染损害的形成原因、水污染行为人的主观心态、水污染损害的长期性和潜伏性以及相关水环境保护机关在处理水污染行为过程中地方保护主义等多种原因的限制,相关的水污染信息往往不能在第一时间为社会所知晓。如果连具体的污染事故都不清楚,公益诉讼肯定无法正常启动。所以,加大长江流域水污染事件的信息公开力度,让全社会特别是污染发生地的检察机关对具体的水污染事故经过、事故原因、事故危害和事故责任有一个全面的了解,是有效启动公益诉讼的关键所在。但是,通过怎样的形式才能实现水污染信息公开这一目的呢?结合现阶段长江流域水污染客观实际,我们认为应从以下几个方面进行尝试:

1.建立完善的安全生产申报制度

凡涉及有可能导致长江流域水污染的企业或者其他生产经营者,都必须在合理时间内通过适当的方式将企业的安全生产情况及时向所在区域环境保护机构进行申报。申报内容包括正常生产情况和非正常生产情况。如果对水污染行为出现瞒报、漏报等情况,环境保护机构有权在法律规定的范围内追究企业或者具体行为人的行政责任。

2. 建立完善的水污染监管通报制度

相关环境保护机构在履行具体的行政职权过程中,对于已经发现的水污染事件,应该及时向社会予以通报。通报的内容除了水污染事件本身以外,还包括采取避免或者减轻水污染损害的措施、对相关水污染责任人的行政处罚措施等。这一制度的建立,能够保证环境保护机构有效履行行政义务,避免不同行政部门之间相互推诿以及行政不作为等情况的发生。

3. 建立健全水污染防治教育制度

环境保护教育制度在环境保护法中虽然有明确的规定,但是在具体实施过程中却显得严重滞后。这就要求相关的职能部门应该加大水污染防治以及其他环境保护方面的教育投入,使环境保护意识深入人心,促使全社会自觉维护良好的生态环境。同时,相关的职能部门还应该大力支持和鼓励有关社团组织积极参与环境保护和环境监督等活动,为社团组织依法提起公益诉讼提供诸如污染事实、污染原因、污染责任等方面的最大便利。

(四)有效整合长江流域水资源管理行政体系

受多方面原因的限制和影响,长江流域水资源管理行政体系非常复杂,导致水污染事故谁都可以管,然而谁都不会主动管的尴尬境地。例如,长江流域涉及水资源管理或者与水资源管理相关的行政主管部门主要有环保部门、水利部门、交通部门、航道部门、防汛部门、矿产资源部门、渔政部门和公安部门等,而这些部门又分别隶属于沿江地方和中央的两套班子和两套组织。基于谁负责管理谁就应该承担责任的原则,有必要对长江流域水资源管理行政体系在一定范围和一定程度上进行有效整合。

1. 建立统一的长江流域水资源行政管理机构

统一的长江流域水资源行政管理机构是专司长江流域水资源环境保护职能,其必须有独立的水资源环境保护行政管理权能,具有绝对的权威性。在具体的整合过程中,有两个传统的行政模式必须得到改变:一是必须打破中央和地方互不隶属的樊篱;二是必须打破不同行政主管部门之间互不隶属的僵局。前者的目的,在于有效避免地方保护主义的不利影响;而后者的目的,在于避免不同行政主管部门之间的相互推诿。

2. 明确不同行政主管部门与长江流域水资源管理行政机构之间的关系

由于与长江流域水资源管理相关的行政机构较为复杂,包括交通、矿产、水利、公安等众多部门,虽然不同的部门在具体执法过程中各有侧重,但是在涉及长江流域水资源污染这一重大问题时,这些部门应该有义务向统一的长江流域水资源行政管理机构及时提供相关的污染信息,进而通过最为统一和最为便捷的程序,有效采取相应的行政措施和司法手段,及时避免或者制止具体的水污染行为,同时对水污染行为人依法予以有效惩治。

3. 健全和完善统一的长江流域水污染行政执法标准

判断某一行为是否造成水污染以及相关的责任人应该承担怎样的行政责任,在现阶段长江流域水资源管理行政机构较为复杂的情况下,执法标准均存在较大差异。地方行政机构基于维护地方利益考虑,可能放宽相应的执法标准,而中央直属机构虽然不受地方执法标准的限制,但是在具体的执法过程中,往往受权属的限制,不能全面、有效地惩治水污染行为人的具体水污染行为。所以,从全流域的宏观考虑,不断健全和完善统一的长江流域水污染行政执法标准,是有效整合长江流域水资源管理行政体系的重要保证。

(五)强化长江流域水污染案件审理的专业化

水污染问题原本就是一个专业化问题,所以,如果通过专门法院审理,不仅能够避免地方保护主义的束缚,并且能够最大限度地保证这类案件的公正和高效。以前,有关长江流域水污染案件的管辖问题存在一定的弊端。例如,武汉海事法院和管辖范围涵盖整个长江流域,从经济和专业角度考虑,其专门负责管辖长江流域的水污染案件更为有利,但是根据最高人民法院相关司法解释的规定,其只能受理与船舶营运相关的水污染案件,对于诸如岸上化工厂排污等所导致的长江水资源污染案件,并没有相应的管辖权。随着《最高人民法院关于适用〈中华人民共和国民事诉讼法〉的解释》的颁布,这一问题得到了很好的解决。该解释规定因污染环境提起的公益诉讼,由污染发生地、损害结果地或者采取预防措施地的海事法院管辖。可以看出,在长江流域发生的水污染公益诉讼案件,武汉海事法院有当然的管辖权。但是在具体的执行过程中,仍需完善部分细节问题。其中重要的一点就是必须明确武汉海事法院审理水污染公益诉讼案件的管辖区域。根据最高人民法院相关司法解释的规定,武汉海事法院的受案范围仅限于发生在长江干流的海事、海商案件,水污染案件应属海事侵权案件的范畴,所以武汉海事法院只能受理发生在长江干流的水污染案件。虽然为了规范武汉海事法院的受案范围,最高人民法院也规定了发生在长江支流上的船舶碰撞、涉外案件等也由武汉海事法院管辖,但并不包括水污染案件。由于长江支流较多,虽然部分发生在支流的水污染案件同样给长江干流造成污染,但也有一部分支流发生的水污染案件受大坝及相应预计措施的控制,并未给长江干流造成污染。基于保证水污染公益诉讼统一管辖的要求,最高人民法院应该规定发生在长江支流的水污染公益诉讼案件也由武汉海事法院统一管辖。

(六)充分发挥司法机关、行政机关和社会公众在长江流域水污染公益诉讼中的协同作用

长江流域水环境保护是一项利在当代、功在千秋的伟大事业,只有全社会的广泛参与和积极配合,才能保证这一工程得以顺利进行。而其中通过有效的法律程序提起水污染公益诉讼,更离不开社会的广泛参与和积极配合。在具体实施过程中,由于行政执法权贯穿于每一件水污染行为的整个过程,既涉及水污染行为的教育和预防,又涉及水污染行为的制止和救助,同时还涉及水污染行为的处罚,因而始终发挥着主导作用。而司法机关的自身属性,决定其必须遵循"民不告官不理"这一基本民事审判原则,所以其审判权的行使除了是对行政执法权的重要补充和有效监督以外,还发挥着维护水污染行为中各方当事人合法权益的最后一道屏障的作用。同时,社会公众对具体水污染行为的监督,是行政机关依法行政、司法机关依法公正、高效审理案件的重要保证,不可偏废。

1. 依法及时提起公益诉讼

在具体的行政执法过程中,对于造成水环境及其他公共利益重大污染的行为,行政机构在对污染行为人依法处以行政处罚的同时,应积极收集事故原因、事故责任和事故损失等方面的证据,根据法律规定,及时向海事法院提起公益诉讼,防止国家利益和公共利益受到不法损害。

2. 依法及时受理水污染公益诉讼案件

武汉海事法院作为审理长江流域各类水污染案件的国家审判机关,应该充分发挥其流域管辖、机构设置和人才配置等各方面的优势,及时受理各类水污染公益诉讼案件。同时,严格根据法律规定,及时高效地对水污染公益诉讼案件进行独立审理,使国家和公共利益能够得到全面有效的维护。

3. 建立环境保护协调联动机制

在履行长江流域水环境保护职责的过程中,不同的职能部门在明确各自权限分工的同时,要加强配合,充分发挥水环境保护的合力。在处理重大水污染案件时,海事法院要积极建立与行政执法机构、公安机关、检察机关等部门相互衔接、相互监督的联动工作机制,尤其在证据的采集与固定、案件的协调与和解、判决的有效执行等方面做好水污染司法与行政执法的衔接。同时,要建立较为健全的水污染司法鉴定体系,完善水污染案件受理、评估和判定等程序,为水污染公益诉讼案件提供翔实有力的技术支撑。

(七)有效尝试实施环境行政公益诉讼制度

环境行政公益诉讼,针对的是有执法权的部门,目的是监督"监督者"。事实上,环境行政公益诉讼,相较民事公益诉讼,能发挥更大的作用。因为只要监督了一个执法机关,就等于间接监督了很多违法者。虽然我国现行法律对环境行政公益诉讼没有明确的规定,但是根据我国环境污染的现状,有效制定并实施这一特殊法律制度,将有着重要的现实意义。前面我们已经述及,在有效维护长江流域水资源过程中,相关的行政主管机构起着不可替代的主导作用。但是,在具体的行政执法过程中,因受地方保护主义的影响以及本身处理具体水污染行为中相应的行政行为不当等所产生的顾忌,不仅不敢大胆执法,更不敢以原告的身份提起水污染公益诉讼。而这种怠于履行行政义务的行为,无疑不利于长江流域水资源的有效保护,同时导致公共利益和国家利益的损失。如果实施环境行政公益诉讼制度,则可以通过社会力量督促相关行政主管机构及时履行行政义务,凭借其掌握的行政资源、证据材料以及对专业知识的了解,及时提起水污染公益诉讼,能够使公共利益和国家利益得到全面、及时、有效的维护。我们认为,建立长江流域水污染行政公益诉讼制度有其重大的现实意义。首先,与国家当前对环境保护的高度重视相一致;其次,可以尽可能避免社团组织在提起水污染公益诉讼过程中,财力、物力和人力方面的严重不足;再次,相关行政主管机构可以利用其自身优势,能够最大限度地保证水污染行政公益诉讼案件在海事法院的主导下得以公正、高效的审结。当然,长江流域水污染行政公益诉讼制度的建立,必须有待于现行法律制度的健全和完善,同时,还需建立有效的激励和奖励机制,鼓励和支持公民、法人和其他组织积极提起水污染行政公益诉讼。

海事平行诉讼若干问题新探

倪学伟[①]

【摘要】海事平行诉讼有"重复诉讼"和"一事互诉"两种情形。国家司法主权与当事人对其利益最大化的追求,是产生海事平行诉讼的主要原因。海事平行诉讼体现了法律对当事人选择权的最大尊重,但不可避免地导致诉讼成本增加、司法资源浪费以及国家之间司法关系的隔膜或紧张。以英美为代表的普通法系国家,以不方便法院原则、国际礼让原则、禁诉令等解决平行诉讼问题;以德国、法国为代表的大陆法系国家,则以先受诉法院原则、承认预期原则等避免平行诉讼的产生;而区域性条约在解决平行诉讼问题上,则具有较为明显的效果。我国的海事平行诉讼,以同时在不同国家提起海事诉讼和海事仲裁这种广义平行诉讼情形居多。国家间的司法协调与礼让、承认预期原则等,是解决我国海事平行诉讼问题的可行路径。

【关键词】海事平行诉讼;管辖权;不方便法院原则;禁诉令;承认预期原则

一、海事平行诉讼问题概述

海事平行诉讼是指相同当事人就同一海事纠纷同时向两个以上有管辖权的国家的法院提起诉讼,包含两种情形:一是同一当事人同时分别向两个国家的法院提起诉讼,即"重复诉讼";二是双方当事人同时在不同国家起诉对方,即"一事互诉"。在海事纠纷解决程序中,还有一种常见情形是一方当事人在一个国家提起海事诉讼,对方当事人在另一个国家提起海事仲裁。对此,可称为广义的海事平行诉讼。

海事平行诉讼中的同一海事纠纷,是指基于同一案件事实和共同的诉因所产生的纠纷。如在航次租船合同纠纷中,一方提起诉讼要求赔偿运输过程中的货物损失,另一方在另一国起诉要求宣布合同无效或解除合同。对上述基于同一航次租船合同而提出不同的

---

① 倪学伟,广州海事法院审判监督庭庭长。

诉讼请求,是否属于同一海事纠纷应做宽泛的解释,即应认定两个诉讼为相同的诉因,两个诉讼所针对的都是同一个海事纠纷。

海事平行诉讼中的"同时",是指两个诉讼在时间上有一定的重叠,可以是两个诉讼同步进行,也可以是一前一后进行。但无论如何,一个诉讼结束之后再提起的另一个诉讼,涉及前一个诉讼判决的既判力和一事不再理问题,不属于平行诉讼的讨论范畴。

海事平行诉讼中的相同当事人,是指诉讼主体相同,但其诉讼地位可以保持不变或诉讼地位互换,如在一国诉讼中的原告在另一国诉讼中仍是原告或成了被告,反之亦然。而海事平行诉讼中的不同国家,是指不同的司法主权国家。如果是一国之内的平行诉讼,则主要是指主权国家之内不同法域之间同时分别提起的两个诉讼,如在中国内地与港澳台地区之间提起的两个诉讼,在美国不同的州分别提起的两个诉讼或者在州法院和联邦法院分别提起的两个诉讼。在同一法域内,不允许提起相同的两个诉讼,而应通过反诉、案件移送、合并审理等方式解决当事人之间对同一纠纷的不同诉请。有时为避免出现矛盾的判决,法律还会规定将相关的纠纷集中到一个法院审理,如我国《海事诉讼特别程序法》规定,设立海事赔偿责任限制基金后,应将相关的案件集中到设立基金的海事法院审判。因此,同一法域以内,不会产生海事平行诉讼的问题。

(一)海事平行诉讼的成因

海事平行诉讼产生的原因主要有三个。

一是海上运输本身就是跨国越境、在不同国家之间进行的一种海上商业活动,海事法律关系的各个连接点必然涉及与运输活动相关的各个国家,如起运港所在国、目的港所在国、中途停靠港所在国、船舶国籍国、托运人所在国、收货人所在国等,一旦发生纠纷,这些连接点都可能成为相关国家法院取得管辖权的法律依据。各国普遍认可船舶扣押地是取得案件实体管辖权的重要连接点,而扣押地是可以随着船舶的航行在全球范围内选择确定的,这为海事平行诉讼增加了一个一般国际民商事诉讼所不具有的管辖地选项,海事平行诉讼发生的概率随之增加。

二是不同国家的法律规定不完全一致,而关于案件管辖的规定,各国法律往往根据属地管辖原则、属人管辖原则等确定多个连接点作为管辖依据,这种不同国家关于多个连接点管辖依据上的重叠,为产生海事案件管辖的积极冲突创造了条件。司法管辖权是司法主权的重要组成部分,各国法院一般不会轻易放弃管辖权,甚至还可能采取长臂管辖争管辖权,从而为平行诉讼的产生奠定了基础。

三是当事人对其预期利益最大化的追求,导致当原告可以在两个以上的国家提起海事诉讼时,一般会考虑胜诉的概率与诉讼成本的支出、举证的便利与判决后的执行情况等,从而选择一个对自己最为有利的国家提起诉讼。有时为了弥补第一个诉讼的不足,如被告在第一个诉讼所在国没有财产或没有足够的财产可供执行,或者因管辖权异议而中止审理、获得生效判决遥遥无期等原因,原告还会在另一个候选国家的法院提起第二个诉讼,形成平行诉讼之"重复诉讼"。对被告而言,为了抵消第一个诉讼对自己的不利局面,争得对其有利的诉讼结果,可能也会选择一个对其有利的国家提起对抗式诉讼,形成平行诉讼之"一事互诉"。

(二)海事平行诉讼的利弊

海事平行诉讼是当事人在法律允许的范围内,自主作出的案件管辖上的选择,既体现法律对当事人权利的充分司法保护和为当事人提供诉讼便利的品质,又最大限度地照顾到当事人的意思自治,呈现出法律对当事人选择权的最大尊重。特别是在"一事互诉"的情形下,若不允许被告提起对抗式的第二个诉讼,则会间接地鼓励一旦发生纠纷就冲向法院的赛跑,①以获取唯一的一张诉讼入门券,拒绝以协商与调解方式解决纠纷。允许平行诉讼,可以平衡争议的双方当事人对诉讼地点以及与此紧密相关的程序法、实体法的选择权利,体现当事人之间的平等性。

然而,海事平行诉讼运行,又不可避免地产生如下弊端:一是当事人的诉讼成本成倍增加,在不同的国家同时对同一个海事纠纷提起两个诉讼,案件受理费用、律师费用、证人出庭作证费用等都会双份支出,即使赢得了官司,其效果也会因诉讼成本的成倍支出而受到影响。二是造成有限司法资源的浪费,若平行诉讼的两个案件判决结果相同,则必然有一个案件是不必要进行的,该案的法官审判、陪审团陪审以及鉴定评估等都是无价值的劳动;若平行诉讼的两个案件判决结果不同甚至相互矛盾或相互抵消,则判决结果无法在对方国家所在的法院得到承认与执行,而各自执行自己的判决,由于判决的矛盾性和抵消性,两方当事人的诉讼初衷也无法得以实现。三是可能造成相关国家之间司法关系的隔膜,长期彼此互不承认和执行对方的海事判决,司法合作关系无从建立,或者使已经建立的合作关系趋于紧张,以致协助送达、调查取证等最基本的司法协助也无法进行,人为造成"司法孤岛",这又反过来影响国家之间海上运输的交往和联系。

然而,只要主权国家的法律规定不一致,且国际上不存在一个对所有国家适用的海事案件管辖与移送的规定,则海事平行诉讼就会有其合理性并将长期存在下去,一刀切地禁止海事平行诉讼既不现实,也无必要。我们所要解决的是,如何将海事平行诉讼限制在必要范围之内,尽量减少乃至避免故意给对方制造麻烦、拖延纠纷解决的恶意平行诉讼。

二、国际社会解决海事平行诉讼的立法与实践

海事平行诉讼是国际民商事平行诉讼的重要组成部分,各国关于国际民商事平行诉讼的立法与实践以及相关国际公约的规定,同样适用于海事平行诉讼。在解决平行诉讼的问题上,关键在于法院对两个诉讼的二选一,将平行诉讼转变为单一案件诉讼,从而妥善解决纠纷。对此,普通法系与大陆法系国家的做法各有特色,都在一定程度上解决了平行诉讼问题。随着全球经济一体化的推进,两大法系之间持续地相互借鉴与融合,那些效果较为明显的做法得以被更多的国家吸纳,并推动上升为国际公约或者示范文本,使各国在解决平行诉讼的问题上成效日显。

(一)普通法系国家的主要做法

以英美为代表的普通法系国家,以不方便法院原则、国际礼让原则、禁诉令等解决平

---

① 参见徐卉:《国际民商事平行诉讼研究》,载《诉讼法论丛》,1998年版。

行诉讼问题。

1. 不方便法院原则

不方便法院原则起源于苏格兰的司法实践,1873 年英格兰的 Macadam v. Macadam 一案首次采用了不方便法院原则,但其基础在于防止滥用法律,①而不是着眼于解决平行诉讼。一般认为,解决平行诉讼问题的不方便法院原则,是美国联邦最高法院 1947 年审理的海湾石油公司诉吉尔伯特(Gulf Oil Corp. v. Gilbert)案中确立的。原告吉尔伯特是弗吉尼亚州人,到纽约南部联邦地区法院起诉海湾石油公司,称被告在向原告位于弗吉尼亚州的五金店运送汽油时过失引发火灾,要求赔偿原告的损失。被告海湾石油公司认为,弗吉尼亚州既是原告的居住地,也是被告的营业地,与诉讼有关的一切行为和损害结果均发生在弗吉尼亚州,大多数证人也居住在该州,因此弗吉尼亚州的法院为审理本案的适当法院。纽约南部联邦地区法院以不方便法院为由,驳回原告的起诉,认为该案应该在弗吉尼亚州的法院审理,而上诉法院则推翻了该裁决,海湾石油公司为此上诉到联邦最高法院。联邦最高法院最终判决撤销上诉法院的决定,维持纽约南部联邦地区法院的裁决。②

美国联邦最高法院认为,不方便法院原则是以存在被告有服从义务的两个管辖法院为基础的,即首先是法院对案件拥有管辖权,然后才考虑是否有更适当的法院来行使管辖权。而确定不方便法院时,需要将与该案有关的私人利益和公共利益列出来进行比较,同时要求侧重于私人利益的保护,对不能给予权重数较大的利益予以保护的法院即是不方便法院。需要考虑的私人利益包括:(1)当事人获取证据的便利程度;(2)非自愿出庭证人强制出庭的可行性;(3)自愿出庭作证者所获得的费用;(4)当勘察有助于解决争议时,法官和陪审团亲自去现场勘察的可行性;(5)所有其他能够使审判简易、快速、费用节省的因素;(6)判决得以执行的可行性。需要考虑的公共利益是:(1)诉讼在案件主要事实发生地之外的法院进行,是否造成该法院的案件积压和管理上的不便;(2)由与争讼案件无关的社区民众承担陪审团的负担是否适当;(3)对公众所关心的事件应在多数人的居住地审理,尽量避免在只能听报道的遥远地点审理;(4)争议的问题与法院地的利益关系的密疏与大小;(5)对分属不同主权实体的当事人之间的纠纷,在直接适用实体法的法院进行审理,比通过适用冲突规范指引的法律进行审理的法院更为适当。

至于两个有管辖权的法院所在国实体法上的规定是否对原告有利,即因实体法的适用而产生的利益差别,不是确定不方便法院原则时所要考量的平衡因素。③

在解决海事平行诉讼中,美国不方便法院原则晚近的最新发展是:④2003 年 6 月 8 日,中化国际(控股)股份有限公司以马来西亚国际船运公司倒签提单为由向广州海事法院申请扣船,该法院扣押了马来西亚公司的船舶,中化国际在该法院提起了诉讼。6 月 23 日,马来西亚公司在美国宾夕法尼亚东区的联邦地区法院提起一个紧急诉讼。联邦地区

① 参见徐卉:《国际民商事平行诉讼研究》,载《诉讼法论丛》,1998 年版。

② [美]杰克. H·弗兰德泰尔等著:《民事诉讼法》(美国法律文库),夏登峻,黄娟等译,中国政法大学出版社,2003 年版,第 80 页。

③ Piper Aircraft Co. Reyno,454 U. S. 1981,P. 241-261. 转引自徐卉:《国际民商事平行诉讼研究》,载《诉讼法论丛》,1998 年版。

④ 参见宋建立:《从中化国际案看不方便法院原则的最新发展——兼论我国区际民商事诉讼管辖权冲突的若干思考》,载《法学评论》,2007 年第 6 期,第 73-77 页。

法院以广州海事法院具有管辖权且是适当法院为由,根据不方便法院原则拒绝了该案的管辖。但美国联邦上诉法院第三巡回法院认为,"联邦地区法院在没有明确其具有管辖权的情况下,以不方便法院原则拒绝该案是错误的",二审推翻了联邦地区法院的意见。2007年3月5日,美国联邦最高法院适用不方便法院原则对中化国际案作出判决,认为:在中国广州海事法院已经受理案件的情况下,马来西亚公司在联邦地区法院的继续诉讼将有违司法经济原则,广州海事法院的管辖已被最终确立。

至此,广州海事法院的管辖得到认同。"中化国际案"促使美国联邦最高法院修改了在1947年Gulf Oil Corp. v. Gilbert案中确立的不方便法院原则的适用条件,即可以不用首先确认法院对该案件有否管辖权,"即使在管辖问题仍未解决的情况下,不方便法院原则的适用仍具有其合理性"。这一改变对解决平行诉讼问题将产生深远影响。

2. 国际礼让原则

在国际私法上,荷兰著名法学家优利克·胡伯创立了国际礼让学说,其在《论罗马法与现行法》一书中提出了国际礼让说三原则:(1)任何主权者的法律须在其境内行使并约束其臣民,在境外则无效;(2)凡居住在其境内的人,包括常住与临时居住,都可视为主权者的臣民;(3)外国法律已在其本国领域实施,根据礼让,行使主权权力者也应让它在自己境内保持其效力,前提是不损害自己的主权权利和臣民的利益。① 之所以基于礼让承认当事人的既得权,是出于各国交往的便利和默示同意,否则当事人在一国获得的权利和利益到了他国因为法律不同便不受保护,这将使跨国商业交易步履维艰。② 该学说的本质在于采用礼让形式推行既得权。③

美国联邦最高法院对国际礼让的定义是:"从法律的意义上讲,既不是一种绝对的义务,也不仅仅只是一种礼貌和善意。而是,在适当考虑到国际责任和便利以及其本国的公民或受其法律保护的其他人的权利之后,一国在其领土内对于另一国的立法、行政及司法行为的承认。"④美国法院在平行诉讼中,当一方当事人已取得了外国法院的生效判决时,可以适用国际礼让原则,终结该当事人在美国的有关诉讼。但在未取得生效判决时,只有在非常例外的情况下才会根据国际礼让原则终结美国的诉讼,因而与不方便法院原则相比,国际礼让原则的适用范围要小得多。目前,国际礼让原则经常在四个场合被美国法院援引:第一,承认国外判决;第二,外国法的查明;第三,美国法的域外适用;第四,外国法律的执行。⑤

3. 禁诉令

禁诉令是英美法院众多禁令中的一种,是法院向一方当事人发出的禁止其到其他法院进行诉讼的命令。禁诉令起源于英国,最初用于解决国内平行诉讼问题,如解决王室法院与教会法院之间、衡平法院与普通法院之间关于案件管辖的分歧。在1834年勃特罗顿勋爵诉索尔比案中,英格兰衡平法院向爱尔兰法院发出禁诉令,并表示禁诉令的签发对象

---

① 参见肖永平:《国际私法原理》,法律出版社,2003年版,第42页。
② 参见许庆坤:《胡伯的国际礼让说探微》,《民商法论丛》第35卷,法律出版社,2006年版,第486页。
③ 参见方杰:《荷属"国际礼让说"》,载《河北法学》,2013年第5期,第135页。
④ 参见赵学清、郭晓峰:《礼让说在美国冲突法中的继受与嬗变》,载《河北法学》,2014年第4期,第32页。
⑤ See Michael D Ramsey, "Escaping ' International Comity ' ", 83 Iowa L. Rev. 893(1998). 转引自郭雳:《域外经济纠纷诉权的限缩趋向及其解释——以美国最高法院判例为中心》,载《中外法学》,2014年第3期,第833页。

是诉讼当事人而不是外国法院,衡平法院约束当事人无可厚非,签发禁诉令并不会侵害外国的司法主权。此后,禁诉令开始逐渐用于解决国家之间发生的平行诉讼。[①]

禁诉令的签发主要有三种情形:一是基于当事人约定而申请签发的禁诉令,如当事人之间的租船合同订有在伦敦仲裁的条款,一方当事人就可能向英国法院申请禁止在他国诉讼的禁诉令。二是基于专属管辖或国家公共政策而申请签发的禁诉令,如关于不动产纠纷、港口作业纠纷,大多数国家都规定了专属管辖,以此为由禁止在他国诉讼。三是基于不方便法院而申请签发的禁诉令,即不方便法院原则的反向运用,根据当事人申请颁发禁诉令,禁止在不方便法院进行诉讼。在平行诉讼中使用禁诉令最多的是英国法院,美国法院次之,其他的普通法系国家(地区)偶尔有使用禁诉令。

禁诉令由法官根据自由裁量权签发,不同法官掌握的宽严标准有较大差异。一般来说,英国法官签发禁诉令的标准较为宽松,被称为自由主义的模式,其特点是以本国法院管辖权为基点,致力于根治平行诉讼的弊端,认为由两个法院分别审理同一个案件,"构成欺压,并浪费司法资源;分别裁判有产生不一致结果的危险,有导致匆忙作出判决的危险""不同法院裁判同一问题将导致延误、不方便或增加成本"[②],较少考虑或不考虑他国的司法主权。而美国部分法官则从严掌握签发禁诉令的标准,认为在一般情况下不应干预在国外进行的平行诉讼,不方便法院原则下的拒绝管辖以及生效判决的既判力制度,已经在很大限度上避免了平行诉讼下判决冲突的产生。禁诉令意味着不相信在外国法院的诉讼能解决问题,间接地限制了外国法院的管辖权,若相关两个国家的法院都签发禁诉令,当事人将无法获得救济的渠道,因此,只有在例外的情形下,即"为保护法院对事管辖权所必须,或者法院拥有很强的公共利益时",才能颁发禁诉令。[③]

禁诉令是对当事人签发的,不当然地具有域外效力,因此只是间接地影响到他国法院的管辖权,且他国法院一方面可能不承认禁诉令的域外效力,另一方面还可能采取反制措施,颁发一个禁止执行该禁诉令的禁令,从而演变为两国法院之间的对立,以致将来判决生效后,很难在对方国家的法院得到承认和执行。对不履行禁诉令的当事人而言,其效力取决于该当事人与禁诉令签发国之间的密切程度,若有财产在签发国可供执行或本人要前往签发国,则可能会在禁诉令签发国被处以罚金或被判处蔑视法庭罪。

(二)大陆法系国家的主要做法

德国和法国为代表的大陆法系国家以先受诉法院原则、承认预期原则等解决平行诉讼问题,以法律的确定性、可预见性规则来规制平行诉讼案件管辖权的预设性分配,体现出与普通法系国家不同的成文法规则。

1. 先受诉法院原则

先受诉法院原则是指在发生平行诉讼时,由最先受理案件的国家的法院进行管辖,其他国家的法院不得重复受理,已经受理的应当中止诉讼或者撤销案件。该原则的理论基础是优利克·胡伯的国际礼让学说。先受诉法院原则最早适用于国内案件,即"一事不

---

① 参见欧福永:《英国民商事管辖权制度研究》,法律出版社,2005年版,第26页。
② 参见张利明:《国际民诉中禁诉令的运用及我国禁诉令制度的构建》,载《法学》,2007年第3期,第124-125页。
③ 参见张利明:《国际民诉中禁诉令的运用及我国禁诉令制度的构建》,载《法学》,2007年第3期,第125页。

再理"原则,后来将该原则直接适用于国家间不同法院的平行诉讼,成为国家间礼让的实践者。如希腊、阿根廷等国家即是较为典型的代表。

先受诉法院原则在解决平行诉讼上的优势,在于标准明确,易于操作,不需要法官的自由裁量,可以督促当事人尽快行使诉权,避免权利"休眠",提高审判效率,充分体现大陆法系法律的规则预设性特点。其不足在于:单纯地以法院受理案件时间先后为标准,没有考虑到受案法院是否为最适合的案件管辖法院,可能忽视法院与案件之间的实质性联系,从而为当事人挑选法院留下余地;一方当事人挑选对自己有利的法院,则可能对另一方当事人在应诉、举证、出庭等方面极为不利,但后者在先受诉法院原则之下没有可救济的渠道;容易导致当事人争先前往法院起诉,使一部分本可能庭外协商、调解的案件进入诉讼,增大法院的压力。

2. 承认预期原则

承认预期原则是指在平行诉讼中,当外国法院在合理的期限内即可做出一项在内国得到承认与执行的判决时,内国法院可以中止或驳回对相同案件的审理。

法国、德国、瑞士、比利时等大陆法系国家的法院都有承认预期原则的实践。如法国最高法院在 1974 年 Minera di Fragne 案中确立了承认预期原则:只有当外国法院的判决可以被法国承认时,法国法院才可以停止本国的诉讼。其具体做法是:当法国法官对外国法院的公正性和外国法律制度的科学性进行评估和预测,确信外国法院的判决将具有与法国法院的判决程度相当的公正性时,此判决才可能为法国法院所接受。法国法官在考虑放弃本国的管辖权时,并不考虑把案件交给外国法院审理是否更加方便或合适。[①] 再如 2004 年的《比利时国际私法典》第十四条规定:"当一项正在外国法院进行并且可以预见该外国法院判决在比利时将会得到承认或执行时,对于相同当事人之间就同一诉讼标的和诉因随后又向比利时法院提起的诉讼,比利时法院可以在该外国判决作出之前,中止诉讼程序。法院应考虑正当程序的要求。如果外国法院判决可以根据本法获得承认,则法院应当拒绝管辖。"[②]

承认预期原则是一个国家对其司法管辖权的适度自我限制,与先受诉原则相比,它并不十分关注两个国家受理案件时间的先后顺序,其最天才的设计在于将平行诉讼的化解与判决的承认和执行紧密关联起来,避免了司法资源的浪费和相互矛盾判决的发生,为实现民事诉讼的最终目的奠定了基础。其不确定性在于,如何才能准确地预测外国法院的判决将在内国得到承认和执行。通常预测的标准有四个:一是外国法院对案件行使管辖权的依据是否正当;二是当事人特别是被告是否得到适当的通知以便其获得平等参与诉讼的机会;三是两国之间是否存在相互承认与执行判决的条约或司法互惠关系;四是承认与执行该外国判决是否违反内国的社会公共秩序。既然是预测,必然可能出现预测不准确的现象,故一般采取中止内国法院案件审理的办法,等待外国法院的判决实际作出且在内国得到承认和执行时,才终止内国案件的审理。

---

① 参见粟烟涛:《法国法院在重复诉讼中的管辖权》,载《法国研究》,2000 年第 2 期,第 134 页。

② 参见梁敏,单海玲译:《比利时国际私法典》,《中国国际私法与比较法年刊》2005 年卷,法律出版社,2006 年版,第 563 页。

（三）相关国际条约的规定

1968 年，欧共体国家在布鲁塞尔签订《关于民商事裁判管辖权及判决执行的公约》，其后又在卢加诺签订《民商事司法管辖权和判决执行公约》，形成了布鲁塞尔-卢加诺体系。2000 年，欧盟理事会通过了《关于民商事管辖权及判决的承认与执行的第 44/2001 号条例》。这三个公约均采用先诉优先原则，即当平行诉讼在不同成员国的法院提起时，后受理案件的法院均应自动中止诉讼，直至先受案的法院确立管辖权，即"第一个取得管辖权的法院决定管辖权"规则。这三个地区性国际公约有效推动了欧盟各成员国之间平行诉讼的协调，简化和加速了民商事判决的承认与执行。特别值得一提的是，在欧盟范围内任何一成员国一旦首先受诉，即可依照本国法来审查诉讼所涉及的伦敦仲裁协议的有效性，英国法院有义务承认这种审查，且无权为支持本国仲裁而签发禁诉令以阻止在其他成员国的诉讼。因此，英国法院的禁诉令在欧盟范围内，在支持仲裁方面不会再发生重要作用。①

海牙国际私法会议 1971 年通过的《民商事案件外国判决的承认与执行公约》②以及 1999 年的《民商事管辖权与外国判决公约（草案）》，在解决平行诉讼问题上，规定了承认预期规则，即先受理案件的外国法院作出的判决必须有可能得到后受理法院的承认与执行，后受理法院才会优先尊重先受理法院的管辖权。海牙国际私法会议于 2005 年通过《选择法院协议公约》，③赋予了当事人协议选择的法院优先管辖权，未被选择的缔约国法院应当拒绝行使管辖权，当事人选择的法院作出的判决应当得到承认与执行。

三、我国解决海事平行诉讼的实践与制度构建

（一）我国解决海事平行诉讼的实践

迄今为止，我国《民事诉讼法》均未对平行诉讼作出明确规定，仅在最高人民法院的司法解释或会议纪要中有所涉及。如 1992 年《最高人民法院关于适用〈民事诉讼法〉若干问题的意见》第三百零六条规定："中华人民共和国人民法院和外国法院都有管辖权的案件，一方当事人向外国法院起诉，而另一方当事人向中华人民共和国人民法院起诉的，人民法院可予受理。判决后，外国法院申请或者当事人请求人民法院承认和执行外国法院对本案作出的判决、裁定的，不予准许；但双方共同参加或者签订的国际条约另有规定的除外。"再如 2015 年颁布的《最高人民法院关于适用〈中华人民共和国民事诉讼法〉若干问题的解释》第五百三十三条规定："中华人民共和国法院和外国法院都有管辖权的案件，一方当事人向外国法院起诉，而另一方当事人向中华人民共和国法院起诉的，人民法院可予受理。判决后，外国法院申请或者当事人请求人民法院承认和执行外国法院对本案作出的判决、裁定的，不予准许；但双方共同缔结或者参加的国际条约另有规定的除外。

---

① 参见毕妍妍：《论禁诉令制度在英美国家的运用及对我国的启示》，西南政法大学硕士论文，第 14-16 页。

② 该公约于 1979 年 8 月 20 日生效，成员只有荷兰、葡萄牙、科威特等 5 个国家。

③ 该公约于 2015 年 10 月 1 日生效，成员有墨西哥、新加坡和除丹麦以外的 28 个欧盟成员国。中国政府于 2017 年 9 月 12 日签署了该公约。

外国法院判决、裁定已经被人民法院承认,当事人就同一争议向人民法院起诉的,人民法院不予受理。"第五百三十二条还规定了不方便法院原则的条件构成与审查标准。

2005年的《第二次全国涉外商事海事审判工作会议纪要》第十条规定:"我国法院和外国法院都享有管辖权的涉外商事纠纷案件,一方当事人向外国法院起诉且被受理后又就同一争议向我国法院提起诉讼,或者对方当事人就同一争议向我国法院提起诉讼的,外国法院是否已经受理案件或者作出判决,不影响我国法院行使管辖权,但是否受理,由我国法院根据案件具体情况决定。外国法院判决已经被我国法院承认和执行的,人民法院不应受理。我国缔结或者参加的国际条约另有规定的,按规定办理。"

从以上文件可以看出,随着审判经验的积累,我国关于平行诉讼的认识已较为充分。如从仅规定一事互诉的单一平行诉讼形态,到明确规定了平行诉讼的两种形态,即重复诉讼和一事互诉;从我国法院无论是否受理案件在先都可行使管辖权,过渡到认为需要考虑案件的具体情况来确定我国法院是否行使管辖权;从不方便法院原则的阙如到明确规定了不方便法院原则的六大审查要件,等等。

然而,我国关于平行诉讼的法律规定还停留于原则性层面,缺乏可操作性,且相关制度构建还存有缺失与不完善。在审判实践中,较普遍的情况是基层从事涉外审判的法官几乎没有案件管辖国际协调和礼让观念,反映到审判实务中,就是奉行"内国法院判决优先",不问缘由、不分情况地拒绝承认外国司法管辖的合理性,其结果是容易遭到外国否定我国法院管辖权的报复,我国法院的判决也较难为外国法院承认与执行。

当然,在海事平行诉讼方面,我国海事法院由于从建院之初就审理涉外案件,相关的理论储备较为丰富,因而相对来说国际协调和礼让方面做得比较好。如广州海事法院对于不涉及中国籍当事人、争议发生的主要事实不在我国境内且不适用我国法律、我国法院在审理案件时存在重大困难的案件不予管辖,引导当事人选择更合适便利的替代性法院管辖。早在2010年,在金运船舶香港有限公司诉JFE商事株式会社一案中,案件主要事实发生在韩国境内,且涉案船舶在韩国被扣押,相关诉讼已在韩国法院进行,若广州海事法院受理该案,对当事人和法院而言均不便利,最后该法院根据不方便法院原则对其不予管辖。

(二)海事平行诉讼的制度构建

1. 海事法院诉讼管辖与英国伦敦仲裁的国际协调

2011年英格兰及威尔士高等法院王座法庭审理的"尼亚加拉海运公司诉天津钢铁集团"一案,英国王座法庭依尼亚加拉海运公司的申请,根据其判例法向该案被告即天津钢铁集团发出禁诉令,同时又根据衡平法向行使保险代位求偿权的天津钢铁集团的保险人发出禁诉令,禁止在中国法院的诉讼。① 本案涉及租船合同中约定的伦敦仲裁条款是否约束行使代位求偿权的保险人。中国法院的观点是,租船合同中的仲裁条款仅在租船合同当事人之间有效,除非保险人明确认可,否则不能约束行使代位求偿权的保险人。但英国法院为保护其海事仲裁的国际领先地位,通常将该仲裁条款的效力扩展至合同外的第

---

① 参见张丽英,尚迪:《从"尼亚加拉海运公司诉天津钢铁集团"案析英国禁诉令》,载《世界海运》,2012年第3期,第49-52页。

三人,并以此发出禁诉令,阻止保险人在中国提起代位求偿诉讼。

对此,我国应加强与英国法院的国际协调,使其放弃将仲裁条款效力扩大化的做法,保护我国保险人的利益。同时,可以考虑建立我国的禁诉令制度,对英国的禁诉令进行反制,如发布法院命令,要求尼亚加拉海运公司向英国法院申请撤销禁诉令,拒不履行该法院命令的,应对其处以罚款甚至对其主要负责人科以刑罚。

另外,租船合同约定伦敦仲裁的条款是否有效,也是当事人经常争议的问题。一方当事人依仲裁条款在伦敦申请仲裁,而另一方当事人在中国海事法院提起诉讼,即形成广义上的海事平行诉讼。类似情形在欧盟范围内基于条约的规定,采取先诉优先原则,英国法院对此会予以充分尊重。中、英之间不存在类似的条约规定,而按《民事诉讼法》的司法解释第五百三十三条之规定,中国海事法院可以依法受理案件,并对仲裁条款的效力进行审查,仲裁条款有效的,驳回起诉;仲裁条款无效的,则依法进行审判,且对伦敦的仲裁裁决不予承认和执行。

2. 海事审判引入承认预期原则

在海事审判领域中,应引进承认预期原则。如果一个不涉及我国专属管辖的海事案件已在外国法院审理,该外国法院给予中国当事人以合理的通知并获得平等参加诉讼的机会,两国之间有相互承认与执行判决的条约或司法互惠的意向,[1]只要该外国法院在合理的期限内即可做出一项在我国得到承认与执行的判决时,我国海事法院可以中止或驳回对相同案件的审理。

更进一步的做法是,借鉴大陆法系国家先受诉法院原则,将《民事诉讼法》第三十五条的规定稍加改造,适用于涉外海事案件。即除我国法律规定的专属管辖和当事人约定我国法院排他性管辖的案件以外,对两个以上国家的法院都有管辖权的海事案件,原告向两个国家的法院起诉的,由最先立案的国家的法院管辖。实行这一做法时,应辅之以承认预期原则的一些审查手段,如最先立案的国家的法院能给当事人特别是被告以合理的通知,并获得平等参加诉讼的机会,我国与该国之间有相互承认与执行判决的条约或司法互惠的意向等。

3. 完善不方便法院原则的审查机制

涉外海事案件同时符合下列情形的,海事法院可以裁定驳回原告的起诉,告知其向更方便的外国法院提起诉讼:(1)被告提出案件应由更方便外国法院管辖的请求,或者提出管辖异议;(2)当事人之间不存在选择我国法院管辖的协议,且案件不属于我国法院专属管辖;(3)案件不涉及我国国家、公民、法人或者其他组织的利益;(4)案件争议的主要事实不是发生在我国境内,且案件不适用我国法律,海事法院审理案件在认定事实和适用法律方面存在重大困难;(5)外国法院对案件享有管辖权,且审理该案件更加方便。

---

① 参见张勇健:《在全国涉外商事海事审判庭长座谈会上的讲话(节选)》,《中国海事审判(2015)》,广东人民出版社,2017年版,第13-14页。

破解域外禁诉令困境的一次尝试与思考

任伟哲①

【摘要】禁诉令(Anti-suit Injunction)是以英国为代表的普通法系国家(地区)法院在最近几十年来创造并日益频繁地使用的一种强制性措施。近年来,域外当事人常常以租船合同中的仲裁条款有效并入提单为由,在普通法系国家申请禁诉令,迫使我国当事人放弃国内海事法院对提单纠纷的管辖权,或者获取有利的协商条件。对此,我国当事人可以采取的反制措施非常有限。本文通过一起尝试以海事强制令制度反制禁诉令的案例,探讨禁诉令本质,同时参考他国立法和实践,思考国内现行程序法中存在的问题并提出建议。

【关键词】并入条款;禁诉令;反禁诉令;海事强制令;行为保全

近日,我们代理的一起货运险追偿案件以法院调解的形式结案。该案本为一起非常普通的海上货物运输合同纠纷案件,但却因承运人针对货物保险人(我方当事人)在香港法院申请禁诉令,以及货物保险人随后在武汉海事法院申请海事强制令而一度令人瞩目。虽最终调解结案,但案件本身经历的两个法域的冲突,仍值得探讨。

一、案件背景

涉案船舶 K 轮装载一批煤炭由俄罗斯远东港口瓦尼诺运往缅甸仰光港。到达目的港后,经水尺检验,发现货物短少。货物保险人赔偿收货人后,货物保险人于 2017 年 6 月 2 日向武汉海事法院申请诉前海事请求保全,扣押了当时靠泊于镇江港的 K 轮。随后,货物保险人于 6 月 8 日在武汉海事法院提起海上货物运输合同之诉,要求承运人,即 K 轮船舶所有人承担相应赔偿责任。同日,K 轮船东保赔协会通过中国再保险(集团)股份有限公司向武汉海事法院提交了相应担保。担保中未含有对提单所证明的运输合同纠纷的管

---

① 任伟哲,上海星瀚律师事务所(RICC & CO.)律师。

辖进行限制的条款。随后,武汉海事法院解除对船舶扣押。

2017 年 6 月 29 日,K 轮船舶所有人取得了香港特别行政区高等法院(下称"香港高院")签发的禁诉令,要求货物保险人撤回在武汉海事法院的起诉。货物保险人随即向武汉海事法院申请海事强制令,请求法院责令 K 轮船舶所有人撤回在香港高院申请的禁诉令。2017 年 7 月 21 日,武汉海事法院裁定准许货物保险人的申请。

目前,双方当事人已达成和解,海事法院签发了调解书,双方也共同向香港高院申请撤销了禁诉令。

二、案件带来的思考

通过扣船取得管辖权,符合我国《海事诉讼特别程序法》的规定,该规定实际上是从《统一海船扣押若干规定的国际公约》借鉴而来的。所以,武汉海事法院通过扣船而取得本案的实体管辖权符合我国法律规定,也符合国际惯例。但就提单中的并入条款带来的管辖权争议和冲突,本文试探讨一二。具体而言,本文着重分析提单中的并入条款问题及禁诉令和强制令的签发问题。

(一)提单中的并入租船合同仲裁条款的问题

租船实务中所言的"船东",往往有双重身份——租船合同下的出租人和提单下的承运人。船东不愿意其在提单下的承运人责任高于其租船合同下的出租人责任,所以要将租船合同的条款并入提单,以确保其权利义务在两个法律关系下的一致性。这是船东在提单中加入并入条款的初衷。

本案中,涉案提单为 CONGENBILL 1994 标准格式提单,没有任何其他批注。即,其正面印有"配合租船合同使用"的字样,背面印有"所有另一面所示日期的租船合同的条款和条件、自由权条款和免责条款,包括法律适用和仲裁条款,都在此并入本提单"的条款。

这样的并入条款是否有效,可以说是一个老生常谈的问题了,近几年这方面的判决和文章也颇多,本文就不再从技术层面论述相关案例及判决依据,仅宏观的论述以下几点。

1. 对该类条款的态度

仲裁协议作为当事人意思自治的结果,受到各国法院的积极支持,这是目前各国法院的主流态度,我国也不例外。但支持到什么程度,界限在哪里,各国的情况不尽相同。

此种并入条款,在英国法下是有效的,这一点已非常明确。英国法院认为,并入条款有将相关航次租船合同条款并入提单的效力。此外,由于定期租船合同下出租人的权利义务与运输合同下承运人的权利义务相差较大,如果船东仅仅是定期租船合同的出租人,则英国法院认为此时并入提单的就是整个租船合同链中离船东最近的一份航次租船合同(head voyage charter)。换言之,在这种情况下,提单并入了一份船东和货方都不[①]是当事人的合同。更有甚者,在 The Channel Ranger(2015)1 Lloyd's Rep. 256 一案中,适用的是

① 租船合同并入提单的条款在英国法下也是一个复杂的问题,笔者在此无意展开讨论,近期的案例可参考 The Wadi Sudr(2010)1 Lloyd's Rep. 193。

与本案一样的 CONGENBILL 1994 格式提单,提单表述将 GENCON 格式的航次租船合同中仲裁条款并入了提单,但该案件中的航次租船合同实际上没有采用 GENCON 格式的仲裁条款,而是约定了英国高等法院管辖,这显然与提单中仲裁条款并入矛盾了,然而,英国上诉院仍判决并入条款是有效的。由此可见,英国法院对提单中并入条款的支持,可以说是不遗余力了。

但包括美国①、澳大利亚、新西兰、加拿大、南非和北欧四国以及我国在内的多个国家的法院则认为,类似于本案中的仲裁并入条款的措辞是无效的。上述几个国家中,除美国和我国外,另外几国都有强制性立法,明确规定在以本国港口为目的港的提单下,任何排除或限制本国法院管辖的条款均是无效的②。

2. 提单持有人是否与承运人就仲裁达成了合意

产生上一节所述的巨大分歧的直接原因是各国(地区)对合同条款的理解不同。

仲裁协议有效的基石,是协议双方达成仲裁的合意。因此,船东单方面在提单上拟就的并入租船合同仲裁协议的条款或直接在提单上载明的仲裁条款是否有效,本身就值得商榷。毕竟,在该条款拟就时,提单收货人不见得知情,"双方合意"就更无从谈起了。

我国最高人民法院在《关于原告中国·北京埃力生进出口有限公司诉被告日本·太阳航行贸易有限公司、新加坡·松加船务有限公司海上运输合同管辖权异议上诉一案的请示的复函》③中认为,一个有效的仲裁协议必须是双方当事人共同的真实意思表示,提单中的仲裁条款仅仅是承运人的单方意思表示,没有提单持有人的同意,因此不能约束提单持有人。

而在支持仲裁并入提单有效的观点和判决中,为了说明仲裁并入租船合同条款的正当性,都强调提单持有人同意或接受加入租船合同的仲裁条款。如果提单持有人愿意接受或同意租船合同中仲裁条款的约束,自然是"意思自治"的结果。如果不同意呢?

由此进一步产生的问题是,提单持有人取得经前手背书的正本提单而未提异议,是否就意味着接受了提单上的所有条款?恐怕未必。提单条款往往是格式条款,仲裁条款或租船合同仲裁协议并入提单的条款,通常由不得收货人自行选择;而且,即使租船合同中没有仲裁条款,或没有有效的仲裁条款,此提单上的并入条款仍是存在的。因此,在提单流转时,如果没有随附租船合同,那么提单持有人在取得提单之前,甚至取得提单之后,是不知道仲裁条款是否确实存在的,更遑论知晓仲裁条款的内容。在此情况下,何言提单持有人有与承运人就货损争议进行仲裁的合意?

3. 争议背后的立法取向

实际上,此类条款是否有效,根本在于各国(地区)的立法价值取向问题。

在此不得不提租船合同和提单证明的海上货物运输合同的区别。船东在租船合同下的权利义务可以与承租人自由约定,享受完全的"意思自治";在提单下,其权利义务则要

---

① 在美国法下,一条类似 CONGENBILL 1994 下的泛泛的合并条款不能产生成功合并租船合同的效力。但如果在合并条款中载明意欲合并的租船合同的日期,则一般认为合并条款是有效的。

② 澳大利亚:1991 年《海上货物运输法》第十一条;新西兰:1994 年《海上运输法》第二百一十条第一款;加拿大:2001 年《海运责任法》第六章第四十六条;南非:1986 年《海上货物运输法》第三条第一款;瑞典:《海运条例》第十三章第六十和六十一条。

③ [2007]民四他字第 14 号。

遵守国际公约或各国(地区)法律规定,如《海牙维斯比规则》、《汉堡规则》、我国《海商法》第四章,以及尚未生效的《鹿特丹规则》的约束,以平衡和保护提单另一方,也就是通常所言的货方的利益。

澳大利亚联邦首席大法官奥索普曾直言,要求货方按照提单上的仲裁条款,不远千里到国外去仲裁,可能实际上就剥夺了货方的救济;而在租船市场,出租人和承租人同意在伦敦或纽约仲裁已是很正常的事情了。所以不难预见国家的立法针对这两种不同情况,会做出不同的规定。其中就包括制定类似《海牙规则》的公约以平衡在提单证明的海上[①]货物运输合同下没有谈判筹码的货方的利益。美国最高院法官史蒂文斯在 The Sky Reefer[②] 案件中,发表了少数派意见,认为提单中的外国仲裁条款为寻求救济的货方设置了费用高昂的障碍,实质上削减了本国货方《海上货物运输法》赋予的权利。可见,某国(地区)法律保护本国(地区)当事人的利益,是本国法律的应有之义,并不意味着因此该国(地区)法律就非公平合理。

4.《鹿特丹规则》的相关规定

在《鹿特丹规则》起草的过程中,就管辖权和仲裁的规定,各国代表团之间的观点不出意料地存在重大冲突。作为一个极端,一些代表船方利益的国家和企业集团,与那些通常被法院选择条款和仲裁协议选择的国家一起,认为公约不应当包括有关管辖权与仲裁的条款,英国即是突出代表;而代表货方利益的国家和企业集团,与以国内立法规定管辖权与仲裁的国家,还有《汉堡规则》的缔约国,则坚持认为公约应当延续《汉堡规则》确定的规则,保护货物索赔方选择一个合适的法院/仲裁庭寻求救济的权利。[③]

但这个问题最终并没有解决。《鹿特丹规则》允许缔约国就管辖权和仲裁的规定就行保留;并且,在租船合同下签发的提单,只要载明了租船合同当事人的名称和日期,并载明仲裁条款的内容,即不再受《鹿特丹规则》的约束。

所以,即使在将来《鹿特丹规则》生效,提单中的并入租船合同仲裁条款的有效性问题,仍将持续困扰各国法院。

(二)禁诉令和强制令

2002 年,在上海举行的海商法国际研讨会上,一位老牌英国海事律所的律师提交了一篇"禁令——扩展的地平线,英国法下的最新发展"的论文,其中提到,许多标准格式的提单下含有或并入了英国仲裁的条款,最典型的如 CONGENBILL 1994,该条款在英国法下有效是毫无疑问的。但是其他许多国家,如中国、加拿大和《汉堡规则》的缔约国,通过立法赋予了收货人在目的港诉讼的权利。管辖权的竞争非常激烈,这些国家正在通过立法来解决这个问题,所以可以预见,以后法院将更多地签发禁诉令和反禁诉令[④]。这篇文章发表于 15 年前,在这 15 年时间里,英国法院针对各国提单下的货损索赔案件签发了大

---

① See Hon. J Allsop AO, Justice of the Federal Court of Australia, International Maritime Arbitration: Legaland Policy Issues.

② 515 US 528(1995).

③ 参见 Michael F. Sturley, Tomotaka Fujita, Gertjan van der Ziel 著,蒋跃川,初北平,王彦等译,《鹿特丹规则》,2014 年版,第 340 页。

④ 原题目:Injunctions——An Expanding Horizon Recent Developments Under English Law,第五届海商法国际研讨会论文集,第 208-217 页。

量的禁诉令。仅就我国的情况而言,无视禁诉令而继续诉讼的当事人寥寥无几,而在我国法院尝试申请"反禁诉令"的更是凤毛麟角。

1. 禁诉令的性质

对于禁诉令的发展历史,已有大量文章介绍过,本文不再赘述。禁诉令表面上是就某当事人违反本国(地区)法律而采取的强制措施,实质上是以本国(地区)法律为准绳,认为他国法院管理了不应管理的案件,从而进行干预的行为。或直白地说,禁诉令本质上是对他国(地区)司法主权的干涉。所以从立法技术的层面分析禁诉令的"正当性",是缘木求鱼的做法。

2. 英国法院对各国管辖案件做出的禁诉令及各国法院的反应

英国法院不但针对中国,亦针对其他国家法院受理的案件签发禁诉令,也由此引起了各国法院的"反击":

(1)Laker Airways v. Sabena, KLM et al 6 March 1984:Laker Airways 在美国起诉多家航空公司违反美国反垄断法,其中包括 British Airways。British Airways 在英国法院提起诉讼,要求法院确认其没有责任,同时申请禁诉令,英国法院准许该申请并签发了禁诉令。Laker Airways 随后在美国提起反禁诉令,也就是 Antianti-suitin Junction,并获准许。最终,英国贵族院,也就是现在英国最高院的前身撤销了禁诉令(British Airways v. Laker Airways[1985]1AC58)。

(2)Philip Alexander Securities & Futures Ltd. v. Bamberger(1997)I. L. Pr. 73,102, n. 115:德国法院直接言明英国的禁诉令侵犯了德国司法主权①。

(3)Allianz SpA v. West Tankers Inc. (CaseC-185/07):欧盟法院判决认为,英国法院所作出的禁诉令构成了对外国法院司法主权的干涉,与《布鲁塞尔条约》冲突。因此,缔约国法院,包括英国法院在内,不得在欧盟范围内发出禁诉令阻止其他的诉讼程序,即便此种程序与仲裁协议相违背。

事实上,在 The Front Comor(2009)1 Lloyd's Rep 413 一案中,欧盟法院已经认定,仲裁条款是否有效,可由任何有管辖权的法院去对仲裁条款作出解释。而非英国法认定的,应由仲裁庭及仲裁地法院进行解释。

3. 未来趋势

禁诉令的兴起不过是最近几十年的事情,其之所以得以快速发展,是已经在航运法律市场取得领先的几个传统老牌国家和地区为了维护自己的行业优势地位而发明和发展的一个强有力的措施。从世界范围看,各国(地区)法院对他国的禁诉令普遍持有抗拒的态度。而从我国来看,要建设航运中心,要顺利实施"一带一路"倡议,就必须突破域外禁诉令的限制。

英美业界人士一直强调海商法在世界范围内统一和稳定的重要性,强调这是海商法乃至国际航运业务的根基。笔者亦赞同该观点,我国专门设立海事法院和制定《海商法》《海事诉讼特别程序法》,也是为了与世界接轨。但何为与世界接轨,恐怕本身已经是一个说不清的难题,照说联合国草拟的公约应该是"国际标准"了,但是放在国际贸易和海

---

① Such injunctions constitute a violation of the judicial sovereignty of the Federal Republic of Germany.

事交易中,却又非如此。英国法仍是占主导地位的,恐怕在今后相当长的时间内都是如此。笔者甚至也认同在实体法方面,英国法颇有可取之处,不但较为公平合理,且在一定程度上跟得上经济的发展(毕竟可以通过案例来造法)。但对抗英国的禁诉令,不见得就是与世界脱轨。恰恰相反,在提单管辖权和禁诉令的问题上,英国站在了少数的一边。

三、对我国的影响及应对措施

(一)航次租船合同仲裁条款并入提单对我国的不利影响

并入条款是否有效的争议,表面上是解决管辖问题的程序性问题,实质上也直接影响了提单当事人的实体性权利。中国收货人可以到伦敦去仲裁,但是适用的就只能是租船合同上约定的英国法律,而非中国法律了。所以,这种方式从一定程度上讲,也是一种试图避开收货地关于海上货物运输合同强制性法律规定的漏洞。

更重要的是,即使愿意去伦敦仲裁,以本案为例,收货人没有见过租船合同,更不用说实际提起诉讼的货物保险人,他们连启动仲裁的机会都没有。只能先在国内提起诉讼,等承运人出来抗辩以后,再去伦敦仲裁,一来一回,一年的索赔时效可能已经过期;另外,还要顾虑13家IG船东互保协会在伦敦法律市场的影响力。

而另一方面,租船合同配套的格式提单也是"与时俱进"。CONGENBILL 1978中未包含合并租船合同仲裁条款的条款,所以大量提单持有人/收货人可以在目的港法院对承运人提起货损索赔;CONGENBILL 1994的并入条款中包含了租船合同仲裁条款,导致最近十几年英国法院针对提单下的索赔方签发了大量禁诉令;而在最新的CONGENBILL 2007的并入条款中,将并入租船合同仲裁条款扩展为并入租船合同仲裁条款或争议解决条款,以避免上述The Channel Ranger(2015)案中出现的尴尬。

目前全球大宗散货贸易下的提单,绝大部分都是航次租船合同下的提单,如果这些提单下的货损货差争议都要按照租船合同中约定的仲裁条款来解决,且不说中国的收货人在索赔时要面临多大障碍,恐怕中国海事法院的海商庭,也只能审理货代纠纷和集装箱货运纠纷案件了。

可以说,提单上的仲裁条款或者租船合同仲裁协议并入提单的条款,是有利于英国法律市场而有损于世界其他国家的收货人权利的。鉴于《鹿特丹规则》也未解决该问题,我国应该参考澳大利亚、新西兰、加拿大、南非和北欧四国等国的类似规定,通过强制性立法,将排除或限制中国法院管辖权的条款认定为无效条款。

(二)禁诉令的应对措施

应对禁诉令有多种方式。最简单的当然是不理会,只要在签发禁诉令的法院所在国(地区)没有可供执行的财产,禁诉令限制的个人或公司高管也不去签发禁诉令的法院所在国(地区)即可。但惹不起躲得起始终不是万全之策,尤其是中国货物保险人,以及其他在海外有资产,或有人员往来的企业,在走出国门的趋势下,难用此招。

另外单就货损索赔而言,还可以在扣船取得担保时,要求船东及其互保协会在担保中保证不会向中国以外的法院申请禁诉令。当然事后若是船东翻脸不认账,反去告货方

"胁迫"(duress),也并非不可能。

因此,应对禁诉令的有效方法之一,还是签发"反禁诉令"。在本案中,海事法院签发的海事强制令,即是类似性质的"命令"。管辖之争,实际上是综合国力的较量,禁诉令之所以会产生强大的威慑力,离不开签发禁诉令的法院背后的国家(地区)支持。毫无疑问,美国法院签发的禁诉令或反禁诉令,肯定比津巴布韦法院签发的禁诉令或反禁诉令威慑力要大得多。就此而言,我国法院针对英国、新加坡,甚至是我国香港特别行政区法院的禁诉令,完全有底气予以回击。当然在技术层面,应有充分的法律依据作为支持。

(三)海事强制令

我国《海事诉讼特别程序法》第五十一条将海事强制令定义为:海事法院根据海事请求人的申请,为使其合法权益免受侵害,责令被请求人作为或者不作为的强制措施。另在第五十六条对出具海事强制令规定了几个条件,其中包括:(1)请求人有具体的海事请求;(2)纠正被请求人违反法律规定或者合同约定的行为;(3)紧急,不立即作出海事强制令将造成损害或者使损害扩大。

就本案而言,武汉海事法院要求船东撤回在香港法院申请的禁诉令,显然是符合上述第五十一条对海事强制令的定义的。但海事强制令是否必须满足《海事诉讼特别程序法》第五十六条规定的几个条件,目前尚无定论。禁诉令已经对涉案货物保险人在香港的财产及高管前往香港时的人身自由构成威胁,满足紧急性的要求,然而对于另外两个条件是否成立争议颇大。船东在香港法院申请禁诉令以对抗我国内地诉讼的行为显然是对我国内地法院及法律的不信任和不尊重,且通过强迫当事人撤诉的方式逃避我国内地法院管辖,恐怕可以认为是损害了我国司法主权权威,甚至有违社会公共利益,从我国法律看①,违法性要件的要求似乎已经满足,但船东申请禁诉令依据的是香港法律,在申请禁诉令行为地的法律环境下,又不具有违法性。此外,"撤销禁诉令"也不容易说是一种"具体海事请求",我们在交给海事法院的意见中认为,该"具体的海事请求"应做宽泛的理解,本案货物保险人要求承运人赔偿货物损失,即为具体的海事请求。海事法院在最终签发的强制令中,并未提及该问题。以上疑问只能待以后的案件中再进一步明确。

(四)行为保全

我国 2012 年修订的《民事诉讼法》中,新增了关于行为保全的规定。第一百条规定:"人民法院对于可能因当事人一方的行为或者其他原因,使判决难以执行或者造成当事人其他损害的案件,根据对方当事人的申请,可以裁定对其财产进行保全、责令其作出一定行为或者禁止其作出一定行为;当事人没有提出申请的,人民法院在必要时也可以裁定采取保全措施。"该规定与英国法下的禁令类似,是一个更为宽泛的针对当事人为或不为某种行为的救济措施。从理论上讲,法院也可依该规定,在一方当事人申请时,要求在国外申请禁诉令的另一方停止或撤销禁诉令的申请。希望将来能看到我国法院尝试使用该规定来对抗域外法院的禁诉令。

---

① 例如《民法总则》第一百三十二条:民事主体不得滥用民事权利损害国家利益、社会公共利益或者他人合法权益。

四、结语

以禁诉令和反禁诉令的形式"争夺"管辖权,实际是对全球法律服务市场的争夺。其与全球化的趋势格格不入,尤其是在《纽约公约》和海牙《选择法院协议公约》生效的背景下,更可以说是相形见绌。唯各国通过协商,建立统一的、各方认可的管辖权分配机制才是解决该矛盾的正途。但目前看来,此目标在短时间内并无法实现。因此,如何在保护本国法院管辖权和践行国际礼让原则之间取得平衡,仍将是我国立法及法律从业者在未来需要考虑的一个难题。

【传统海事案例评析】

《海商法》下海上风险免责抗辩在台风案中的适用

——湖南中联国际贸易有限责任公司等诉上海捷喜国际货物运输代理有限公司等海上货物运输合同纠纷案

杨　婵①

【提要】

我国《海商法》下的海上风险免责抗辩不应等同于"不可抗力"抗辩。对台风免责抗辩的司法审查,"不可预见性"不应作为决定因素,重点要审查海况的恶劣程度是否属于正常的海上风险。风力及持续时间、浪高及船舶吨位是两组重要的指标,能见度、横摇角度以及本船及附近他船的受损程度等可以作为辅助指标。海上风险免责抗辩常与船舶适航性、管货义务及管理和驾驶船舶过失等问题交织在一起,在认定海况是否构成海上风险之后,还要进一步审查因果关系,在多种原因共同作用的情况下,应按照各原因的比例判定责任承担。

【案情】

原告:湖南中联国际贸易有限责任公司(以下简称中联国贸)。

原告:苏黎世财产保险(中国)有限公司〔以下简称苏黎世(中国)〕。

原告:中国平安财产保险股份有限公司湖南省分公司(以下简称平安湖南)。

原告:阳光财产保险股份有限公司湖南省分公司(以下简称阳光湖南)。

被告:上海捷喜国际货物运输代理有限公司(以下简称上海捷喜)。

被告:上海恒鑫航运有限公司(以下简称上海恒鑫)。

被告:莫曼斯科航运股份有限公司(以下简称莫曼斯科)。

2011 年 4 月,船东莫曼斯科将"尤利"号以定期租船方式出租给案外人 K 公司。此前的 2011 年 4 月 7 日,K 公司将"尤利"号以定期租船方式转租给案外人香港恒鑫公司。两份定期租船合同为背靠背签订,条款一致。涉案航次时,香港恒鑫公司将"尤利"号以航

---

① 杨婵,上海海事法院海商庭审判长。

次租船方式出租给上海恒鑫;上海恒鑫又以航次租船方式出租给上海捷喜。2011 年 5 月 23 日,上海捷喜与中联国贸签订《印度履带吊项目年度运输协议》,约定由上海捷喜承运中联国贸 2011 年度履带吊运输业务。涉案货物由上海捷喜以自己名义向船方交付。

2011 年 7 月 30 日,"尤利"号到达涉案航次的第二装货港(上海港)开始装货作业,由上海恒鑫负责涉案货物的装卸、绑扎和系固,至 8 月 3 日 0500UTC 装货完成。涉案 5 台履带吊被分别装载于 2 号、3 号和 4 号货舱的二层。考虑到台风"梅花"将正面袭击上海地区,8 月 5 日,"尤利"号前往济州岛方向避台。8 月 6 日至 7 日,"尤利"号近距离遭遇台风"梅花",根据航海日志的记载、船上拍摄的视频、船员证词以及"尤利"号向船东莫曼斯科实时进行的"四小时报告":8 月 6 日,0400UTC,"船员加上的链条已无法发挥作用""2 号舱盖上货堆可能倒塌,考虑到船员的安全问题,此时不能对该堆货堆进行加固";,0800UTC,"2 号舱盖上货物在船舶横摇的作用下发生位移";0900UTC,"甲板船员在大副的指导下系固 2 号舱舱盖上的甲板货物";1600UTC,"甲板船员已完成甲板货物的系固";1620UTC,2 号货舱舱盖上大部分甲板货物落海,船舶受损;1650UTC,1 号和 3 号货舱舱盖上甲板货物落海,5 号货舱舱盖上部分甲板货物散落;2120UTC,连接在甲板上的吊钩在共振横摇中断裂,船吊 2A 的吊臂随船舱一起转向右侧;2400UTC,频繁遭遇暴风,风力计停留在 36 米/秒(12 级近 13 级)的最大刻度上,无法准确测量风力级别。船舶速度不时降至 0 节。8 月 7 日,0400UTC,每 5~10 分钟遭遇一次暴风,船舶横摇幅度达 40°~45°(最高达 50°),船速降至 0 节,"由于激浪,在半个小时不能摆脱船舷共振摇摆状态";0425UTC,4 号货舱舱盖上甲板货物几乎全部落海。5 号货舱舱盖上货物完全倒塌跌落。浪高 12 米。风速超过 50 米/秒(15 级近 16 级)。8 月 6 日下午至 8 月 7 日中午,"尤利"号不时改变主机速度和航向以避免共振横摇。8 月 7 日 0601 时,"尤利"号船长通过电子邮件告知 K 公司、上海恒鑫及莫曼斯科,1 至 4 号货舱舱盖上甲板货物落海丢失,5 号货舱盖上货物部分损坏,并造成船舶损坏。8 月 9 日,上海恒鑫指示"尤利"号开往厦门港。"尤利"号在厦门港停泊期间,部分货物利益方的检验人员登轮进行了现场查勘。8 月 24 日,根据案外人三一重工股份有限公司申请,厦门海事法院扣押了"尤利"号。根据中联国贸的申请,"尤利"号于 2011 年 10 月 31 日被继续扣押。因无法取得当地海关的许可,涉案货物未能在厦门港卸货检验。中联国贸虽表示反对,但"尤利"号于 2011 年 11 月 2 日仍被解除扣押后离开厦门港继续驶往印度。

2013 年 12 月 30 日,苏黎世中国、平安湖南和阳光湖南三家保险公司以其已取得代位求偿权为由,申请作为本案共同原告参加诉讼。2014 年 1 月 3 日,法院依法裁定准许。

在该案中,四原告认为,涉案货损是由于货物积载配载、系固绑扎不当,即承运人和实际承运人管货不当所导致,为此诉请三被告连带赔偿各项损失共计 2 300 余万元。三被告提出承运人身份认定、损失金额合理性等多项抗辩。其中,关于事发时的天气情况,三被告分别提出"极端天气""恶劣海况""不可抗力""天灾"等抗辩意见。

【审判】

法院经审理认为:综合在案证据可以认定,因近距离遭遇台风"梅花","尤利"号当时长时间遭遇了 12 级以上风力、船舶横摇 35°以上的恶劣海况,其恶劣程度已非属正常的海上风险,足以构成我国《海商法》下"天灾"性质的"海上风险",由此造成的损失,承运人依法可以享受免责。此外,在台风已经有明显的转向趋势时,船长决定向东北济州岛方向离港避台是不够谨慎的,在避台决策上有过失,但属于船长在驾驶或者管理船舶中的过失,依法亦可免责。此外,虽然台风"梅花"带来的恶劣海况系涉案货损的最主要的和决定性的原因,但绑扎系固的缺陷使绑扎系统在恶劣海况面前更加容易受到损坏甚至提前崩溃,加重货损程度,因此认定涉案货损是由于绑扎系固的缺陷以及船舶遭遇恶劣海况的共同原因造成的,并酌定造成涉案货损的 80% 的原因为恶劣海况,绑扎系固的缺陷占20%。虽然绑扎系固工作由上海恒鑫负责,但基于合同相对性原则以及承运人对全程运输负责的法律规定,应当由上海捷喜作为涉案运输的承运人先行向货方承担赔偿责任。最终判定上海捷喜对货损承担 20% 的赔偿责任,而船东莫曼斯科免责。

一审宣判后,四原告和上海捷喜提出上诉。2015 年 11 月 12 日,上海市高级人民法院作出二审判决,驳回上诉,维持原判。

【评析】

台风是航海中比较常见的严重自然灾害。船载货物遭遇台风受损引发的海上货物运输合同纠纷中,承运人往往会援引《海商法》第五十一条第一款第(三)项进行抗辩。该项免责事由为"天灾、海上或者其他可航水域的危险或者意外事故"(以下简称海上风险免责条款),吸收了《统一提单的若干法律规则的国际公约》(以下简称《海牙规则》)第四条第二款第三、四项中关于免责事由的规定,即"(c)海上或其他能航水域的灾难、危险和意外事故"以及"(d)天灾"。

一、各航运大国对海上风险免责抗辩的态度

关于构成海上风险是否要求"可预见",各航运大国主要有两种观点:一种是强调海上风险的不可预测性;另一种是不考虑是否"可预见",而是强调具体事实,是否是承运人经谨慎处理(即不存在不适航以及管货过失)仍无法避免的事故①。

一派是以美国和加拿大为代表的狭义说,对"不可预见"性要求严格。美国判例始终强调海难的"不可预见"(unforeseen)与"不可预防"(could not be guarded),特别是对"不可预见"性的要求十分严格,导致这项免责很难成立。很多著名判例认定冬季横渡大西洋发生货损,10~11 级大风也不能算是"不可预见",承运人不能主张"海难"免责②。加拿大法院与美国法院对"海难"的判法历来很接近。在 1987 年的 Kruger 案③中,1982 年 2月,滚装船 Mekhanik Tarasov 号在大西洋航行中,遇 12 级风、18 米高巨浪沉没。专家证明该海域过去的十年中出现过三次 12 级风浪。加拿大联邦法院的法官认为:"该等级风绝非寻常,北大西洋的狂风暴雨是出名的,而海员对此种频繁出现的风暴是熟知的。鉴于该

---

① 参见司玉琢:《海商法专论》,中国人民大学出版社,2007 年版:第 143 页。

② Edmond Weil v. American West African Line 147 F. 2d. 363(2Cir. 1945). Tuxpan Lim. Procs. 1991 AMC 2432 at P. 2438(S. D. N. Y. 1991). Thyssen Inc. v. S/SEurounity21F. 3d533(2Cir. 1994).

③ Kruger Inc. v. Baltic Shipping Co. [1988]1 F. C. 262 at P. 280.

风暴在该年预订的越洋航程中是可以预见的及可以防避的事故,驳回承运人海上风险的抗辩。"

　　另一派是以澳大利亚为代表的广义说,在认定"海难"时不考虑可预见问题。早期的 Gamlen 案就认为"可以合理地预见并加以防范的海洋天气条件可以构成海难"[1]。此后非常著名的是澳大利亚高等法院在 1998 年 10 月 22 日对大中国五金工业公司诉马来西亚国际运输公司案[2]作出的判决。这篇洋洋洒洒的判决回顾了《海牙规则》的历史、普通法下"海难"概念的沿革、《海牙规则》的结构,审视了 Gamlen 案中确立的澳大利亚对"海难"的认定标准,也考虑了英国、加拿大和美国的相关判例,6 位法官[3]一致认为,即使是已被合理预见或预报的天气状况也可能构成"海难",并认为在这个意义上,美国和加拿大所采纳的对"海难"较为狭窄的认定标准是错误的。高等法院不赞同将"海难"限定为只适用于完全无法预见或者无法预报的情况,这样将使克尽职责使船舶适航的义务转变为绝对适航的义务,有悖于《海牙规则》的发展历史。他们认为恶劣天气是否可预见,在判断船舶适航性、管船义务以及合理绑扎等问题时至关重要,但在认定是否构成"海难"时不应考虑,这样更符合《海牙规则》的历史、规则的各种原始文本以及该项抗辩在规则整体中的地位。总之,在澳大利亚高等法院看来,认定是否构成"海难"的关键,不在于恶劣天气是否可以合理预见,而在于海上事故是否是偶然的、意外的和突然的。在此基础上,再进一步审查海上事故是否导致货损的有效原因。

　　目前,我国海事司法实践中多采纳第一种观点。部分案件中,承运人同时提出《海商法》中的海上风险以及《合同法》中的"不可抗力"两项免责事由,而法院也基本将海上风险免责等同于"不可抗力"免责进行审查,认为承运人主张海上风险免责抗辩,必须证明遭遇的恶劣天气是不能预见、不能避免且不能克服的[4]。有的案件中,法院明确提出"所谓'天灾'属于不可抗力的范畴,系指不能预见、不能避免并不能克服的自然现象,即使涉案货损事故发生的当时确实存在海上恶劣天气,但仍应充分举证证明这种海上恶劣天气已经构成我国《海商法》上具有特定含义的'天灾',即涉案货损事故达到了不能预见、不能避免并不能克服的程度"[5]。此外,由于缺乏相关立法和司法解释以及权威案例作指引,法院在认定是否构成海上风险时具有较大的自由裁量权,一定程度上存在举证标准不够明晰和执法标准不够统一的问题。

---

　　①　Shipping Corporation of India Ltd. v. Gamlen Chemical Co(A/Asia)Pty Ltd. (1980)147 CLR 142.

　　②　Great China Metal Industries Co Ltd v. Malaysian International Shipping Corp Bhd [1999]1 Lloyd's Rep. 512;1999 A. M. C. 427.

　　③　此案采取"A Full Court"方式审理,应由高等法院的全体 7 名法官共同审理,但由于开庭时首席法官已经宣布退休意愿,因此没有参与审理,实际由 6 名法官审理。

　　④　参见上海明桢进出口贸易有限公司诉太平船务(私人)有限公司海上货物运输合同纠纷案、赞莫锐克斯中国有限公司诉中波轮船股份公司海上货物运输合同纠纷案、中国太平洋财产保险股份有限公司上海分公司诉经纬太平洋班轮公司等海上货物运输合同赔偿纠纷案、中国平安财产保险股份有限公司北京分公司诉智利航运国际有限公司海上货物运输合同纠纷案、山东淄博通宇新材料有限公司等诉永兴航运有限公司等海上货物运输合同损害赔偿纠纷案等。

　　⑤　参见思玛特有限公司诉阳明海运股份有限公司等海上货物运输合同纠纷案。

二、海上风险免责抗辩司法审查思路的关键点

(一)海上风险免责不应混同于"不可抗力"免责

航海活动自产生以来就是带有特殊风险的行业。随着科技和造船工业的发展,海运行业的危险性有所降低,但依然不容忽视。《海商法》中所列明的十一项承运人免责事由正是对海上特殊风险的回应。根据法律适用原则,海事海商纠纷应当依照"特别法优于一般法"以及"用尽《海商法》原则",对于《海商法》有特别规定的问题,应当优先适用《海商法》的规定,而承运人免责事项是《海商法》中最为典型的特别规定之一,在此问题上并无普通民法相关规定的适用空间。在缺乏有权解释的情况下,若将海上风险免责直接等同于"不可抗力"免责,则仅在形式上"优先适用"了《海商法》,其实质则是适用《合同法》。《海商法》的立法渊源不同于《合同法》,前者以立法当时"海运方面的国际公约为基础,吸收体现国际航运惯例的民间规则,借鉴有广泛影响的标准合同"①,受英国法的影响很深;而《合同法》主要吸收借鉴的是大陆法系国家的立法技术,因此《海商法》与《合同法》下的免责条款是相互独立、自成体系的。在司法实践中将二者混同适用,即忽略了《海商法》下免责条款的独立性特征。

此外,在我国司法实践中并无区分"天灾"与"海难"的必要。对"天灾"和"海难"所做的区别基本都出现在国外相关的案例和论文中,"天灾"通常是指无法抵御的直接造成货损的自然现象;"海难"则仅限于海上危险,不包括陆地运输或其他任何方式运输同样可能遭遇的危险。比如英国南安普顿大学海商法研究中心荣誉退休教授约翰·F.威尔逊(John F. Wilson)认为,"海难"免责条款涵盖范围比"天灾"更广,它适用于无法通过合理措施给予避免的海上或海上航行特有的风险所导致的任何货损;另一方面,本免责条款仅限于海上危险,而不包括陆地运输或其他任何方式运输同样可能遭遇的危险。因此,不同于"天灾",海难不适用于因下雨、闪电或火灾导致的损害。② 实践中"天灾"或"海难"有时很难区分,有时相互交织,比如台风,严格说来可能构成的是"天灾",台风带来的"台风浪"则属于"海难"范畴,然而货损是风与浪的相互作用造成的。我国司法实践以及学界中对两者区别也鲜有深入阐述。鉴于我国《海商法》将《海牙规则》中的两项免责事由合并为一项,因此确无必要纠结是否将某一恶劣海况定性为"天灾"还是"海难"。

(二)海上风险的认定不应强调"不可预见性"

在认定海上风险时澳大利亚法官的审理思路值得借鉴,即不应强调"不可预见性"。台风虽有预报,但不能被准确预见,仍属典型的海上特殊风险,台风被预见的程度可能会影响船舶适航性以及管船或管货过失的认定,但不应影响是否构成海上风险的认定;船舶适航且船长船员采取的避台措施不存在管货过失的,承运人应可享受海上风险免责。

1. 台风可被预见,但并不能被准确预见

以当今的科学技术,虽然可以对台风进行预报,但对台风的位置、进路、速度的预报往

---

① 参见傅旭梅:《中华人民共和国海商法诠释》,人民法院出版社,1995年版:前言。
② John F. Wilson. Carriage of Goods by Sea(Seventh Edition)[M]. Longman Press,2010:266.

往有误差,甚至是较大的误差。航海时接收到的台风预报通常用概率误差圆来表示误差。台风还经常出现迷走、打转、转向等动态,使预报误差增大。例如2010年的台风"圆规",最后一刻移动路径东移百余公里,使上海有惊无险,而此次预报在气象部门看来仍在误差范围之内。可见,台风强度和路径瞬息万变,虽然可以被预见,但并不能被准确预见。更何况船上通常每6小时才接收一次天气预报,信息具有一定的滞后性。预报误差和信息滞后足以严重影响船舶避台决策的效果,因此审判实践中不宜在"可预见"问题上对船方过于苛刻。

2. 台风虽有一定规律可循,但避台措施有限

根据长期的台风历史记录资料,台风在各月份移动路径、转向点、登陆点和打转地区等有一定规律可循。船长在避台决策上形成的基本共识是,把自己放在最不利的位置上,用增大安全系数的办法,尽可能地避开台风影响圈。即便如此,船舶能做的仍然十分有限,比如根据当下接收到的信息修改航线或者选择抛锚避台的地点,提前将船上所有的锁具、绑扎、救生设备进行加强系固,确保所有水密门、出气口关闭,大风浪来袭时,要争取使船舶顶风顶浪,避免共振横摇等。以上避台抗台措施有可能涉及船舶是否适航、是否存在驾驶船舶过失、管船过失或管货过失的问题,从而对承运人责任产生影响,但对海况是否恶劣到构成"天灾"或者"海难"没有影响。有观点认为,台风预报有误差以及台风具有可能会突然转向的特点是航海常识,船长应当知道。但是,这种常识对于避免海上特殊风险并无太大的实质意义。商船不可能因为台风预报有一定的误差或者台风有转向的危险而早早地避台不出,此种做法既不经济,也不现实。港口不允许船舶滞港,台风登陆点附近的港口为保港口设施安全,也往往会选择关闭港口,不接受船舶进港。

3. "可预见性"问题上的立场实质是司法政策导向的选择问题

如前所述,关于海上风险认定中的"可预见性"问题,国际上有不同认识。究其实质,是司法政策导向的选择问题。澳大利亚高等法院的Callinan法官曾经说过,虽然不应该采用沙文主义,但是必须牢记澳大利亚是个出口大国。本国的司法原则将对他国司法下船货利益的平衡产生影响。[1] 中国既是货主国也是船东国家,还是造船大国,我们具有平衡船货各方利益的天然基因。[2] 中国是世界上少数几个受台风影响较大的国家之一,甚至有说法称中国沿海是世界上台风发生率最高的海域,但《海商法》实施后的二十年间,承运人以海上风险免责抗辩成功的案件鲜有耳闻。在"可预见性"问题上,澳大利亚的立场值得借鉴,在认定"天灾"或"海难"时不考虑是否已接收到天气预报,或者对"不能预见"进行限缩性解释,即认为"不能预见"应包括完全的不能预见和不能准确预见。值得一提的是,威尔逊教授的权威教材对此持相同观点,认为"本免责条款的适用并不要求天气条件是极端或不可预见的"。[3]

---

① James Allsop:Maritime Law—the Nature and Importance of its International Character[EB/OL],The 2009 William Tetley Lectureat Tulane University,(2009-08-15)[2014-09-22]. http://nswca. jc. nsw. gov. au/courtofappeal/Speeches/all. sop150409. pdf.

② 参见罗东川,直挂云帆济沧海——纪念我国海事法院成立30周年[N].人民法院报,2014-09-02(1/4).

③ John F Wilson. Carriage of Goods by Sea(Seventh Edition)[M]. Longman Press,2010:266.

三、台风案中海上风险事实认定审查标准的类型化

台风是否构成海上风险归根到底还是事实认定问题。通过本案审理,可总结出需要考虑的主要因素有:

(一)风力及持续时间

事发时船舶遭受的风力大小及其持续时间是判断海况恶劣程度的最重要指标之一。最为常见的证据是航海日志和海事声明,除非有充分的相反证据,航海日志的记录应当得到充分尊重。但需要注意的是,一方面,航海日志和海事声明实际上都是船员的陈述和记载;另一方面,船员陈述或记载的风力是其根据海况凭经验判断的,且感知的是相对风速,即船舶的航行风与自然风的合成方向与风速,很有可能与实际情况存在误差,不宜单独作为定案依据。因此,这两份证据中记载的风力情况可能会比实际略大。手机的普及使船员当场拍摄视频记录实际海况成为可能。如有相关视频资料,可以请有航海实务经验的专家通过观察海面和能见度情况判断实际风力,形成佐证。比如海面有白沫、影响能见度的,可以判断风力达到了 11 级或以上。

特别需要注意的是,船舶所处的台风风圈级别不能准确证明船舶遭受的风力情况。首先,根据云图特点推算的风圈半径的不确定性很大。其次,受地球自转的影响,台风通常都不是对称的同心圆结构,处于 7 级大风圈右半圆的船舶很可能已位于 10 级大风圈边缘甚至内侧。再次,气象部门发布的台风风圈半径以及对风力的预报级别,采用的是平均风速值标准,而现实中的风总是忽大忽小地变化,即阵风①。船位所处海域有实测资料的固然好,这是最强有力的直接证据,但是很多海域是没有实测数据的。为了评估船舶遇到的阵风风力等级,应首先利用海岛站资料确定船舶所处位置的阵风与平均风的阵风因子,然后通过卫星资料反演海面风场确定船舶所处位置的平均风速,在此基础上估算出船舶所处位置的阵风风速。这项工作是需要专业设备和专业人员才能完成的,可委托气象局或者台风研究中心等机构完成。但是通过风场反演只能推算出一天四个固定时间点的平均风速,不能精确到事故发生时。另外据了解,实际风力大于反演结果的可能性很大,可以说反演结果是偏保守的。通常来说,阵风的级数会比平均风速大 40% 左右,高出 1~2 级,即航海日志中记录的风力等级如大于反演的结果 1~2 级即为正常。因此可以用风场反演结果印证航海日志和海事声明的可信度。关于多大的风力属于灾害性的问题,对此不能一概而论,与船舶大小及其本身的抗风能力(船型、稳性、强度等)有关。对集装箱船而言,阵风 8 级在海上仍属比较常见的,而阵风 10 级以上时海况确属比较恶劣,可考虑适用海上风险免责的可能性。在考虑风力大小的危害性影响时,应当同时关注的附加因素是风力的持续时间。一方面是增强对海况恶劣程度的内心确信;另一方面,如果船舶不能抵御持续时间很短的强风,则可能要影响对其适航性的判断。

---

① "阵风",是指在给定的某一段时间内的风速的平均值,中国的测量标准是 3 秒内的平均风速,因此阵风仍不是最大风速。在中国气象局观测规范中,以正点前 2 分钟至正点内的平均风速作为该正点的风速。我国与美国、日本采用的标准不同,因此不同国家预报结果有所误差。"阵风因子"是指最大瞬时风速与平均风速的比值。

（二）浪高及船舶吨位

浪高与风力大小直接相关，是反映海况恶劣程度的另外一个重要指标。在考虑浪高因素的危害性影响时，船舶吨位是应当同时关注的附加因素。根据航海实务经验，6米以上波高的海浪对航行在海洋上的绝大多数船只已构成威胁，即使是在大洋航行的巨轮，波高7~8米的狂浪和波高超过9米的狂涛对其而言亦属灾害性海浪。[①] 船员在航海日志中记录的浪高数据，也是根据其经验判断而成，船舶驾驶舱与海面的垂直落差不同，可能会对视觉效果产生影响。有当事人提供过由国家海洋局东海预报中心出具的风力波高分析报告。报告采集事发海域最近的大型浮标的风浪实况数据，再结合附近国家和地区气象部门提供的海浪实况分析图，在考虑台风结构不对称性的基础上，对比船舶在特定时间点与台风中心的距离及两个浮标的位置关系，最后推算出船舶遭遇的风浪大小，不失为当事人举证或者法院取证的一个路径。

（三）其他参考指标

还有一些指标可以在判断海况恶劣程度时考虑，较为常见的有能见度、横摇角度以及本船及附近他船的受损程度等。但航海日志中的能见度同样是船员凭经验估算的。横摇角度受船舶自身船型设计，载货情况变化导致的重心高度、吃水变化，是否处于共振（谐摇）等影响较大，而且事发时实际的横摇角度是很难用证据加以固定的（钟表式的横倾仪上指示最大横倾角度的红色指针是可以复位的）。而船舶受损情况与船舶老旧程度、设施维护保养情况也有很大关系。这些指标可以帮助法官审查其他证据的证明力，强化其内心确信，但在证据链条中不宜赋予过高权重。

对于有些案例中考虑的地区和季节因素，比如特定海域特定季节恶劣海况高发的情况，虽然不是认定是否构成海上风险的直接因素，但因其会影响到对船舶开航前和开航时是否适航以及货物绑扎是否适合该预订航线可预见风险的认定，故在审理过程中也应加以考虑。

最后需要注意的是，海上风险免责抗辩常与船舶适航性、管货义务及管理和驾驶船舶过失等问题交织在一起。因此在认定海况是否构成海上风险之后，还要进一步审查因果关系，审查造成货损的决定性原因是海上风险，还是承运人可免责的过失或不可免责的过失。在多种原因共同作用的情况下，按照各原因力的比例判定责任承担。比如本案中，法院认定涉案货损是由于绑扎系固的缺陷以及船舶遭遇恶劣海况的共同原因造成的，并根据各自的原因力大小，酌定承运人上海捷喜承担20%的赔偿责任，而船东莫曼斯科可以免责。

---

① 国家海洋环境预报中心（国家海洋预报台）. 海浪灾害概述［EB/OL］.［2014-09-22］. http://www. nmefc. gov. cn/nr/cont. aspx？ itemid=4&id=1682.

船舶潜在缺陷的认定

——中国人民财产保险股份有限公司宁波市分公司诉富森航运有限公司海上货物运输合同纠纷案

周诚友　张　伟[①]

【提要】

《海商法》第五十一条第一款第(十一)项规定的承运人免责条件为"经谨慎处理仍未发现的船舶潜在缺陷",在语义概念上存在同义重复,从而造成司法实践中适用该条款时出现不同的理解。认定海事事故是否存在该项免责事由,应从船舶潜在缺陷的定义及谨慎处理的认定标准来进行分析,以此最终判定该项免责事由的适用与否。

【案情】

原告:中国人民财产保险股份有限公司宁波市分公司(以下简称人保宁波公司)。

被告:富森航运有限公司(Rich Forest Shipping Co.,Ltd.,以下简称富森公司)。

2013年11月29日及2014年1月4日,万林物流公司分别与新加坡亚洲木材私人有限公司和新加坡得利控股有限公司共签订三份所罗门群岛原(圆)木买卖合同,约定买方负责购买保险,装运口岸为所罗门群岛港。2013年10月10日,万林物流公司与TLENTERPRISE LIMITED(以下简称TL公司)签订航次租船合同后,太平洋船务有限公司以代理人身份分别代表"富森"号船长签发了三份三套清洁指示提单。万林物流公司分别为案涉三批货物向人保宁波公司进行投保。

2014年1月21日,"富森"号在航行途中,辅机冷却管爆裂漏水导致机舱进水,全体船员尝试各种方法堵漏未果后沉没,推定"富森"号和货物全损。2014年4月15日,万林物流公司通过中国农业银行离岸银行中心向"富森"号出租人TL公司支付了运费490 414.47美元。事故发生后,人保宁波公司依据保单约定,按货物推定全损进行理赔。2014年4月11日,人保宁波公司支付保险理赔款2 922 087.44美元,万林物流公司出具

[①]　周诚友、张伟,厦门海事法院法官。

两份收据及权益转让书。

原告认为,货损发生在被告船舶承运期间,被告对其损失应该承担赔偿责任,遂起诉被告,请求判令被告赔偿其已支付的海上货物运输货损保险理赔款 17 973 759 元及其自2014 年 4 月 11 日起至生效判决指定履行日止,按照中国人民银行同期贷款利率计算的利息损失,并承担本案诉讼费用。

被告认为,"富森"号在航次开航前和开航时处于适航、适员和适货状态,完全符合相关标准和要求。首先,开航前该船具备船级社签发有效期内的全部船级证书,开航时取得了出口国政府签发的清关文件,表明其开航前和开航时船体和船机在结构、性能和状态等方面良好,船上设备与属具齐全,能够抵御航次中通常出现的或能合理预见的风险,满足适航标准。其次,船员安排完全符合船籍国的最低安全配员要求,也均持有船员适任证书,故在船员配备的数量和质量上均达到了相关要求。最后,货舱和其他货物装卸设备均处于有效和良好状态,适于并能安全收受、载运和保管货物,且已妥善、谨慎地装载、积载和保管案涉货物,故该船也符合法律规定适货要求。而且,本案货物灭失系由船舶潜在缺陷造成,被告依法无须承担赔偿责任。在案发前日常维护、保养以及相关单位的多次检查中,均未发现案涉爆裂管路存在缺陷。案涉货物损失系因"富森"号沉没所造成,而船舶沉没为机舱辅机海水冷却管出海阀与船壳连接的管路存在缺陷,突然爆裂而引起的机舱进水所致,属于"经谨慎处理仍未发现的船舶潜在缺陷",根据相关法律规定,被告对于因此造成的货物灭失无须承担赔偿责任。

【裁判】

厦门海事法院审理后认为,本案已由法院委托专家组对船舶的辅机冷却管爆裂的原因进行鉴定,专家组出具的《专家意见书》认为辅机冷却管路破损构成潜在缺陷。原被告双方对此结论也予以确认,但对该潜在缺陷经谨慎处理能否发现的问题产生较大争议。《专家意见书》的结论性内容共四项,其中两项涉及争议最大的潜在缺陷及其经谨慎处理能否发现的问题。其结论首先确认"富森"号事发"冷却管漏水"构成了潜在缺陷,并认为"这种潜在缺陷虽经常规检查保养仍然难以发现"。但接着又认为该缺陷"从船舶例行检查保养以及轮机工程技术管理的角度,通过坞内检验工程的认真监修以及船舶日常营运中的细致检查,采用较为谨慎合理的方式,是可以觉察出管路的潜在缺陷"。显然,《专家意见书》关于本案所涉潜在缺陷的可以发现与否采用了"常规检验保养"和"坞内认真监修以及日常营运中的细致检查"两种标准。根据查明的事实:

"富森"号在本航次期间,船舶入级证书均在有效期内;《ISM 规则》的符合证明和安全管理证书也在有效期内;SMS 体系运行记录较为完整,体系运行有效;此外,"富森"号在 2011 年 12 月至 2012 年 1 月进入船厂全面坞修的基础上,又于 2012 年 6 月 18 日、2013 年 1 月 9 日、2013 年 5 月 23 日进行了三次 PSC 检查,均符合要求,并无滞留记录,表明"富森"号包括轮机管路在内的船舶整体上处于法律要求的技术标准和管理状态。又根据被告提交且经《专家意见书》认可的相关证据,该管路破损部位"较为隐蔽",并不在可直接观察的视线以内,平常值班人员如没有仔细检查则比较难以发现;而专业船舶修理厂也没能觉察到管路潜在缺陷。被告作为承运人,已经根据各项法律规定将其所属"富森"

号进坞全面检修、聘用适任船员、日常维护保养和定期接受相关海事部门各项检查,且均符合航行安全要求等义务,履行了法定职责。在此情况下仍然发生的冷却管路破损,应当属于我国《海商法》中"经谨慎处理仍未发现的船舶潜在缺陷"。综上,被告富森公司关于其对"富森"号本航次因"经谨慎处理仍未发现的船舶潜在缺陷"造成的货损不负赔偿责任的抗辩可以成立,应予采纳。厦门海事法院判决:驳回原告人保宁波公司的全部诉讼请求。

【评析】

本案双方当事人最主要的争议焦点是涉案船舶的辅机冷却管路破损是否构成"经谨慎处理仍未发现的船舶潜在缺陷"的免责事由。因此有必要先清楚了解潜在缺陷的含义、区别,以及谨慎处理的参考标准(即何为谨慎处理)。

一、潜在缺陷的定义

我国《海商法》并没有对潜在缺陷进行定义,而在英美法系中,潜在缺陷的定义都是通过具体的判例来确定的。比如,英国法官对此概念的定义是:一个合理谨慎的专业人员经过检查仍然不能通过一般的技术方法发现的缺陷。[①] 在 The Caribbean Sea 一案中的 Robert Goff 大法官阐述了潜在缺陷的含义,认为:潜在缺陷并非等同于通过任何已知的或习惯的测试而没有发现的缺陷,潜在缺陷适用于一海上货物运输合同中,已被认定为某种经由某个合理注意、技术娴熟的人员正常检查仍无法发现的缺陷,即一个合理且谨慎的专业人员经过检查,仍然不能发现的缺陷。[②]

从上面的定义可以看出,潜在缺陷包括两层含义:一是潜在,即仍处于事物内部还没有显露,正常情况下不能被发现;二是缺陷,即事物中不完美、有瑕疵的方面。潜在缺陷是通过正常的专业检查工作都无法发现的,与自然的腐蚀和正常的磨损存在本质区别。

二、潜在缺陷和正常磨损、腐蚀的区别

潜在缺陷和正常磨损常常一起发生和存在,海上事故的发生往往是二者共同作用的结果,因此能否区分二者是认定潜在缺陷的关键。正常磨损是一切机器设备都普遍存在的现象,是在使用过程中自然而然的物理变化,是必然发生的,有一个循序渐进的过程,人们正常可以合理预见某项设备的使用年限、使用时间或使用次数。潜在缺陷可能也存在逐渐发展的过程,但潜在缺陷产生问题是偶然的、不可预见的,不是正常使用寿命的结束。

在以往的类似案例中,大多情况下往往是正常磨损加速了潜在缺陷的问题暴露。在本案中,船舶辅机冷却管路在使用的过程中产生正常磨损、腐蚀,正常磨损、腐蚀到一定程

---

① Brown. v. Nitrate Producers' SS Co. , [1937] 58 Ll. L. Rep. 188. 转引自王婷婷:《海上保险中潜在缺陷法律问题研究》(硕士学位论文),大连海事大学,2012 年。

② [1980] Lloyd's Rep 338,348. 转引自王婷婷:《海上保险中潜在缺陷法律问题研究》(硕士学位论文),大连海事大学,2012 年。

度时激发了潜在缺陷,造成冷却管路非正常爆裂而提前结束使用寿命,从而引发海上事故。冷却管路的潜在缺陷是造成管路爆裂的主导因素,因此,符合《海商法》中关于潜在缺陷造成海上事故的构成要件。

三、谨慎处理的参考标准

《海商法》中规定承运人免责的事由为经谨慎处理仍未发现的船舶潜在缺陷造成货损。这表明不是所有的船舶潜在缺陷造成货损承运人都可以免责,只有经谨慎处理都无法发现的潜在缺陷才符合法定免责条件。我们从前文的船舶潜在缺陷的定义可以了解到,其实船舶潜在缺陷本身就已经包含了"谨慎、合理的处理仍无法发现"的意思。那么法定的免责事由在潜在缺陷之前又增加了"谨慎处理仍未发现"的定语是否表明在认定"谨慎处理仍未发现"时要采用最严格的参考标准来界定免责条件,即承运人必须采用超越正常合理检查标准之外,还要采取更为严格、细致、谨慎的检查方式和标准,如此仍未发现船舶潜在缺陷才可以免责。

承运人到底应该承担哪种标准对船舶进行维修和保养呢? 一种观点认为承运人要想免责就必须采用超越正常标准、更为谨慎的方式进行船舶维修和日常保养;另一种观点认为承运人只要采取法律、行政法规以及行业规则惯例(如《ISM 规则》)要求的方式进行维修、年检和日常保养就可以了,如果采用这些手段,专业的船舶维护人员在正常情况下仍不能发现的,承运人就可以免责。我们支持第二种观点,具体原因我们需要从海运货损赔偿责任规则变迁和我国《海商法》制定的过程中寻找答案。

海上货物运输业在全球贸易发展史中具有举足轻重的地位,海运业的繁荣直接促进了全球贸易的发展,而海运业从诞生起就具有高风险、高投入的特殊性。为了促进海运业的繁荣,出现了《统一提单的若干法律规则的国际公约》(以下简称《海牙规则》)。《海牙规则》确立了船东(承运人)在海运货损赔偿责任中不完全过错责任规则,构筑了提单当事人风险分担机制,承运人责任是最低限度的。该规则是海上货物运输方面十分重要的公约,在全球被广泛运用。由于该规则本身存在的和在实施过程中出现的各项问题,以及近年来国际经济、政治的变化和海运技术的发展,某些内容已经过时,多数国家特别是代表货方利益的国家和发展中国家强烈要求修改本规则。

目前,对《海牙规则》的修改存在两个方案:一个是代表英国及北欧各传统海运国家提出的《海牙-维斯比规则》;另一个是由联合国国际贸易法委员会所属国际航运立法工作组提出的代表发展中国家和货方利益的《汉堡规则》。《海牙-维斯比规则》基本继承了《海牙规则》确立的不完全过错责任归责原则,仍然规定多项承运人免责条款。《汉堡规则》完全推翻了《海牙-维斯比规则》确立的归责原则,删除了大量承运人的免责条款,采用完全过错责任和过错推定原则。但由于《汉堡规则》的规定过于超前,国际海运强国所代表的船方对此产生根深蒂固的反感,因此《汉堡规则》在国际上很少被运用。我国《海商法》是在参照《海牙-维斯比规则》的基础上,部分吸纳《汉堡规则》的一些符合海运发展趋势的内容而建立的。一般认为,我国《海商法》采用的是不完全过失责任,其中关于船舶潜在缺陷的免责条款则是采纳《海牙-维斯比规则》的免责条款制定而来,秉承了承运人有限责任和最低限度责任的思想。因此,在船舶潜在缺陷是否经谨慎处理的认定标准上不应该采用更为严格、更为谨慎的标准来进行审查,承运人只需要履行《ISM 规则》第十条规定或其他法定的正常船舶维修、保养、年检工作就应该认定为经谨慎处理。

　　船舶潜在缺陷,从其概念上看可知其已经包含了"经谨慎处理未发现"的内容,因此,将来《海商法》在修改时,应将第五十一条第一款第(十一)项免责条款中船舶潜在缺陷的定语"经谨慎处理仍未发现的"删除,避免同义重复,从而造成司法实践中的当事人或法院对该免责条款产生不同的理解,致使各地司法裁判尺度的不统一。

提单作为物权凭证的效力不能绝对化

——厦门鸿量进出口有限公司诉厦门中泓基国际货运代理有限公司等海上货物运输合同纠纷案

李　涛　朱小菁①

【提要】提单是海上货物运输和国际贸易中最主要的单证,是债权凭证。在某些情况下提单亦是物权凭证,但其物权凭证的效力是配合国际贸易支付而存在的,不能绝对化。案涉贸易合同虽具有涉外因素,但性质为内贸合同,标的物所有权自标的物交付时转移。此种情形下,即使原告持有提单,也不能作为物权凭证,原告诉称的货款损失与其未能持有提单并不具因果关系。

【案情】

原告(上诉人):厦门鸿量进出口有限公司(下称鸿量公司)。

被告(被上诉人):厦门中泓基国际货运代理有限公司(下称中泓基公司)。

被告(被上诉人):深圳永航国际船务代理有限公司厦门分公司(下称永航厦门公司)。

第三人:青岛景福瑞进出口有限公司(下称福瑞公司)。

2012年10月9日,第三人福瑞公司作为买方与原告鸿量公司作为卖方订立品名为蘑菇罐头的产品购销合同。货物结算方式上约定30%预付、70%见提单复印件10日内付清。

2012年12月23日,原告委托厦门滕德物流有限公司安排拖车将出口蘑菇罐头运至堆场交船舶代理人中国外运福建有限公司厦门分公司,并委托厦门凯迩斯报关有限公司向厦门海关申报。报关单记载:出口口岸厦门海沧港,发货单位鸿量公司,运输工具水路运输,"HAN JIN SOOHO/0004W",提单号 EGLV146200622808,结汇方式电汇,运抵国德国,指运港汉堡,成交方式 FOB,商品名称蘑菇罐头,数量17 500箱,最终目的国单价8.6

---

① 李涛,厦门海事法院审判委员会专职委员;朱小菁,厦门海事法院审判员。

美元,总价 150 500 美元。报关单的随附单据有发票、装箱清单、合同、中华人民共和国漳州出入境检验盖章的出口货物通关单。随附合同则记载合同双方为原告(卖方)与 OTT-OFRANCK IMPORT KG(买方),货物为蘑菇罐头 17 500 箱,单价与总价记载与发票一致,装船口岸厦门,目的港德国汉堡,付款条件 T/T,合同签订时间为 2012 年 11 月 12 日,签订地是厦门,买方签字处没有盖章,仅签有 Sunny 的字样。

上述货物的国际海运由中泓基公司安排,其先后通过厦门翰斯威国际货物代理有限公司、联合运通物流(厦门)有限公司、中国外运福建有限公司厦门分公司层层委托排载,最终由永航厦门公司作为实际承运人长荣海运英国有限公司的代理签发提单。提单签发后,由联合运通物流(厦门)有限公司领取,并最终由中泓基公司交付第三人。提单记载的发货人为 Sunny Link Limited,收货人凭指示,通知人为 OTTOFRANCK IMPORT KG,提单签发日期及地点为 2012 年 11 月 24 日、厦门,该提单背书完整,OTTOFRANCK IMPORT KG 凭正本提单提货,提单注销日期是 2012 年 12 月 18 日,即实际承运人于当日收回正本提单放货完毕。Sunny Link Limited 分别于 2012 年 10 月 18 日支付原告货款 5 000 美元、于 2012 年 10 月 30 日支付原告货款 15 000 美元、于 2012 年 12 月 24 日支付原告货款 98 200 美元。因德国买家对蘑菇罐头质量有异议,原告没有收到其所主张的剩余货款。

从被告中泓基公司提供的证据看,第三人向中泓基就该货物出口进行订舱,第三人并通过案外人向中泓基公司支付了 5 775 美元海运费及 4 582 元港杂费。中泓基公司及上述层层委托的物流公司均向下家支付了相应的海运费及港杂费等。

中泓基公司曾于 2012 年 11 月 26 日向原告发海运费及港前费用确认单,要求支付订舱费、单证费、操作费等港杂费共 4 972 元。厦门滕德物流有限公司代原告于 2012 年 11 月 28 日向中泓基公司支付了这一费用。针对一票货物中泓基公司为什么分别向原告、第三人收取货代费,中泓基公司陈述其向原告收取货代费是基于第三人的要求,此前第三人就货代费已向其预付了。中泓基公司解释其从原告处收到 4 972 元扣除发票税点后为 4 592.64 元,其已按第三人要求支付了第三人。庭审中,第三人称出口货代费按其与原告交易惯例应由原告承担,原告对上述情况予以认可。

中泓基公司及永航厦门公司均提交了提单更正保函,该份落款时间为 2012 年 11 月 28 日并加盖有原告公司及联合运通物流(厦门)有限公司印章的保函,要求将提单托运人由原告更改为 Sunny Link Limited,毛重、货物品名、唛头也均有更改。原告称从未提交过这一保函,保函上印章也非其公司印章。第三人称保函是原告公司的小吴寄来,由其再转交中泓基公司,但第三人对邮寄情况无法举证。

本案中 Sunny Link Limited 曾三次向原告付款,原告认为所收的款项均是出口蘑菇罐头的货款,而原告提交 QQ 记录中货款都是向第三人催要,第三人庭审亦陈述 Sunny Link Limited 受其指示向原告支付货款。上述情况共同说明负有向原告支付货款义务并实际支付货款的是第三人。

2012 年 11 月 26 日,中泓基公司小黄发邮件给原告的胡先生,要求对提单更改保函加盖报关发货人即原告的公章。2012 年 11 月 27 日,原告的 Andy 致中泓基小黄的邮件称:"此保函暂时无法盖给你!涉及改发货人我们必须在收到尾款后才能盖!"此后直到 2013 年 2 月 27 日,因未收到货物尾款,原告去中泓基公司交涉,双方就提单产生争执并先后报警,没有证据证明此前原告向中泓基公司要求过交付提单。

原告认为,其作为涉案货物的发货人向厦门海关报关并将货物交至船舶代理人,被告永航厦门公司应签发原告为托运人的海运提单,但其在没有收到原告出具提单更改保函的情况下,却按被告中泓基公司的指示更改提单的托运人,以致原告无法控制提单,造成货物尾款 32 392 美元未能收到,遂诉请法院判令两被告赔偿其未收货款损失,致成讼。

【审判】

厦门海事法院经审理认为:

一、原告与中泓基公司之间并未存在海上运输合同关系

通过本案事实查明,原告与中泓基公司之间没有签订书面运输合同,相关海运单证也无法反映原告与中泓基公司有事实上的合同关系,第三人已举证证明其向中泓基公司支付了海运费及代理费,提单签发后最终由中泓基公司交付第三人,第三人是本次运输的托运人。在没有租船订舱海运合同的情况下,原告不是运输合同订约托运人,根据我国《海商法》第四十二条第一款第(三)项的规定,货交承运人的人可以是实际托运人,原告至多可主张实际托运人的权利。

二、原告的损失

原告与国外买家之间没有通过要约承诺形成国际买卖合同关系,原告仅与第三人存在内贸合同关系,因此原告的货款损失应根据内贸合同的约定来计算。依据该合同,扣除原告已收到的三期货款,第三人尚有 11 300 美元未向原告支付。原告主张按报关单单价计算的 32 392 美元尾款损失缺少事实与法律依据。

三、两被告对更改提单托运人具有过错

如前所述,基于交运关系,原告能成为本案的实际托运人,在交付货物的时候,其也有权要求承运人或承运人的代理人将其列为提单的 SHIPPER。在中泓基公司要更改 SHIPPER 而通过邮件向原告要保函时,原告邮件回复货款没有收齐不同意出具提单更正保函。而第二天中泓基公司就从第三人处取得该保函并提交给船东代理人永航厦门公司,永航厦门公司基于保函承诺而更改了其签发提单的 SHIPPER。提单更改保函上虽有原告盖章,但原告坚称从未向第三人或中泓基公司出具过,加盖的印章也非其备案印章,第三人称其从原告处取得提单更正保函,但没有提供证据证明。中泓基公司没有与原告就保函进行核实,因此在审查与使用保函上,其有不慎的过错。同理,船代公司永航厦门公司也未尽审查的义务。虽然不审查基于合同关系转递过来保函的情况在海运实践中非常普遍,但两被告并不能以此来减轻其审查义务。据此,两被告对更改提单托运人都有过错。

四、原告的损失与提单签发并无因果关系

（一）原告买卖合同的结算是否必须通过控制提单完成

原告与第三人的购销合同约定货款预付 30%，70% 见提单复印件 10 日内付清，说明原告并不需要通过提单来控制货款的收取。第三笔货款 98 200 美元是在原告货交码头付运一个月后收到的，此时提单签发已一个月，原告不持有提单情况下，第三人仍支付原告货款，因此，货款支付上并不以原告持有并转让提单为对价。

（二）提单物权功能是否能够绝对化

提单是债权凭证，在某些情况下是物权凭证。提单是涉外运输和贸易最主要的单证，其物权凭证的效力是配合国际贸易支付而存在的。从货款的支付上看，本案是国内贸易，只不过因为货物要外销，部分条款含有涉外因素，但这也并未改变本案交易为国内贸易的性质。内贸合同中，原告将货交第一承运人时，所有权已经转移给第三人。因此，即使原告持有提单，也不代表物权凭证，至多只不过是获取一种担保。

（三）只有向原告交付提单才能保障原告的权利

承运人或其代理人向谁签发提单虽然重要，但持有提单远比签发提单更重要。本案中两被告未向原告签发提单，其更改 SHIPPER 有过错，但这不足以产生原告诉称的损失。原告只要及时索要并控制提单，就能够通过押单不放来控制目的港的提货。

（四）原告在合理时间内没有向承运人或相关代理人主张过交付提单

从商事活动的要求看，提单的作用是用来提货的，如果货物已抵目的港，托运人仍不主张承运人签发或交付提单，那么只能说明托运人没打算要提单，更谈不上通过提单来控制收款。本案提单签发于 2012 年 11 月 24 日，更改于 11 月 28 日，在目的港提货收回作废的时间是 2012 年 12 月 18 日，而直到 2013 年 2 月 27 日因收不到贸易合同的尾款，原告才向中泓基公司索要提单，这一事实充分说明原告没有想通过提单来控制货款的收取。

（五）本案原告收不到货款的原因

本案原告卖给第三人的货物，因在德国目的港收货人对质量有异议，第三人遂扣留拟支付原告的剩余尾款，这是原告收不到货款的直接原因，原告自己举证的 QQ 聊天记录也有记载。

综合上述分析，厦门海事法院认为原告的损失与提单的不当签发没有因果关系，两被告无须向原告承担货物尾款不能收回的赔偿责任，依法判决驳回原告鸿量公司的诉讼请求。该案宣判后，原告鸿量公司不服判决，向福建省高级人民法院提起上诉，但其未在该院规定的期限内预交二审案件受理费，该案按自动撤回上诉处理，厦门海事法院〔2013〕厦海法商初字第 178 号民事判决即发生法律效力。

【评析】

本案中引人关注的问题即提单的物权凭证功能问题。

　　提单作为海上货物运输实践中应运而生的运输单证,因其不可剥离的国际贸易背景,被赋予一定的物权凭证功能。在我国理论界,有关提单物权效力的学说经历了所有权凭证说、占有权凭证说、抵押权说等阶段,提单物权凭证的功能也从绝对化向相对化发展。联合国国际贸易法律委员会(UNCITRAL)于2009年9月签订于荷兰鹿特丹的《国际海上或部分海上货物运输合同法公约草案》(以下简称《鹿特丹规则》),则对提单的物权功能进行了隐性继承。其对凭单放货原则作出了突破性规定,即通过引入当事人意思自治的方式,在一定程度上承认"无单放货"的合法性,规定了凭记名提单提货时是否需要出示正本提单,完全取决于当事人的约定和承托双方的选择。这无疑是提单作为绝对物权凭证功能弱化的例证。①

　　提单物权凭证功能的弱化,其实为顺应国际贸易及运输快速发展的一种表现。首先,随着航运技术的飞跃,货物运输时间明显变短。但提单的流转程序往往导致出现船舶先于单证抵达目的地的情况,若强调提单作为提货凭证的唯一性,则可能出现"货等单"的情况,影响了运输的方便快捷;其次,现代国际贸易也从注重所有权的转移转为看重风险转移、买卖合同的履行和交易利益的实现,而不再竭力关注物权的转移与掌握。此外,电子商务化浪潮下电子提单的兴起,给国际贸易及运输带来巨大变革,对现行以提单纸质界面为中心所创制的提单法律制度提出了新的挑战。电子提单载体的无形性与运行模式的改变,是否还能保持提单的物权凭证效力,也成为现阶段人们质疑的焦点。加之所有权转让与提单转让并不总是一致以及货物控制权否认了提单绝对物权效力等问题的出现,提单物权凭证功能的逐渐淡化成为一种趋势。

　　本案案情较为特殊,原告与第三人之间的买卖合同并非国际贸易合同,实为内贸合同,但因为收货人位于德国,因此仍然涉及海上货物运输环节。原告未能持有提单且被告擅自更改提单记载的托运人,是否必然导致原告诉称的货款损失呢? 如果仅坚持提单作为物权凭证的效力一说,似乎能推导出原告作为实际托运人,未持有提单且未被记载为提单中的托运人,丧失了货物控制权,从而导致其未能收到货款而货物在目的港却已被提走的事实。但本案中,从原告与第三人在贸易合同中的记载来看,合同约定货款预付30%,70%见提单复印件10日内付清,可见原告并不需要通过提单来控制货款的收取。

　　事实上,原告收取的第三笔货款是在货交码头付运即提单签发一个月后收到的,原告在不持有提单的情况下,第三人仍支付原告货款,因此,货款支付并不以原告持有并转让提单为对价。且原告在货物抵达目的港后,未向承运人索要过提单,说明原告并未打算索要提单,自然也不需要通过提单来控制收款。此外,内贸合同中货物所有权的转移以交付为条件,原告将货交承运人之时即转移了所有权,并非谁持有提单谁就对货物享有所有权。综上,法院认为原告未持有提单,并非导致其收不到货款的原因,遂驳回原告的诉讼请求。本案中,法院正是从当事人意思自治的角度出发,通过分析贸易合同的约定及原告自身行为所表现的意思表示,认定案涉提单并非物权凭证,这一思路与上述《鹿特丹规则》中关于凭单放货突破性规定所体现的精神不谋而合。

　　在审理海上货物运输合同纠纷时,提单是否为物权凭证应结合案情区别分析,不能一

---

　　①　具体规定详见《鹿特丹规则》第45条。

概论之。尤其在无单放货案件中,提单的物权效力通常关系到承运人是否承担责任。商事主体之间的活动遵循意思自治原则,仅在当事人未约定情况下(当然约定不得违法或侵犯第三人及社会利益)才寻求法律或惯例的规制,提单是否作为物权凭证,代表的是所有权或占有权或担保物权抑或仅为运输单证,均应回到贸易合同及运输合同的原始约定中去探寻。

承运人责任期间届满发生货物损坏的赔偿责任认定

——上海常瀛实业有限公司诉太平船务(私人) 有限公司海上货物运输合同纠纷案

徐　玮[①]

【提要】

海上货物运输合同中,如承运人提供冷藏箱用于装载货物,则承运人负有义务确保冷藏箱处于符合运输合同目的的使用状态。如果因冷藏箱自身故障导致货物受损,即便货损发生时承运人海上货物运输的责任期间已届满,承运人仍应对货损承担赔偿责任。

【案情】

原告:上海常瀛实业有限公司(以下简称常瀛公司)。

被告:太平船务(私人)有限公司(以下简称太平船务)。

2014 年 4 月,原告自菲律宾进口一批新鲜香蕉。被告承运该批货物,并提供一只 40 英尺[②]冷藏集装箱。

4 月 2 日,冷藏箱空箱提取用以装载货物,温度设定为 13.5℃。此后至还箱,温度设定未有更改。4 月 13 日,集装箱满载货物进入装货港堆场。自货物装箱至装货港堆场交付,冷藏箱箱内温度数据保持正常。

4 月 14 日,货物装船,被告签发装船提单,载明托运人为 LIBERTY BANANA GROW-ERS MULTIPURPOSE COOPERATIVE,收货人为原告,船名航次 KOTA KAMIL KMI089,货物为香蕉,温度设定为 13.5℃,交接方式为堆场到堆场(CY/CY),收货地为菲律宾帕纳博堆场,交货地为中国上海堆场。海上运输期间,冷藏箱箱内温度数据基本正常,但 4 月 18 日 5 时,冷藏箱温度记录出现代码"H006",提示检查温度传感器,彼时记录器送风温度(以下简称 DSS)为 16.3℃、记录器回风温度(以下简称 DRS)为 15.3℃、即时送风温度

---

① 徐玮,上海海事法院洋山法庭审判员。

② 1 英尺 = 0.3048 米。

（以下简称SPOTSS）为13.5℃、即时回风温度（以下简称SPOTRS）为15.1℃。当日5时9分，该代码自行消除。其后至货物于卸货港堆场交付，冷藏箱箱内温度亦保持在正常范围内，无明显异常。

4月21日，货物抵达上海港卸船。4月22日，货物在上海港堆场交付原告。交付后，货物仍装载于被告提供的冷藏集装箱内，经入境检验检疫后运往原告仓库。4月25日12时起，SPOTSS数据出现异常，显示"＊＊＊"，表明SPOTSS传感器探测到的箱内温度非常高。此后SPOTRS、DSS、DRS等温度数据均持续走低，并自4月28日1时起保持在0℃左右。4月29日，货物运抵原告仓库，开箱即发现香蕉结冰。4月30日，被告委托保险公估公司对货物进行查勘，发现香蕉表面有霜冻和冰珠，香蕉内部温度在0℃以下，存有严重冻伤现象。冻损香蕉最终被作为垃圾处置。5月6日，冷藏箱空箱返还堆场。

另查明，提箱前，被告于2014年3月30日对冷藏箱进行了航行前检查（以下简称PTI检查），结果为"通过"。返箱后，被告于5月6日对冷藏箱进行了PTI检查，结果为"不通过"。5月8日，珉钧集装箱服务（上海）有限公司（以下简称珉钧公司）对冷藏箱进行了修理并出具机组修理证明书，载明故障为SPOTSS显示83.5℃，修理方法为更换送风温度传感器一支。

就货损原因，原、被告双方确认系冻伤。根据被告提供的集装箱温度记录及珉钧公司员工证言，可以认定自4月25日12时起，送风温度传感器失灵，无法探测箱内实际温度，误以为箱内温度很高，故持续发出制冷指令，以致冷藏箱箱内温度不断下降至0℃左右，造成货物冻伤。

就货物价值，原、被告双方同意以报关单记载的货物CIF价格为准，即10 465.50美元。

原告常瀛公司诉称，2014年4月，太平船务受原告委托将一批香蕉由菲律宾帕纳博港运往中国上海港，并签发了装船清洁提单。4月29日，货物送至原告仓库，开箱后发现香蕉已遭冰冻损坏。请求法院判令被告赔偿货物损失10 465.50美元。

被告太平船务辩称，货损并非发生在承运人责任期间，且被告对涉案集装箱及货物已尽到谨慎处理和妥善管货义务，对于货损的发生没有过失，不应承担赔偿责任。

【裁判】

上海海事法院经审理认为，本案系海上货物运输合同纠纷，因被告为境外法人，且货物运输装货港在菲律宾，本案具有涉外因素。庭审中，原、被告均选择适用中国法律处理本案纠纷。依据中国法律规定，原、被告之间成立海上货物运输合同关系，原告为收货人，被告为承运人。涉案运输为冷藏箱运输，运输货物为新鲜水果。运输过程中，货物品质完好有赖于冷藏箱的正常运作。运输合同项下，被告既是承运人，同时也是冷藏箱的提供方，其提供冷藏箱的行为，是招揽业务、赚取运费的对价，因此确保冷藏箱处于符合运输合同目的的使用状态是其履行运输合同义务的一部分。现冷藏箱因自身部件故障造成无法正常运作，并最终导致货物冻伤，被告应对此承担违约责任。故判决被告赔偿原告货物损失及利息。

一审宣判后，双方均未上诉。本案判决现已生效。

【评析】

本案系海上货物运输合同纠纷,涉及因冷藏箱自身故障致货物于责任期间届满后受损,承运人是否承担赔偿责任的问题。本案判决明确:在海上货物运输合同关系中,如承运人提供冷藏箱用于装载货物的,承运人负有确保冷藏箱在约定使用期间内处于正常使用状态的义务。因冷藏箱自身故障致货物于责任期间届满后受损的,承运人因未按约定确保冷藏箱处于正常运行状态,应对货损承担赔偿责任。

一、承运人负有合同义务确保所供冷藏箱正常运转

现代货物运输过程中,承运人提供冷藏箱是其招揽业务、提升竞争力的手段之一。冷藏箱是一种特殊功能集装箱,一般用于新鲜、易腐蚀货物的储存运输。一方面,相对于传统的船舶冷藏舱,借助冷藏箱可以确保货物在整个门到门运输过程中始终储存于冷藏环境中,避免因装卸货而过多地接触外界环境,加速腐蚀。但另一方面,冷藏箱系电子产品,相较于普通集装箱,势必更容易发生故障,且内部制冷故障一旦发生,不同于普通集装箱锈蚀、破损等问题,不易为肉眼所发现,因此也易引发货损纠纷。

本案中,承运人虽向托运人提供冷藏箱,但仅通过向托运人签发提单的方式证明双方成立海上货物运输合同,而不单独订立书面用箱协议。实践操作亦多如是。对此,法院认为,承运人提供冷藏箱的行为,是其招揽业务、赚取运费的对价,应视为海上货物运输合同履行的一部分。因此,确保冷藏箱处于符合运输合同目的的使用状态是承运人履行合同义务的应有之义。如冷藏箱因自身部件故障造成无法正常运作,并最终导致货物冻伤,承运人作为供箱人,应对此承担违约责任。

此外,本案货损发生于承运人责任期间届满之后,承运人也以已履行管货义务为抗辩主张不承担赔偿责任。对此需要特别说明的是,本案认定承运人承担责任的基础并非其未履行运输合同项下作为承运人的管货义务,而是其作为冷藏箱提供方,未履行合同项下确保冷藏箱正常运转的合同义务。

二、从举证责任角度解读《海商法》第四十六条

《海商法》第四十六条规定:"在承运人的责任期间,货物发生灭失或者损坏,除本节另有规定外,承运人应当负赔偿责任。"从文义可知,《海商法》并非规定承运人仅对责任期间内发生的货物损坏承担赔偿责任,而对于责任期间外的货物损坏一概不承担赔偿责任。

从举证责任角度来看,《海商法》第四十六条规定体现了对于海上货物运输合同项下货损赔偿纠纷双方当事人举证责任的分配。在通常情况下,受损货方与承运人的举证责任按顺序可表示为:

第一步,货方证明货物损坏发生在承运人责任期间;

第二步,承运人证明造成货物损坏的原因,如承运人不能证明,则对承运人不利,承运

人需对货物损坏负责;

第三步,承运人证明船舶适航;

第四步,承运人证明免责,①即属于《海商法》第五十一条、第五十二条和第五十三条规定承运人可以免责的情形。

本案中,货方在第一步阶段无法证明货物损坏发生在承运人责任期间内,相反,根据法院查明的事实可知货物损坏发生在承运人责任期间届满后。此时,《海商法》第四十六条不应理解为承运人直接可以不承担赔偿责任,而是应当理解为第二步的举证责任分配产生了变化,即对于货物损失发生于承运人责任期间外的,承运人无须证明货物损坏原因,也无须承担举证不能的不利后果,而应遵循"谁主张,谁举证"的原则,由货方证明货物损坏系承运人应当负责的原因造成。如货方无法证明货物损坏系承运人应当负责的原因造成,则承运人无须进行第三步和第四步的举证即可免除赔偿责任。但是货方若证明货物损坏系承运人原因造成,则承运人需进入第三步和第四步阶段,证明可以免责。

据此,《海商法》第四十六条关于承运人责任期间的规定应理解为:货物灭失或损坏发生在承运人责任期间内的,除承运人证明属于法律规定免责情形外,承运人应当负赔偿责任。货物灭失或损坏发生在承运人责任期间届满后的,若货方不能证明货物灭失或损坏系承运人的原因造成,则承运人不负赔偿责任;若货方证明货物灭失或损坏系承运人的原因造成,则除法律规定免责情形外,承运人应当负赔偿责任。

本案中,承运人提供的冷藏箱在运输期间因自身部件故障未能正常运转,且在承运人责任期间内,该冷藏箱已出现过代码,提示检查温度传感器,承运人未采取措施排除故障,也没有在交付货物时将此情况告知收货人,致使货物最终因温度传感器故障冻损。货损结果虽发生于承运人责任期间届满后,但货损系基于承运人应负责的原因而发生,故承运人应当对货物损坏负赔偿责任。

三、承运人提供冷藏箱时适货义务的履行标准

承运人提供的冷藏箱发生故障造成货物损失的,应考虑承运人在检验冷藏箱时是否足够谨慎。

首先,承运人对于冷藏箱的适货义务应始于提供冷藏箱之前或之时。根据《海商法》第四十七条规定,承运人履行适航适货义务的时间点,在"船舶开航前和开航当时"。然而实践操作中,一般由货方先提取空箱,装入货物后,无论货物是否已交付承运人,冷藏箱都已开始制冷工作,故冷藏箱开始使用的时间实际早于"船舶开航前和开航当时"。此时若简单要求承运人于船舶开航前和开航当时履行适货义务,则既与实践操作不完全相符,也不利于保护船、货双方利益,故应相应提前至承运人提供冷藏箱之前或之时。

第二,对于《海商法》第四十七条"谨慎处理"的解释,也需要结合冷藏箱运输的特点。所谓谨慎处理,至少应考虑以下几个方面:(1)承运人提供冷藏箱之前或之时,冷藏设备是否检验合格,并且是否于货物运输结束之前仍处于设备检验的有效期之内;(2)承运人

---

① 参见杨良宜:《提单及其付运单证》,中国政法大学出版社,2001年6月第1版,第410-411页。

提供冷藏箱之前或之时,是否检查过冷藏设备;(3)如在检查过程中发现问题,承运人是否已采取适当措施排除故障。本案中,承运人仅证明承运人在提供冷藏箱之前对箱子进行了PTI检查,未能证明制冷部件自投入使用至运输结束均处于检验有效期和使用寿命内,也未在冷藏箱温度记录出现代码提示检查温度传感器时检查传感器排除故障,故应对此承担相应的责任。

雇佣救助合同的性质认定及法律适用

——交通运输部南海救助局诉阿昌格罗斯投资公司等海难救助合同纠纷案

陈振榘①

【提要】

本案救助方与被救助方约定由救助方提供救助服务,无论救助是否有效果,被救助方均支付确定金额的报酬。这类救助合同不同于"无效果无报酬"原则下的纯救助和合同救助,通常被称为雇佣救助或者固定费用救助。雇佣救助合同,不属于《1989年国际救助公约》(以下简称《救助公约》)和《海商法》规定的"无效果无报酬"的救助合同。我国系《救助公约》的加入国,涉案当事人均选择适用中华人民共和国法律作为处理本案实体争议的准据法。关于雇佣救助合同下的报酬支付条件和标准,《救助公约》和《海商法》并未作具体规定,应依据《合同法》的相关规定对当事人的权利义务予以规范和确定。

【案情】

原告:交通运输部南海救助局(以下简称南海救助局)。

被告:阿昌格罗斯投资公司(Archangelos Investments E. N. E,以下简称投资公司)。

被告:香港安达欧森有限公司上海代表处(以下简称上海代表处)。

事故经过:投资公司所属的"加百列"(Archangelos Gabriel)号自香港驶往广西钦州港途中,于2011年8月12日在琼州海峡北水道6#灯浮附近搁浅,左侧上有3°倾斜,船首尖舱在水位线下出现裂痕且已有海水进入,船上船员26人并载有卡宾达原油54 580吨,船舶和船载货物处于危险状态,可能发生海洋污染事故,严重威胁海域环境安全,情况紧急。事故发生后,投资公司委托南海救助局派出"南海救116"号、"南海救101"号和"南海救201"号以及一组潜水队员前往事故现场提供救助、交通引际、守护等服务。由于"加百列"号未能采取有效的措施脱险,为预防危险局面恶化造成海上污染,事故所在地的湛江海事局决定对"加百列"号采取强制过驳减载脱浅措施。经湛江海事局组织安排,8月17

---

① 陈振榘,广州海事法院海商庭审判员。

日,中海发展股份有限公司油船公司所属"丹池"号对"加百列"号上的原油进行了驳卸,驳卸重量为 8 000 余吨。8 月 18 日,"加百列"号利用高潮乘潮成功脱浅,之后安全到达目的港广西钦州港,驳卸的原油由"丹池"号运抵目的港。

涉案合同:搁浅事故发生后,投资公司委托其船代上海代表处向南海救助局发出邮件,请该局安排拖船协助救助,并表示同意该局的报价。同时,对救助拖船和潜水员做出了如下的安排:关于"南海救 116"号、"南海救 101"号,上海代表处在向救助人提交的委托书中称,无论能否成功协助脱浅,均同意按 3.2 元/马力小时的费率付费,计费周期为拖船自其各自的值班待命点备车开始起算至按照船东通知任务结束拖船回到原值班待命点为止。两条救助船只负责拖带作业。在事故船舶脱浅作业过程中如发生任何意外,南海救助局均无须负责。关于"南海救 201"号,双方约定的费用为 1.5 元/马力小时,根据租用时间计算总费用。计费周期自该船备车离开其值班锚地时起,至任务结束回到原值班锚地完车时止。另外,投资公司还委托南海救助局派遣一组潜水员对事故船舶进行探摸,其费用为:(1)陆地调遣费 10 000 元;(2)水上交通费 55 000 元;(3)作业费每八小时 40 000 元,计费周期为潜水员登上交通船开始起算,到作业完毕离开交通船上岸为止。

南海救助局参与的救助经过:"南海救 116"号到达事故现场后,由于海事局已经决定采取过驳减载的脱浅方案,救助船并没有按委托书的约定实施拖带救助,只是根据船东的指示一直在现场守护、待命。"南海救 101"号因救助方案改变,在驶往事故现场的途中即返回值班锚地,该船并没有到达事故现场。投资公司租用"南海救 201"号将其两名代表送至事故船上,之后又租用该船作为交通船运送相关人员及设备。潜水队员未实际下水工作。

南海救助局起诉称:投资公司是"加百列"号的所有人,上海代表处是该公司的船舶代理人。依照双方约定,共产生救助费用 7 240 998.24 元。请求法院判令两被告连带向原告支付拖欠的救助费用 7 240 998.24 元及迟延付款的利息。

投资公司答辩称:(1)南海救助局未向投资公司详尽披露拖船费用必要信息,导致投资公司对原告提出的拖船费用存在重大误解,且南海救助局不顾实际情况,派出远远高于作业所需的大马力拖船,提出的费率远远高于同类拖船提供拖带脱浅服务的通常费率,属于乘人之危,因此其主张的费率合同依法应予变更或撤销。(2)《救助公约》第六条和《海商法》第一百七十五条赋予了船长和船舶所有人两个法定代表权,涉案救助合同是由投资公司代表货方一并与南海救助局订立,投资公司和货方均为合同当事人,且《海商法》第一百八十三条并未明确规定其所规范的报酬只适用于"无效果无报酬"救助合同而不适用于雇佣救助合同,投资公司依上述法律规定应按船舶获救价值占全部获救价值的比例承担救助报酬。(3)南海救助局索赔的有关费用属于共同海损,依法应由船货双方进行分摊,本案的处理结果与"加百列"号船载货物的收货人中国联合石油有限公司(以下简称联合石油公司)有法律上的利害关系,申请追加该公司作为第三人参加本案诉讼。(4)原告主张的拖船费率 3.2 元/马力小时是拖带作业费率,因湛江海事局指示将救助方案从拖带脱浅变更为过驳减载脱浅,根据情势变更原则,该费率应予以变更或调整。

诉讼中,各方当事人均选择适用中华人民共和国法律作为处理本案实体争议的准据法。南海救助局确认无须上海代表处承担责任。

【审判】

【一审】

广州海事法院经审理认为:本案是一宗海难救助合同纠纷。

因投资公司为希腊公司,"加百列"号为希腊籍油船,本案具有涉外因素。由于各方当事人在庭审中均选择适用中华人民共和国法律,根据《涉外民事关系法律适用法》第三条的规定,应适用中华人民共和国法律作为处理本案实体争议的准据法。

(一)救助合同的成立及效力

搁浅事故发生后,投资公司的代理人上海代表处向南海救助局发出邮件,要求南海救助局安排两艘拖船进行救助并称同意南海救助局的报价。此外,上海代表处通过邮件向南海救助局提交委托书,约定了救助所使用的船舶、人力(潜水员)及报酬计付标准等。从往来邮件来看,投资公司与上海代表处对"加百列"号当时的危险状况是清楚的,上海代表处与南海救助局对相关费率等问题经过了充分的讨论,本案不存在重大误解及乘人之危情形。依照《海商法》第一百七十五条第一款关于"救助方与被救助方就海难救助达成协议,救助合同成立"之规定,南海救助局与投资公司之间救助合同成立,该合同并未违反现行法律、法规的强制性规定,合法有效,当事人双方应依约履行。

(二)是否应当追加联合石油公司作为第三人参加诉讼

投资公司申请联合石油公司参加诉讼的理由是本案系船货遭遇共同危险,依据《海商法》第一百八十三条的规定,救助报酬的金额应由获救的船舶和其他财产的各所有人按照船舶和其他财产各自的获救价值占全部获救价值的比例承担。一审法院认为,南海救助局系以救助合同为依据诉请投资公司依约定的费率支付救助费用,本案所涉法律关系与投资公司主张的共同海损费用分摊属不同的法律关系,投资公司追加货主作为第三人参加诉讼的主张不能成立。

(三)涉案救助是否符合海难救助的构成要件

"加百列"号是《海商法》第三条所称的船舶,是该法所承认的救助标的;该船搁浅后,船舶及船载货物处于危险状态,可能发生海洋污染事故,严重威胁海域环境安全,情况紧急,投资公司与上海代表处知悉"加百列"号处于海上危险的事实;南海救助局派出了三艘救助船及一组潜水队员前往事故现场提供交通引导、守护等,上述作业是成功救助"加百列"号的重要组成部分。因此,南海救助局实施的上述行为属于救助行为。在救助过程中,南海救助局与投资公司的作为或不作为完全出于自愿,不存在《海商法》第一百八十六条规定的无权获得救助款项的情形。从整个救助过程来看,"加百列"号成功脱浅,船上全部船员及货物最终安全抵达钦州港,成功获救。据此,南海救助局实施的救助符合海难救助的构成要件,其有权依据《海商法》第一百七十九条的规定获得相应救助报酬。

(四)救助报酬的确定

1."南海救201"号的救助费用

该船三次作业时间共24.41小时;其1.5元/马力小时的费率系南海救助局、投资公司充分协商而达成,应予确认;因该船总功率为 6 093 马力,依此计算,投资公司就该轮应支付的费用为 223 095.20 元。

2. 潜水队员的费用

依投资公司发给南海救助局的委托书,潜水队员作业费的计费周期为潜水员登上交通船开始起算,到作业完毕离开交通船上岸为止。依据该约定,即便潜水员未下水作业,只要其登上交通船,投资公司即应向南海救助局支付潜水队员作业费用 40 000 元,加上约定应付的陆地调遣费 10 000 元、水上交通费 55 000 元,三项费用共计 105 000 元。

3. "南海救 116"号及"南海救 101"号的救助费用

投资公司对"南海救 116"号和"南海救 101"号的总功率及工作时间未提出异议,但认为因两船未实施实际拖带作业,故原约定的费率应予以调低。《海商法》第一百八十条规定,确定报酬时应综合考虑救助方所用的时间、支出的费用和遭受的损失,救助方或者救助设备所冒的责任风险和其他风险等。在实际救助工作中,救助方守护作业的成本消耗、技术要求及责任风险等与拖带作业相比均有一定的差距。《海商法》第一百七十六条第二项规定,按照合同支付的救助款项明显过高或者过低于实际提供的救助服务的,诉讼或仲裁过程中法院或仲裁机构可以判决或者裁决变更救助合同。由于"南海救 116"号和"南海救 101"号均未按原约定实施拖带作业,南海救助局主张两船的救助费率仍按约定的 3.2 元/马力小时计算,投资公司认为过高,提出异议,应予以调整。一方面,在往来邮件中,投资公司一直要求南海救助局调低该费率,南海救助局邮件回复称:其他因救助"加百列"号所产生的费用,稍后再做讨论。可见当时南海救助局就该救助费率仍留有可调整的余地。另一方面,投资公司将救助方案变更为过驳减载脱浅并将这一变更告知南海救助局后,仍于 15 日的邮件中询问南海救助局可否将该船的救助费率调整为 2.9 元/马力小时。可见投资公司在变更救助方案后仍愿意以 2.9 元/马力小时的费率付费,该费率的确定符合《海商法》鼓励救助的原则。据此,将"南海救 116"号和"南海救 101"号的救助费率调整至 2.9 元/马力小时。"南海救 116"号、"南海救 101"号的救助费用相应确定为 5 522 467.68 元和 742 350.70 元。上述"南海救 116"号、"南海救 101"号、"南海救 201"号及潜水队员的救助费用合计 6 592 913.58 元。

广州海事法院经审判委员会讨论决定,根据《海商法》第一百七十五条第一款、第一百七十六条第二项、第一百七十九条、第一百八十条的规定判决:投资公司向南海救助局支付救助报酬 6 592 913.58 元及相应的利息;驳回南海救助局的其他诉讼请求。

宣判后,投资公司不服,提出上诉,请求撤销一审判决,依调整后的费率,按 38.85% 的比例改判投资公司承担相应的责任。

【二审】

二审中,除投资公司是否应当按船舶获救价值占全部获救价值的比例承担救助报酬外,各方当事人对一审法院查明的其他事实无异议。

广东省高级人民法院另查明:涉案船舶的获救价值为 30 531 856 美元,货物的获救价值为 48 053 870 美元,船舶的获救价值占全部获救价值的比例为 38.85%。

广东省高级人民法院认为:本案救助系合同救助,救助方按照被救助方的指挥进行救助,不论救助是否有效果,被救助方都应该按照《海商法》第一百七十九条的规定,根据救助方使用的人力和设备,按约定支付报酬。一审判决以"加百列"号成功脱浅、救助效果良好作为本案救助报酬的取得依据之一,属适用法律不当。

(一)关于南海救助局请求的救助报酬是否合理

涉案委托书记载投资公司委托南海救助局派遣拖船到现场协助"加百列"号出浅,同时记载"南海救116"号和"南海救101"号只负责拖带作业。拖带出浅和过驳脱浅是两种不同的、独立的救助方式,过驳脱浅救助并不必然需要拖船的守护。拖船抵达现场之后,投资公司救助方案发生变化,导致拖船及潜水人员都未实际从事合同约定的救助作业,投资公司以南海救助局未实际实施合同约定的救助事项为由请求变更救助合同,于法有据。鉴于一审已根据投资公司的诉请,综合考虑《海商法》第一百八十条规定的因素对涉案救助报酬进行了调整,二审法院不再另行调整。各方当事人对依据一审判决认定的救助报酬基数6 592 913.58元无异议,予以确认。

(二)关于投资公司是否可以仅按船舶获救价值占全部获救价值的比例承担涉案救助报酬

《海商法》第一百七十五条规定:"遇险船舶的船长有权代表船舶所有人订立救助合同。遇险船舶的船长或者船舶所有人有权代表船上财产所有人订立救助合同。"《海商法》第一百八十三条规定:"救助报酬的金额,应当由获救的船舶和其他财产的各所有人,按照船舶和其他各项财产各自的获救价值占全部获救价值的比例承担。"在上述规定的适用上,《海商法》并未对不同类型的救助作出区分,故本案合同救助亦应适用。船舶在海上遇险,要求船舶所有人或船长亲自签订救助合同,不利于及时展开救助,也不符合海运实践。《海商法》第一百七十五条规定的两个法定代表权,与代理制度并不相悖,故南海救助局关于本案救助合同并非由"加百列"号船长或船东签订、上海代表处从未向南海救助局披露其代表货主、本案不适用《海商法》第一百七十五条的理由均不能成立。

根据《海商法》第一百七十二条、第一百七十九条的规定,救助报酬是救助款项的一种形式,在合同救助中,救助方与被救助方可以对包括救助报酬形式在内的救助款项作出约定,南海救助局关于救助报酬仅适用于"无效果无报酬"救助合同的主张缺乏依据。双方约定的是被救助方对救助方的履约行为给予的经济回报,该约定费用应属于救助报酬,依法应适用《海商法》第一百八十三条的规定。故投资公司可仅按照船舶获救价值占全部获救价值的比例38.85%向南海救助局承担救助报酬,投资公司应负担的救助报酬为2 561 346.93元。

广东省高级人民法院根据《海商法》第一百七十五条、第一百八十三条,《合同法》第一百零七条,《民事诉讼法》第六十四条、第一百七十条第一款第二项的规定判决:撤销一审判决;投资公司向南海救助局支付救助报酬2 561 346.93元及相应的利息;驳回南海救助局的其他诉讼请求。

南海救助局不服二审判决,申请再审,请求撤销二审判决,判令投资公司向其支付救助合同项下的费用6 592 913.58元和相应的利息。理由为:1. 根据投资公司的委托书,双方已提前就费率计算等作出了约定,而南海救助局亦依约提供了救助、守护等服务,双方合同已依法成立并履行。二审法院仅判令投资公司支付 38.85% 的救助费用,违反了合同的相对性,也与合同义务应全面履行之基本原则不符。2. 南海救助局申请再审时提交的《海损担保函》可以证明,货物的保险人已于 2011 年 8 月 18 日就承担货物所有人应分担的救助费用作出保证,但二审判决未查明这一事实,仅判令投资公司支付部分合同费用,使得船方和货方最终应承担的救助费用减少,也不利于实现《救助公约》鼓励海上救助作业的宗旨。3. 南海救助局参与了"加百列"号的救助,应依据约定获得合同项下全部救助报酬,二审判决与鼓励海上救助之社会公共利益不符。4. 本案属雇佣救助合同,即使认为本案合同下的费用构成海难救助报酬,投资公司也有义务按照《海商法》第一百八十八条的规定,要求货方向南海救助局提供担保,而非要求货物的保险人向投资公司提交担保。

【终审】

最高人民法院经审理认为:中华人民共和国加入了《救助公约》,《救助公约》所确立的宗旨,即鼓励对处于危险中的船舶和其他财产,以及对环境安全构成威胁的事件进行及时有效的救助,同时确保对实施救助作业的人员给予足够的鼓励,在本案中应予遵循。涉案事故发生后,投资公司及时寻求救助,南海救助局按照约定积极参与救助,对避免海洋污染事故的发生均发挥了作用,值得倡导。

因投资公司是希腊公司,"加百列"号为希腊籍油船,本案具有涉外因素。各方当事人在诉讼中一致选择适用中华人民共和国法律,根据《涉外民事关系法律适用法》第三条的规定,本院适用中华人民共和国法律对本案进行审理。《海商法》作为调整海上运输关系、船舶关系的特别法,应优先适用。《海商法》没有规定的,适用《合同法》等相关法律的规定。

根据本案查明的事实,投资公司与南海救助局经过充分磋商,明确约定无论救助是否成功,投资公司均应支付报酬,且"加百列"号脱浅作业过程中如发生任何意外,南海救助局无须负责。依据该约定,南海救助局救助报酬的获得与否和救助是否有实际效果并无直接联系,而救助报酬的计算,是以救助船舶每马力小时,以及人工投入等事先约定的固定费率和费用作为依据,与获救财产的价值并无关联。因此,本案所涉救助合同不属于《救助公约》和《海商法》所规定的"无效果无报酬"救助合同,而属雇佣救助合同。

关于雇佣救助合同下的报酬支付条件及标准,《救助公约》和《海商法》并未作具体规定。一、二审法院依据《海商法》第一百八十条规定的相关因素对当事人在雇佣救助合同中约定的固定费率予以调整,属适用法律错误。本案应依据《合同法》的相关规定,对当事人的权利义务予以规范和确定。

对于南海救助局诉请的救助报酬数额,投资公司主张,其应依照《海商法》第一百八十三条的规定,按照船舶获救价值占全部获救价值的比例承担救助报酬。本院认为,《海商法》第一百八十三条应适用于"无效果无报酬"的救助合同,而案涉合同属雇佣救助合同,南海救助局以其与投资公司订立的合同为依据,要求投资公司全额支付约定的救助报酬并无不当。南海救助局根据其与投资公司的约定,投入了相应的船舶和人员用于涉案救助服务,投资公司应根据约定的费率,以及南海救助局投入的船舶和人员、耗费的时间等支付报酬。一审判决按照当事人的约定,确定投资公司应当向南海救助局支付"南海救201"号以及潜水队员的费用正确;同时,一审判决根据实际施救情况,将"南海救116"号和"南海救101"号的救助费率由3.2元/马力小时酌予调整至2.9元/马力小时,南海救助局对此未提起上诉,亦未就此问题提出再审请求,本院予以认可。

最高人民法院根据《合同法》第八条、第一百零七条,《民事诉讼法》第一百七十条第一款第二项以及《最高人民法院关于适用〈中华人民共和国民事诉讼法〉若干问题的解释》第四百零七条第一款规定判决:撤销二审判决;维持一审判决。

【评析】

雇佣救助合同的性质认定及其法律适用,一直是法律学术界和实务领域研究和争议的热点,审判实践中对该类案件的处理结果也不尽相同。最高人民法院通过本案的审理,对雇佣救助合同纠纷的定性和法律适用进行明确,为当事人和各级法院在将来面对此类案件时提供了操作指引,保证了司法裁判的统一性、一贯性和权威性。

(一)雇佣救助合同的性质

我国的《海商法》及《救助公约》中都没有"雇佣救助"和"雇佣救助合同"的用语,也没有相应的规定。有学者指出,"雇佣系以服劳务本身为契约的直接目的,与承揽系以付劳务手段而完成一定工作而异。受雇人系居于从属地位受雇主指示而服务"。① 在我国出版的《海商法大辞典》中对"雇佣救助"的定义是:"救助人根据被救助方的具体要求而对遇险的被救助船舶(财产)提供的特定救助性质的服务。"②

对海难救助,《救助公约》没有下定义,只在公约第1条(a)里对救助作业做了如下定义:"救助作业,系指可航水域或其他任何水域中援救处于危险中的船舶或任何其他财产的行为或活动。"《海商法》也没有对海难救助下定义,只在第一百七十一条规定了第九章海难救助的适用范围:"本章规定适用于在海上或者与海相通的可航水域,对遇险的船舶和其他财产进行的救助。"由此,学理上认为海难救助需要具备四个要件:被救财产为法律所认可、被救财产处于危险之中、救助人进行救助与被救人接受救助均为自愿和"无效果无报酬"。该定义并未揭示出当事人意欲发生的法律效果,不是对海难救助的法律行为定义,而是对救助作业的事实行为定义。海难救助法律行为是指救助方从事了海上救助作业并意欲获得救助报酬的行为。③

从上述定义可以看出,雇佣救助与海难救助的主要区别在于:④

第一,救助过程中,救助由谁负责和指挥。实施雇佣救助的行为和方式,是基于双方当事人的合同约定,在整个救助行动中,雇主拥有完整的决策权和指挥权,受雇人依合同要求提供的人力、物力和设备及其行为,是由作为雇主的被救助人在合同中所要求和确定

---

① 参见王泽鉴:《民法概要》(《王泽鉴法学文集》第10卷),中国政法大学出版社,2003年9月版,第394页。
② 参见林鹏鸠:《海商法大辞典》,人民交通出版社,1998年1月版,第901页。
③ 参见司玉琢、吴煦:《雇佣救助的法律属性及法律适用》,载《中国海商法研究》,第27卷第3期,2016年9月,第5页。
④ 参见王彦君,张永坚:《雇佣救助合同的属性认定和对〈中华人民共和国海商法〉第九章的理解》,载《中国海商法研究》,第27卷第3期,2016年9月,第20页。

的特定行为。

第二,报酬是否与救助结果挂钩。海难救助报酬的取得是以"无效果无报酬"和"不得超过获救价值"为原则和基础的。雇佣救助的报酬则是按照合同的约定,而与救助效果和被救助的财产价值无关。

本案的救助合同系投资公司与南海救助局经过充分磋商,雇佣的拖船和潜水员需受投资公司的指挥和支配。同时,双方明确约定无论救助是否成功,投资公司均应支付报酬,即南海救助局救助报酬的获得与否和救助是否有实际效果并无直接联系,其救助报酬的计算,应以救助船舶每马力小时,以及人工投入等事先约定的固定费率和费用作为依据,与获救财产的价值并无关联。因此,按照"无效果无报酬"计算救助报酬的原则在本案中并不适用。这种与救助结果无关的所谓"雇佣救助"关系显然与《海商法》第九章所规定的海难救助不同,本案所涉救助合同不属于《救助公约》和《海商法》所规定的"无效果无报酬"救助合同,应属于雇佣救助合同。

(二)雇佣救助合同的法律适用

雇佣救助合同的法律适用是本案争议的另一个主要焦点问题。

这里首先涉及的是国际公约与国内法的适用问题。《海商法》第二百六十八条第一款作出了明确的规定:"中华人民共和国缔结或者参加的国际条约同本法有不同规定的,适用国际条约的规定;但是,中华人民共和国声明保留的条款除外。"就本案而言,我国是《救助公约》的加入国,根据前述冲突规范的规定以及我国法律适用法的其他有关规定,应当首先适用《救助公约》的规定,在《救助公约》被依法排除适用或国际公约没有规定时,可根据法律适用法或冲突规范的指引适用我国国内法。

关于雇佣救助合同是否适用《救助公约》。由于合同的意思自治,于法无明文禁止的情况下,当事人可以在合同中选择适用法律的全部或部分适用。《救助公约》在制定的过程中,对公约的强制性和任意性有过争论,最终选择了任意性,即《救助公约》是任意性公约,当事人可以选择排除公约的整体适用。海难救助制度是一个有机的整体,其核心是"无效果无报酬",这是决定海难救助合同性质的灵魂,抽掉该灵魂,与之相配套的其他规定也就失去了单独存在的意义,当然也就谈不上对其他规定的适用。[①] 本案中,投资公司接受了南海救助局的报价,并且在向南海救助局提交的委托书中明确,无论能否成功协助出浅,均同意按约定的费率和计算标准付费,即救助报酬的收取与救助结果没有关联,从根本上改变了"无效果无报酬"原则,因此可以认为本案不适用《救助公约》。

《海商法》第九章关于海难救助的规定,借鉴吸收了《救助公约》的主要内容。《救助公约》第一条第(a)项定义的"救助作业"的三个构成要件与《海商法》第一百七十一条规定的"海难救助"的三个构成要件基本一致。另外,《海商法》第一百七十九条规定:"救助方对遇险的船舶和其他财产救助取得效果的,有权获得救助报酬;救助未取得效果的,除本法第一百八十二条或者其他法律另有规定或者合同另有约定外,无权获得救助款项。"由此,《海商法》第九章所指的救助合同,所坚持的也是"无效果无报酬"的救助原则,与

---

① 参见司玉琢,吴煦:《雇佣救助的法律属性及法律适用》,《中国海商法研究》2016 年 9 月第 27 卷第 3 期,第 7 页。

《救助公约》的海难救助及其合同的核心特征一致。依前述关于雇佣救助合同不适用《救助公约》的分析,本案亦不适用《海商法》第九章关于海难救助的规定。

因本案所涉雇佣救助合同排除了《救助公约》和《海商法》第九章的适用,根据法律适用法或冲突规范的指引,本案可以适用《海商法》第九章外其他章节的相关规定和《合同法》《民法通则》等其他《海商法》上位法的有关规定。

根据上述法律适用的思路,对于南海救助局诉请的救助报酬,最高人民法院认为,关于雇佣救助合同下的报酬支付条件及标准,《救助公约》和《海商法》并未作具体规定,本案应依据《合同法》的相关规定,对当事人的权利义务予以规范和确定,应按照当事人的约定,确定投资公司应向南海救助局支付救助报酬。

不可免责过失导致的共同海损问题

——汕头市福顺船务有限公司诉
东方先导糖酒有限公司等共同海损纠纷案

李　洪　陈萍萍[①]

【提要】

为使船舶脱浅而采取的过驳货物和船上存量燃油以及堵漏的费用是有意和合理的，且措施是有效果的，故共同海损成立。由于承运人不可免责的过失而导致的共同海损损失，应由其自行承担，而不能将该损失转嫁给非过失方。

【案情】

原告：汕头市福顺船务有限公司（以下简称福顺公司）。

被告：东方先导（湛江）糖酒有限公司（以下简称先导湛江公司）。

被告：东方先导糖酒有限公司（以下简称先导公司）。

2013 年 4 月 26 日，先导公司与广西恺山糖业有限公司订立销售合同，订购了单价为 5 670 元/吨的白砂糖 3 000 吨，总价为 1 701 万元。

2013 年 5 月 3 日，先导公司就上述货物与洋浦鹏远船务公司（以下简称鹏远公司）订立航次运输合同，约定：先导公司向鹏远公司承租"福顺 66"号或同类船舶运载 2 750 吨编织袋包装的白糖从广西钦州运往上海，运费毛重 89 元/吨，货物不足 2 750 吨按 2 750 吨计费；船员理货交接，货损货差赔款按 310 元/包在运费中扣除，由先导公司与船东结算。先导公司为此支付给鹏远公司运费 244 750 元。同日，通过鹏远公司与万安县航运公司（以下简称万安公司）订立的以及万安公司与福顺公司订立的两份连环航次租船合同，货物交由福顺公司所属"福顺 66"号实际承运。其中万安公司与福顺公司订立的航次租船合同有"航行过程中所发生的任何事情由船方负责，如途中发生船舶意外险情货物

---

① 李洪、陈萍萍均为厦门海事法院法官。

过驳或拖船所发生的一切经济损失由船方承担"的约定。

2013年5月6日,先导公司就案述货物投保总金额为1540万元的国内水路货物运输险,并支付保险费7700元。2013年5月9日,案涉货物在广西钦州港装船,万安公司签发运单并加盖福顺公司"福顺66"号船章。运单记载:承运人万安公司,实际承运人福顺公司,收货人先导湛江公司(系先导公司的关联企业)。

2013年5月11日,"福顺66"号从广西钦州港开航。5月15日,该船在福建平潭吉钓锚地附近抛锚。5月16日13时52分,该船航行至平潭海坛海峡金鲟礁附近水域时发生触礁事故,造成船体破损变形,货舱进水。福州海上搜救中心接报后调派海巡艇前去抢险和勘验,并联系专业救助机构开展应急抢险作业。5月16日16时40分,"安达拖"号和"利亚拖3"号协助试图脱浅未成功。5月17—19日,"福顺66"号进行过驳货物和船上所有存量燃油。5月19日19时11分,该船成功堵漏起浮,重新选择安全锚位抛锚。

2013年5月25日,"福顺66"号责任保险人发电子邮件给福顺公司要求尽快处理事故中获救的货物。同日,在"福顺66"号解除危险后,"福顺66"号方与"明航1"号、"金茂盛9"号的船方代表订立两份抢险施救费用协议。2013年5月27日和28日,先导公司通过银行转账支付抢救费38万元和抢险费67 500元,共计447 500元。

2013年5月25日,为处理受损货物,由货主和相关方组成货物处理招投标小组展开投标竞买,最终上海达泰实业有限公司(以下简称达泰公司)中标。随后先导公司与达泰公司订立合同,将预估受损货物1750吨按单价3 872.7元/吨销售给达泰公司。

2013年5月26日,福顺公司与"安顺6777"号方订立租赁"安顺6777"号合作协议书,就该船从2013年5月19日起过驳"福顺66"号难船上的载物事宜约定:租赁费每日4.5万元,按实际租赁天数计算,全部款项由货主垫付等。之后,达泰公司支付了"安顺6777"号租船费66.5万元。

2013年5月26日,福顺公司与正力公司订立"福顺66难船白糖"吊卸合同,约定:福顺公司租用正力公司货船及浮吊,由正力公司将"福顺66"号难船货物卸到其货船上后再移至岸上,吊卸费(包括货船及浮吊调遣费、卸船等)按550元/吨计,具体数量以实际吊起的重量为准,合同签订后福顺公司应预付55万元,剩余款项在工程完工后一次性付清,全部款项由货主垫付。之后,达泰公司分两笔付给正力公司合计1 186 675元。

2013年5月30日,达泰公司租用"顺鑫618"号将部分抢卸过驳的货物从平潭转运至南通港。剩余部分货物由鹏远公司安排"锦泰158"号直接运至上海,并由鹏远公司将先导公司支付的部分运费支付给了"锦泰158"号。

2013年6月9日,货物运抵上海港。先导公司、达泰公司、福顺公司、"福顺66"号保险人以及相关保险公估公司派遣代表在上海商谈并形成会议纪要,共同确认:"福顺66"号触礁事故后经抢救,共收回货物2 386.174吨,全部发生不同程度的湿损,另短量363.826吨。回收货物残值共计10 416 996.54元,均由达泰公司收购,总价款10 416 996.54元。其中8 565 321.85元货款由达泰公司直接支付给先导公司,达泰公司代先导公司向救助单位支付的施救相关费用合计1 851 675元用于折抵剩余应付货款。

2013年11月29日,福州海事局出具《调查报告》,认定本起事故为一般等级水上交通事故,事故原因为:(1)在狭水道航行过程中舵机意外故障,船舶失控偏离航向是导致事故发生的直接原因。(2)通航环境影响为事故发生的客观原因。事发时西南风5~6级,涨潮流,船舶舵机故障后受风流压的影响,导致触碰礁石。

2013年8月9日,先导公司以鹏远公司、万安公司、福顺公司为共同被告向厦门海事法院提起海上货物运输合同纠纷和船舶营运借款合同纠纷之诉,请求判令:(1)三被告连带赔偿其货物损失共计5 473 918.46元及利息;(2)三被告连带向原告返还垫付的施救费用共计2 299 175元(含先导公司支付的施救费447 500元及达泰公司代先导公司向救助单位支付的施救费用1 851 675元)及利息。该院经审理认为:鹏远公司是案涉货物运输的承运人,福顺公司是实际承运人,万安公司是连接承运人和实际承运人之间转委托运输的人,为避免连环追诉,支持先导公司要求实际承运人福顺公司承担货损连带责任的诉求;先导公司不是案涉运单所载收货人,不具有依据运单进行索赔的权利;先导公司实际遭受货物损失5 208 902.46元;鹏远公司和福顺公司有权享受《海商法》规定的海事赔偿责任限制,经相关规定计算责任限额为1 685 964.61元;先导公司直接支付以及达泰公司代先导公司支付的施救费用总计2 299 175元应视为先导公司提供给福顺公司的借款,福顺公司应予偿还;案涉施救费用无权享受海事赔偿责任限制。

据此,该院于2014年12月19日作出(2013)厦海法商初字第385号民事判决,判令:(1)鹏远公司按照海事赔偿责任限额1 685 964.61元及该款自2013年6月12日起至判决确定的支付之日止按中国人民银行同期贷款基准利率计算的利息赔偿先导公司;(2)福顺公司对上列债务承担连带责任;(3)福顺公司返还先导公司垫付的施救费用2 299 175元及该款自2013年9月25日起至判决确定的支付之日止按中国人民银行同期贷款基准利率计算的利息;(4)驳回先导公司其他诉讼请求。后福顺公司提出上诉,福建省高级人民法院于2015年7月28日作出(2015)闽民终字第861号民事判决维持原判。又查明,福顺公司就案涉事故另行支付了95万元船舶施救费用。

本案审理过程中,广州海江保险公估有限公司受福顺公司委托于2016年1月11日对福顺公司主张的共同海损分摊作出理算,结论为:"福顺66"号于2013年5月16日在福建平潭大屿海域发生事故引起合理救助费用的定损金额合计为10 127 943.6元,理算金额为4 210 963.60元。该理算金额已考虑残值及免赔率等。

原告福顺公司诉称,其所属"福顺66"号承运两被告托运的两千余吨白糖从广西钦州港前往上海,途中于2013年5月16日在福建平潭海域触礁而搁浅。事故发生后,原告为了船舶及船载货物的共同安全进行救助,共发生费用3 249 175元。根据法律规定,为了船货的共同安全而采取的施救措施所产生费用均属于共同海损牺牲和费用。本案船舶获救价值为3 330 698.86元,货物获救价值为10 416 996.54元。按照船货获救价值比例分摊,两被告应当分摊共同海损费用2 461 986.81元。为此,诉请判令两被告连带向原告支付其应分摊的共同海损费用2 461 986.81元以及法院判决认定的利息。

被告先导湛江公司和先导公司辩称,第一,先导湛江公司并非案涉货物所有人,与原告无运输合同关系,不应承担运输合同项下的义务和责任。第二,原告提起的共同海损分摊诉讼已经超过诉讼时效,依法丧失胜诉权。第三,即便福顺公司诉求未超过诉讼时效,其所称的损失也不能列入共同海损。本案船货双方并未达成有关共同海损理算的协议,福顺公司所称的救助不符合共同海损的要件,其主张分摊的损失不能列入共同海损。第四,即便福顺公司主张的损失能列入共同海损,根据《海商法》第一百九十七条及参照《国内水路货物运输规则》(以下简称《水规》)的规定,本案的货物损失亦应当由其自行承担。第五,福顺公司已在(2013)厦海法商初字第 385 号案中获准享受海事赔偿责任限制,而享受责任限制的前提是船方提出的反请求与先导公司的请求金额先互相抵消。先导公司的货损金额为 5 473 918.46 元,与福顺公司所主张共同海损分摊抵消后的金额也远超其享受的责任限额。综上,原告的诉求无理,应予以驳回。

【审判】

厦门海事法院经审理认为,第一,先导湛江公司不是案涉货物的权利人,故不承担运输合同项下的义务和责任。第二,"福顺 66"号自触礁时起船货处于共同危险,直至 2013 年 5 月 19 日 1911 时脱险,其间产生的施救费用属于为解除共同危险产生的费用,依法应列入共同海损,此后船货双方已不再面临共同危险,因此,此后产生的相关费用不应列入共同海损。第三,福顺公司在前案中被判决应当赔偿货方实际损失但可享受海事赔偿责任限制,享受责任限制的前提即表明福顺公司有不可免责的过失,而法律规定排除责任事故的共同海损分摊。据此,判决驳回福顺公司的诉讼请求。双方当事人均未提起上诉,一审判决发生法律效力。

【评析】

共同海损是现代各国海商法中保留的最古老的制度之一,也是海商法规中最异于普通民商法的一项特殊的法律制度。这种制度是基于海上风险的特殊性而建立的。本案是难得的典型的共同海损纠纷案,包含了共同海损的理算、分摊等复杂的法律问题。在此逐一分析如下:

一、福顺公司所主张的费用能否都列入共同海损

《海商法》第一百九十三条第一款规定:"共同海损,是指在同一海上航程中,船舶、货物和其他财产遭遇共同危险,为了共同安全,有意地采取措施所直接造成的特殊牺牲,支付的特殊费用。"根据该款规定,共同海损的成立必须同时具备四个条件:(一)船舶、货物或其他财产必须遭遇共同危险;(二)为了获得共同安全,所采取的措施必须是有意且合理的;(三)损失和费用必须是特殊的,且是共同海损行为的直接后果;(四)措施必须最终有效果。

"福顺 66"号在航行途中舵机发生故障,船舶失控偏离航向进而触礁,造成船体破损变形,货舱进水,此时船货即面临共同的海上真实危险。为使船舶脱浅而采取的过驳货物和船上存量燃油以及堵漏的费用是有意和合理的,且措施是有效果的,故共同海损成立。从本案实际情况看,"福顺 66"号在 2013 年 5 月 19 日 1911 时已成功堵漏起浮并重新选择安全锚位抛锚。此时船货双方已不具有共同的危险,不存在如果不及时采取措施就会殃及在航的全部财产的情形。因此,2013 年 5 月 19 日 1911 时后产生的过驳货物或施救船舶的相关费用均不属于为解除共同危险而发生的费用,依法不能列入共同海损。福顺

公司所称产生的救助费用 3 249 175 元包括四部分:(1)先导公司向锦州百川海运有限公司支付的 2013 年 5 月 16 日下午 7 时左右至 5 月 18 日 10 时左右的货物施救费用 447 500 元;(2)达泰公司向"安顺 777"号船方支付的 2013 年 5 月 19 日过驳"福顺 66"号货物的费用 66.5 万元;(3)达泰公司向正力公司支付的 2013 年 5 月 26 日起至 6 月 2 日止将"福顺 66"号货物过驳到正力公司船上再移至岸上的费用 1 186 675 元;(4)福顺公司向正力公司支付的船舶救助费 95 万元。根据以上原则,可以纳入共同海损的费用为 2 062 500 元。

二、福顺公司是否有权要求货方分摊共同海损费用

首先,《海商法》第二百一十五条规定:"享受本章规定的责任限制的人,就同一事故向请求人提出反请求的,双方的请求金额应当相互抵销,本章规定的赔偿限额仅适用于两个请求金额之间的差额。"根据该条规定,享受责任限制的一方就同一事故向请求人提起反请求的,须将请求与反请求两项金额相互冲抵后,就一方仍需补差的赔偿额再进行责任限制。先导公司因案涉事故遭受的货物实际损失达 5 208 902.46 元。因此,即便福顺公司及时宣布了共同海损,且哪怕先导公司应分摊的共同海损费用达到福顺公司所主张的 2 461 986.81 元,两相冲抵后的差额仍然高达 2 746 915.65 元,远高于福顺公司享受的海事赔偿责任限额 1 685 964.61 元。其次,福顺公司在其所签订的《航次租船合同》中已明确承诺"航行过程中所发生的任何事情由船方负责,如途中发生船舶意外险情货物过驳或拖船所发生的一切经济损失由船方承担"。也即,福顺公司已经预先抛弃(实体处分)了其可能享有的共同海损分摊请求权。再者,《海商法》第一百九十七条关于"引起共同海损特殊牺牲、特殊费用的事故,可能是由航程中一方的过失造成的,不影响该方要求分摊共同海损的权利;但是,非过失方或者过失方可以就此项过失提出赔偿请求或者进行抗辩"的规定,表明法律不承认责任事故引起的共损分摊。而福顺公司在(2015)闽民终字第 861 号案中未能免责的前提就是基于该案中"福顺 66"号舵机失灵这一责任事故。由于福顺公司不可免责的过失而导致的共同海损损失,当然应由其自行承担,而不能将该损失转嫁给非过失方,否则既对非过失方先导公司不公平,亦有悖法律关于承运人最低责任的规定。故此,福顺公司要求先导公司分摊共同海损费用,既缺乏事实依据,也缺乏法律依据,依法不能成立。

本案中先导公司还提出了共同海损分摊请求权的诉讼时效之抗辩,鉴于以上两项理由已足以对案件作出判决,厦门海事法院对诉讼时效问题未再进一步审议。

船舶碰撞纠纷案件中因果关系中断及过失相抵的认定

——厦门力鹏船运有限公司等诉中海发展
股份有限公司货轮公司船舶碰撞损害责任纠纷案

郭昆亮[①]

【提要】

船舶碰撞责任纠纷案件的审理应当首先确定双方碰撞责任比例,且通常情况下,因船舶碰撞导致对方船舶损失的赔偿额的承担根据双方碰撞责任比例确定,但在特殊情况下,因受损害一方存在除碰撞责任之外的其他过失,与船舶碰撞过失相结合导致自身船舶损失的,应当减轻碰撞对方的赔偿责任;或者存在其他介入因素,导致因果关系的中断,对方不承担赔偿责任。

【案情】

原告:(反诉被告)厦门力鹏船运有限公司(以下简称力鹏船运)。

原告:中国大地财产保险股份有限公司宁波分公司(以下简称宁波大地财险)。

被告:(反诉原告)中海发展股份有限公司货轮公司(以下简称中海货轮)。

2011年8月21日,原告力鹏船运所属"力鹏1"号装载186个集装箱由广州开往上海,8月26日约1000时进入上海水域南槽航道。被告中海货轮所属"碧华山"号于2011年8月24日装载铁矿石40 086吨从宁波北仑港开往常州,于8月26日约0827时进入长江口深水航道。约1313时,"力鹏1"号船首左舷与"碧华山"号右舷后部6#货舱发生碰撞,地点在49#灯浮附近水域,碰撞时两船船首向夹角约10°。碰撞后,"碧华山"号船首向右偏转,斜横于"力鹏1"号船首,两船接触约5分钟后脱开,"力鹏1"号右倾约10°,未破损进水,货舱内第1倍位和第19倍位集装箱向右倾倒,其他倍位的集装箱也向右移位。约15分钟后,主机自动停车,随后,辅机也停转。"力鹏1"号采取了排右底压载水的措施

---

① 郭昆亮,厦门海事法院审判员。

试图恢复正浮。此后，右倾角度不断加大，"力鹏1"号下右锚固定船位。上海海事局吴淞海事处接到"力鹏1"号报告后，调派救助船和拖船到现场进行救助、清污及打捞。约1355时，"力鹏1"号右倾约15°，约1430时，右倾约22°，应"力鹏1"号船员要求，"东南起6"号将全体船员接下。约1525时，右倾加大到30°左右，沉没不可避免，"东南起6"号船员到船首割掉锚链，三艘拖船协同将"力鹏1"号推往浅水区坐浅。约1635时，"力鹏1"号坐浅于2#锚地北侧，后慢慢沉没。上海海事局经调查，对案涉事故作出《调查报告》，认定："碧华山"号承担事故主要责任，"力鹏1"号承担事故次要责任。

"力鹏1"号打捞费、拖船费、清污费、应急抢险清污费1 365万元；修理费631.9万元，其中，碰撞直接导致"力鹏1"号损坏的合理修理费用为310 731元；船期损失为80万元。"碧华山"号修理费及船舶检验费损失为457 624元；船期损失为123.91万元。

案涉事故发生后，力鹏船运及中海货轮分别向厦门海事法院申请设立海事赔偿责任限制基金，该院均裁定予以准许。事故发生前，力鹏船运曾向宁波大地财险投保"力鹏1"号"沿海内河船舶一切险"及"船舶污染责任保险"。

原告力鹏船运、宁波大地财险(下称两原告)诉称，"碧华山"号在本次事故中应承担80%的责任比例，故被告应依法赔偿原告力鹏船运因本次事故所遭受的相应损失。同时，宁波大地财险就已经赔付的部分取得代位求偿权，有权在赔偿范围内向被告追偿。为此，两原告诉请判令：(1)被告分别赔偿原告力鹏船运、宁波大地财险船舶修理费用40万元、620万元及自实际支付之日起按银行同期贷款利率计算的利息；(2)被告分别赔偿力鹏船运、宁波大地财险打捞费、拖船费及清污费共计550.4万元、541.6万元及实际支付之日起按银行同期贷款利率计算的利息；(3)被告赔偿力鹏船运船期损失560万元以及事故发生之日起按银行同期贷款利率计算的利息；(4)确认两原告就上述债权对"碧华山"号享有船舶优先权，可从被告就案涉事故所设立的海事赔偿责任限制基金中优先受偿；(5)由被告承担债权登记申请费1 000元。

被告中海货轮辩称：(1)"力鹏1"号应承担案涉碰撞事故的主要责任。船舶碰撞的主要和直接原因是"力鹏1"号在碰撞前10分钟突然加速及向左转向造成的。本次事故紧迫局面形成的具体时点无法准确判定，而是逐渐形成，该紧迫局面的形成并非任何一船的单方面行为所导致，是两船均未采取必要措施共同导致的，因此两船对紧迫局面的形成应承担同等责任。"力鹏1"号错过了采取措施的最后时机。(2)"力鹏1"号船舶沉没是由于其积载系固不当及在碰撞发生后的应急处置不当导致的，应当由其自身承担船舶沉没的责任。本次碰撞事故，由于碰撞角度很小，两船碰撞时的相对速度非常小，造成的碰撞损害很小。两艘船舶的船壳损害都不大，且没有造成水线下的船体破损，因此并不会导致船舶进水，碰撞的力量更没有达到足以导致船舶倾覆的程度。所以，两船之间发生的碰撞并不是导致船舶沉没的主要原因。原告主张被告承担"力鹏1"号船舶沉没的责任，应当举证证明船舶沉没是由于被告造成的。因此，原告首先应当证明沉没的原因。事实上，"力鹏1"号沉没最主要的原因是船舶结构缺陷、船舶积载不当、船舶货物系固不当、"力鹏1"号船员打压载水时误操作，"力鹏1"号的船舶应急措施不当、救助不当等。因此，"力鹏1"号沉没是由于其一方的过错导致的，应当由力鹏船运承担责任。(3)原告主张的船舶修理费、船期损失被夸大。(4)在海事赔偿责任限制基金的设立及分配程序中，原告的债权没有优先权。第五,诉讼费、债权登记费依法裁决承担比例后应当从双方所设的基金中优先拨付。

反诉原告中海货轮反诉称,"碧华山"号与"力鹏1"号在上海外高桥航道碰撞,导致"碧华山"号船体受损而于2011年8月26日—9月1日在上海接受海事调查,于9月3日进入船厂修理,至9月10日离开船厂。此次事故造成"碧华山"号船舶修理费损失471 414.4元、船舶检验费损失7 624元、船期损失136.24万元,反诉被告应承担70%的碰撞责任。反诉被告与案外人厦门元鹏集装箱班轮物流有限公司(下称元鹏集装箱)就本次事故向法院设立了海事赔偿责任限制基金,反诉原告获准进行债权登记。为此,诉请判令:(1)反诉被告赔偿反诉原告因船舶碰撞事故导致的损失,包括船舶损失329 990.08元、船舶检验费5 336.8元、船期损失953 680元及该三笔款项分别自2011年9月14日、2011年11月2日、2011年8月26日起至判决确定支付之日止按同期银行贷款利率计算的利息;(2)确认以上三项数额总和为反诉原告对反诉被告享有的债权数额,并享有在力鹏船运与元鹏集装箱在法院所设立的海事赔偿责任限制基金中受偿的权利。

反诉被告力鹏船运辩称,反诉原告应负事故至少85%的责任。反诉原告主张的修理费、船期损失等证据不足。本诉、反诉的诉求金额应抵销后再参加基金的分配。

【审判】

厦门海事法院经审理认为:关于船舶碰撞责任比例,"碧华山"号承担60%的责任,"力鹏1"号承担40%的责任。力鹏船运对集装箱的绑扎、系固方面的过错与船舶的最终沉没之间有因果关系,但该过错并不构成因果关系中断,力鹏船运就其过错应承担相应的责任。"力鹏1"号沉没的主要原因是船舶碰撞,次要原因是集装箱系固不当。就原因力比例而言,力鹏船运在船舶碰撞及集装箱系固方面的过错程度大于中海货轮。力鹏船运对"力鹏1"号沉没造成的损失自行承担60%的责任,中海货轮对"力鹏1"号沉没造成的损失承担40%的责任。因本、反诉被告均有权享受海事赔偿责任限制,根据《海商法》第二百一十五条的规定,本案海事赔偿限额适用于本、反诉请求相互抵销后的差额。综上,判决中海货轮分别向加鹏船运及宁波大地财险赔偿2 843 556元和5 355 402元及相应利息,前两项赔偿款从被告中海货轮设立的海事赔偿责任限制基金中受偿。

宣判后,原、被告分别向福建省高级人民法院提起上诉。福建省高级人民法院经审理认为,"力鹏1"号在集装箱系固上的缺陷尚未构成不适航,该缺陷只是船舶碰撞后右倾并最终沉没的条件,而非动因。没有船舶碰撞,就不会发生集装箱移位、倒塌和箱内货物的移位。"力鹏1"号在集装箱系固上的缺陷并不能构成"力鹏1"号最终沉没与船舶碰撞之间因果关系链中断的理由,"力鹏1"号的最终沉没是因船舶碰撞所致,双方仍应按其对于船舶碰撞的责任比例承担相应责任,即力鹏船运对"力鹏1"号沉没造成的损失自行承担40%的责任,中海货轮对"力鹏1"号沉没造成的损失承担60%的责任。综上,改判中海货轮分别赔偿力鹏船运及宁波大地财险4 391 710.52元和7 960 652.95元及相应利息。

中海货轮不服福建省高级人民法院终审判决,向最高人民法院提出再审申请。最高人民法院经审理认为:力鹏船运没有对"力鹏1"号舱内集装箱进行防止倒塌的固定,具有过错且对该船沉没具有原因力。根据《侵权责任法》第二十六条的规定,被侵权人对损害的发生也有过错的,可以减轻侵权人的责任。鉴于"力鹏1"号舱内集装箱系固缺陷,直接影响海上交通安全,该项过错责任也应当相应予以追究。一审判决在认定船舶碰撞责任的基础上,减轻中海货轮对"力鹏1"号沉没的责任,酌定力鹏船运与中海货轮分别对该船沉没损失承担60%、40%的责任,并无不当,应予以维持。二审判决认定"力鹏1"号在集装箱系固上的缺陷只是其沉没的条件,而忽略力鹏船运在该缺陷中的过失及其对该船沉没的原因力,仍按船舶碰撞的责任比例认定力鹏船运与中海货轮分别对该船沉没损失承担40%、60%的责任,与事实和法律不符,应予以纠正。综上,再审判决:(1)撤销福建省高级人民法院〔2014〕闽民终字第1103号民事判决;(2)维持厦门海事法院〔2012〕厦海法事初字第61号民事判决。

【评析】

本案经过一审、二审及再审审理:一审认定"碧华山"号、"力鹏1"号的船舶碰撞责任比例为6∶4,但认定"碧华山"号船东中海货轮对"力鹏1"号沉没损失只承担40%的赔偿责任。二审认为中海货轮应按船舶碰撞责任比例承担60%的责任,据此做出改判。再审改变了二审判决,维持一审判决。本案最终认定一方船东对对方船舶沉没损失承担的赔偿责任比例低于其所负的船舶碰撞责任比例,这涉及侵权法上因果关系中断及过失相抵对船舶碰撞责任纠纷的适用问题。

一、船舶碰撞过失比例责任制度与侵权法上的过失相抵与因果关系中断

船舶碰撞责任纠纷属于侵权纠纷,船舶碰撞侵权的构成要件与民法中民事侵权责任的构成要件基本是一致的,包括碰撞事实、过失、损害、过失与损害的因果关系四个要件。船舶碰撞责任纠纷采用过错责任原则,但其特殊之处在于:船舶碰撞造成的财产损害赔偿责任,采用过失比例责任制度,即受损害方只能根据双方碰撞责任比例向加害船舶索赔财产损失,这就是《海商法》第一百六十九条规定的"船舶发生碰撞,碰撞的船舶互有过失的,各船按照过失程度的比例负赔偿责任;过失程度相当或者过失程度的比例无法判定的,平均负赔偿责任"。船舶碰撞责任的过失主要是与船舶碰撞结果有因果关系的过失,主要审查的是各方在船舶驾驶及管理方面的过失,尤其是对紧迫局面的形成以及紧迫局面形成后的避碰行为有无疏忽、不当。船舶碰撞过失采用客观标准,一般以"通常的技术和谨慎"(Ordinary Skill and Care)也称"良好的船艺"(Good Seaman-ship)作为衡量有无碰撞过失的行为标准。

在碰撞责任比例确定后,通常根据双方碰撞责任比例计算对对方船舶损失的赔偿额。但有些情况下,一方存在非船舶驾驶方面的过失,如货物积载问题使船舶稳性不足,或存在碰撞发生后应急处置不当导致损害发生或扩大,此时还需考虑有无过失相抵与因果关系中断问题。

所谓过失相抵,又称"混合过错"或"与有过失",是指当受害人对于损害的发生或者损害结果的扩大具有过错时,依法减轻或者免除赔偿义务人的损害赔偿责任,从而公平合

理地分配损害的一种制度。① 它具有以下几项特征:(1)受害人因他人的侵权行为而遭受损害;(2)受害人对于损害的发生或者扩大也具有过错;(3)法律效果是减轻或者免除加害人的赔偿责任。《侵权责任法》第二十六条对此作出规定:"被侵权人对损害的发生也有过错的,可以减轻侵权人的责任。"

因果关系中断,是指在加害人加害行为之后,存在其他介入因素,使原来的因果关系被阻断,不再依据加害人行为的因果历程,而是依据后发介入因素的因果历程发生损害结果。这里所说的"介入因素"是无法合理预见的行为或事件,可以是受害人自身的原因、第三人行为或外在事件。在因果关系中断时,加害人无须为介入之行为或事件而产生的后果负责。

由于受害人自身的过错可能构成介入原因从而中断加害行为与损害后果之间的因果关系,使得这种情况下过失相抵与因果关系中断颇为相似。两者区分的标准是:过失相抵要求损害结果的同一和原因力竞合。在过失相抵中,加害人与受害人的过错所造成的损害是同一的,且该两个过错相互助成而以致损害的发生或者扩大。只有前两项条件缺少一项或两项同时欠缺时,才可能构成因果关系中断的情形。②

二、集装箱系固不当导致船舶沉没,应当减轻碰撞对方的赔偿责任

"碧华山"号与"力鹏1"号发生碰撞后,"力鹏1"号沉没。案涉碰撞事故的特殊之处在于:船舶碰撞夹角很小,碰撞后约5分钟,两船脱开,船体并未发生破损进水或水线以下部位变形,船舶在碰撞后右倾15°,两船分开后"力鹏1"号仅右倾10°。如果"力鹏1"号右倾约10°时,仍具有正常回复力矩以恢复正浮,则可以避免沉没。"力鹏1"号横倾角没有很快增大,可以说明,碰撞造成了"力鹏1"号的右倾,但此后船舶右倾的加剧并非碰撞力的作用。中海货轮主张,"力鹏1"号及救助方的措施不当造成该船沉没,构成因果关系中断,损失应由其自行承担,主要理由有以下几点:(1)拖船从左侧顶推将"力鹏1"号顶离航道;(2)船员在弃船之时没有关闭各水密门窗;(3)在碰撞一段时间后"力鹏1"号主机和辅机停止工作使船失去动力,导致无法自行冲滩避免沉没;(4)为调平右倾采取了排放右侧压载水的措施,操作过程中突然停电,可能造成压载水倒灌;(5)集装箱的倒塌和箱内货物的移位。法院最终认定集装箱的倒塌和箱内货物的移位与沉没具有因果关系,应当减轻中海货轮的赔偿责任,理由如下:

"力鹏1"号受碰撞后沉没,客观上已经难以认定如果其舱内集装箱在碰撞后不发生倒塌该船是否仍会沉没。但是,"力鹏1"号在碰撞发生时舱内集装箱发生倒塌,舱内货物向右移位,必然对其恢复正浮产生反向作用,成为其不能恢复正浮的重要原因之一。根据中国船级社《国内航行海船建造规范》及《钢质海船入级规范》的要求,集装箱系固应当达到船舶最大横摇角情况下的强度要求。力鹏船运没有提交集装箱系固方式的证据,也没有提交经海事主管机关批准的《系固手册》,无法证明其绑扎符合要求,应承担举证不能

---

① 史尚宽:《债法总论》,中国政法大学出版社,2000年版,第303页。
② 程啸:《论侵权行为法上的过失相抵制度》,载《清华法学》,2005年第2期,第23页。

的不利后果。根据调查,"力鹏1"号舱内集装箱没有绑扎杆绑扎,舱内最下层集装箱与底座间没有底座纽锁锁定,上下层集装箱之间没有中间纽锁锁定,仅用桥锁和定位锥无法防止集装箱倒塌。本次碰撞未直接造成"力鹏1"号破损进水或水线以下部位变形。"力鹏1"号在与"碧华山"号发生碰撞、两船分开后船舶仅右倾10°的情况下,若系固得当,不会发生集装箱的移动、倒塌,船舶在初稳性符合要求的情况下不会发生横倾不断加大的后果。因此,力鹏船运在集装箱的绑扎、系固方面的过错与船舶的最终沉没之间有因果关系,力鹏船运就该过错应承担相应的责任。力鹏船运在集装箱系固方面的过错是碰撞后船舶进一步右倾直至沉没的重要原因,应当减轻中海货轮的责任,这个减轻的部分,以20%为宜,也就是中海货轮对"力鹏1"号沉没承担40%的责任。

保险合同续保生效及代理人行为后果的认定

——广州市建功船务有限公司诉
中国人民财产保险股份有限公司广州市分公司等海上保险合同纠纷案

张科雄[①]

【提要】

保险代理人实施的代理行为,由被代理人承担民事责任。在续保的情况下,投保人根据保险代理人的指示向其支付保险费用,自保险代理人收到该保险费用之时,续保合同即告成立,不以保险人签发保险单作为合同成立的条件。

【案情】

原告(被上诉人):广州市建功船务有限公司(以下简称建功公司)。

被告(上诉人):中国人民财产保险股份有限公司广州市分公司(以下简称人保公司)。

被告:广州市粤洋船舶交易有限公司(以下简称粤洋公司)。

原告系"建功818"号登记的船舶所有人。2013年7月1日,原告与房章荣签订船舶挂靠经营协议,约定原告为船舶登记的所有人,房章荣为实际所有人,原告以被保险人名义为船舶办理保险,保险费用由房章荣承担,受益人为房章荣。"建功818"号2013—2014年度的保险将于2014年6月5日届满。5月27日和28日,区潘旋作为被告粤洋公司的工作人员,以短信方式向房章荣发出关于"建功818"号2014—2015年度的投保方案、险种和保险费用等内容,同时告知船舶上年度保险将于2014年6月5日到期,请提前确认续保。5月29日,区潘旋通知房章荣船舶的保险费为35 200元,并要求汇入粤洋公司指定的曾敬忠的账户,同时要求汇款后通知查账确认,以便出单。2014年6月4日,吴素云向曾敬忠转账35 200元。被告人保公司下属番禺支公司业务员周业满出具的"建功

---

① 张科雄,广州海事法院海事行政庭副庭长。

818"号承保过程说明称：2014 年 5 月 27 日上午，其收到被告粤洋公司工作人员区潘旋的 QQ 信息，要求对"建功 818"号续保报价，其于同日下午将报价发给区潘旋，同时要求被告粤洋公司注意安排续保事宜，被告粤洋公司反映已通知客户，但未得到答复。6 月 16 日，被告粤洋公司告知被告人保公司已收到"建功 818"号续保的保险费，要求出具保险单。被告粤洋公司同日将保险费支付给周业满，周业满再转付被告人保公司。原告在庭审中确认，由于房章荣是"建功 818"号实际所有人并承担保险费，原告要求区潘旋就船舶的续保事宜与房章荣联系，房章荣收到区潘旋发出的上述手机短信后，安排其妻子向曾敬忠转账，但没有将转账的信息告知区潘旋。

2014 年 6 月 13 日，由于船员莫振强在"建功 818"号发生伤亡事故，原告向被告人保公司报案被告知原告没有交纳保险费而拒绝理赔，后经被告粤洋公司核查发现吴素云支付了保险费后，粤洋公司于 6 月 16 日将保险费支付给被告人保公司，人保公司随后向原告签发保险单，记载保险期间为 2014 年 6 月 16 日—2015 年 6 月 15 日。被告粤洋公司认为，由于房章荣没有将吴素云的身份及代付保险费的事实告知，因此无从得知吴素云代付 35 200 元的性质，在得知该费用是吴素云代房章荣支付船舶的续保保险费后，及时支付给被告人保公司，并由人保公司签发保险单，被告粤洋公司不存在过错。被告人保公司也认为，其实际于 2014 年 6 月 16 日收到被告粤洋公司支付的保险费后，随即开具发票并签发保险单，符合法律规定。经核查，被告人保公司签发的保险单生成时间为 2014 年 6 月 16 日 14 时 56 分，记载保险期间为 2014 年 6 月 16 日 16 时起至 2015 年 6 月 15 日 16 时止，被保险人为原告，除投保"建功 818"号沿海内河船舶一切保险外，还投保了船东对船员责任险等附加险。保险单特别约定第五条约定，船东对船员责任险每人赔偿限额为 60 万元，共承保 8 人，每次事故免赔数额为 400 元整。保险费为 35 200 元。被告人保公司提供的船东对船员责任保险条款(2009 版)关于保险责任约定表明，保险船舶在航行运输或停泊中船上在岗船员发生死亡或伤残，根据劳动合同或法律，依法应由船东(被保险人)对船员承担的医药费、住院费和伤残、死亡补偿费，保险人负责赔偿。

2014 年 7 月 7 日，广州市黄埔区鱼珠街人民调解委员会出具人民调解协议书，称 2014 年 6 月 13 日，莫振强在"建功 818"号发生伤亡事故，莫振强的妻子王兴燕、弟弟莫振东到广州市黄埔区鱼珠街人民调解委员会要求调解，经"建功 818"号的实际所有人房章荣与死者家属协商，双方达成协议，由房章荣赔偿死者家属 50 万元。2014 年 6 月 24 日和 7 月 8 日，王兴燕作为收款人出具两份收据确认，收到建功公司 818 船主(房章荣)支付的莫振强赔偿款 200 000 元和 305 000 元(包括莫振强 2014 年 6 月份的工资 5 000 元)。原告主张，根据原告投保的船东对船员的责任险条款，原告对莫振强的责任属于船东对船员的责任险的保险范围，被告人保公司应予理赔。两被告则认为，原告提交的上述证据无法证实莫振强是"建功 818"号船员，房章荣向死者家属支付了赔偿款，原告并没有遭受损失，其无权要求被告承担赔偿责任。

关于被告粤洋公司与被告人保公司的下属番禺支公司的合作事实。2013 年 9 月 2 日，被告粤洋公司与被告人保公司的下属番禺支公司签订船舶保险合作方案，约定被告粤洋公司利用自身与船舶所有人联系较多的有利条件，为被告人保公司提供船舶保险服务并收取佣金的方式进行合作。两被告主张粤洋公司只是人保公司的保险居间人，而原告则认为,被告粤洋公司在本案不但联系保险事宜,并代为收取保险费并接收投保单,被告粤洋公司是被告人保公司的保险代理人。

【审判】

广州海事法院经审理认为:本案是一宗海上保险合同纠纷。争议焦点主要包括:一是续保的海上保险合同何时成立并生效? 二是房章荣支付给莫振强家属的赔偿款是否属于被告人保公司的承保责任范围?

一、关于续保的海上保险合同何时成立并生效

本案查明的事实表明,在"建功818"号2013—2014年度船舶保险即将到期时,被告粤洋公司要求被告人保公司提供"建功818"号续保报价,被告粤洋公司收到续保报价后,向"建功818"号实际船舶所有人房章荣发出续保信息,要求其在2014年6月5日前支付保险费以便出单,结合被告粤洋公司事后将保险费转交被告人保公司并由被告人保公司签发"建功818"号2014—2015年度保险单,以及被告粤洋公司与被告人保公司的下属人保番禺支公司签订的船舶保险合作方案的内容来看,可以认定被告粤洋公司是被告人保公司的保险代理人。从被告粤洋公司实施的行为看,其并非向被告人保公司报告订立合同的机会或者提供订立合同的媒介服务,两被告主张双方存在《合同法》第四百二十四条规定的居间合同关系,与本院查明事实不符,不予采信。在被告粤洋公司向房章荣发出的续保信息中,将续保方案、保险费数额及接收费用的银行账户等内容予以告知。房章荣收到相关信息后,由其妻子吴素云在2014年6月4日根据被告粤洋公司的账户支付了保险费35 200元,被告人保公司事后也认可该保险费为"建功818"号2014—2015年度的保险费,只是以其实际收到款项的时间(2014年6月16日)作为续保的开始时间。因此,该问题争议的实质,是对被告粤洋公司接收保险费性质的认定。被告粤洋公司向房章荣发出的续保信息中,包括了续保方案、保险费数额及接收费用的银行账户等内容,应认定被告粤洋公司作为被告人保公司的保险代理人发出了续保要约,房章荣收到信息后根据被告粤洋公司提供的账户支付保险费的行为,表明其愿意续保,是对要约作出的承诺。被告粤洋公司作为被告人保公司的保险代理人,自2014年6月4日收到保费之日,即视为被告人保公司已收到保险费。房章荣没有将吴素云代为支付保险费的事实及时告知被告粤洋公司,客观上会造成被告粤洋公司无法及时核实保险费,该行为的后果会影响保险单的签发时间,但并不影响"建功818"号2014—2015年度船舶保险的续保,自房章荣于2014年6月4日支付续保的保险费之日起,"建功818"号2014—2015年度船舶保险的续保合同成立并生效,保险期间从2014年6月6日起算。被告人保公司关于续保合同于2014年6月16日成立并生效的抗辩,依法不能成立。

二、关于房章荣支付给莫振强家属的赔偿款是否属于被告人保公司的承保责任范围

关于原告主张的莫振强于2014年6月13日在"建功818"号工作期间死亡,由房章

荣向莫振强家属赔偿 50 万元的事实,原告提供的人民调解协议书和收据可以相互印证,本院认定莫振强于 2014 年 6 月 13 日在"建功 818"号工作期间死亡,房章荣向莫振强家属赔偿了 50 万元。本案中,莫振强在船上工作期间发生死亡,房章荣作为船舶的实际所有人,原告作为船舶登记所有人,应承担赔偿责任。该事故发生在保险责任期间,属于船东对船员责任险的承保范围,被告人保公司应负责赔偿。房章荣作为船舶实际所有人,在向莫振强家属赔偿 50 万元后,由原告作为被保险人向被告人保公司提出索赔,符合船东对船员责任保险条款(2009 版)关于保险责任的约定,被告人保公司应向原告作出赔偿。根据保险单特别约定第五条约定,被告人保公司应赔偿原告 499 600 元。关于逾期付款的利息起算时间,由于原告没有提供证据证明何时向被告人保公司提出理赔,因此利息的起算时间以原告起诉的 2015 年 5 月 14 日为准。根据《保险法》第一百二十七条关于"保险代理人根据保险人的授权代为办理保险业务的行为,由保险人承担责任"的规定,被告粤洋公司作为被告人保公司的保险代理人,其实施保险代理业务产生的权利义务,由被告人保公司享有和承担,原告要求被告粤洋公司承担支付保险金责任,缺乏事实和法律依据,予以驳回。

依照《保险法》(2014 修正)第二十三条第一款、第二款和第一百二十七条的规定,判决被告人保公司赔偿原告建功公司保险金 499 600 元及其利息(利息自 2015 年 5 月 14 日起,计算至本判决确定支付之日止,按中国人民银行公布的同期贷款利率计算);驳回原告建功公司的其他诉讼请求。

人保公司不服一审判决提出上诉。广东省高级人民法院经审理认为,粤洋公司在人保公司处得知涉案船舶上一年度的保险即将届满后,随即向涉案船舶实际所有人发出续保信息,包括保费数额、收费账户等内容,涉案船舶实际所有人已根据要求支付了保险费用,粤洋公司收到保费后再支付给人保公司,据此认定粤洋公司是人保公司的代理人,续保合同至涉案船舶实际所有人支付保险费时成立,本案人身损害事故发生在保险责任期间,属于雇主责任,建功公司作为被保险人,有权要求人保公司承担保险赔偿责任。终审判决:驳回上诉,维持原判。

【评析】

本案为海上保险合同纠纷,由于各方对于续保是否成立并生效,以及各方在本案中的法律地位互不确认,本院根据当事人以往的交易习惯、在办理续保过程中的意思表示,准确识别本案当事人的法律地位,以此认定他们的权利义务。保险人往往通过其代理人等揽取业务,但保险代理人的不规范操作也容易导致保险纠纷的产生,本案即为典型案例。本案对保险代理行为效力、续保合同成立并生效条件作出的判定,对规范保险行业具有一定的指导意义。

一、关于案件当事人法律地位的认定

由于当事人之间没有签订书面协议,对于法律关系各执一词,成为本案审理的难点,也成为对当事人之间权利义务认定的关键。建功公司主张粤洋公司是人保公司的保险代理人,粤洋公司主张其为人保公司的居间人,人保公司则主张粤洋公司为建功公司的投保代理人。根据本案查明的投保过程以及人保公司职员周业满出具的《建功 818 承保过程说明》可知,建功公司长期在人保公司投保船舶险,在涉案船舶 2013—2014 年船舶险即将到期之前,粤洋公司员工区潘旋经与人保公司员工周业满联系报价后,主动联系涉案船舶实际所有人房章荣,向其发送"建功 818"号续保方案,在多次协商之后,区潘旋向房章荣发出短信,确定本次保费为 35 200 元,并请其将保费汇入指定账号。《合同法》第四百二十四条规定,居间合同是居间人向委托人报告订立合同的机会或者提供订立合同的媒介服务,委托人支付报酬的合同。本案中,粤洋公司不但向涉案船舶实际所有人发出续保要约,并要求将保费汇入其指定的账户,再由粤洋公司将收取的保费支付给人保公司,其行为明显不属于居间行为,粤洋公司关于其与人保公司之间为居间关系的主张依法不能成立。建功公司系在粤洋公司的主动联系下,通过粤洋公司向人保公司进行投保,并没有将粤洋公司作为代理人,委托其投保的意思表示,人保公司关于粤洋公司为建功公司代理人的主张亦缺乏事实依据,不予采纳。

粤洋公司从事涉案业务的基础是其与人保番禺支公司签订的《船舶保险合作方案》,该方案仅表明双方合作的意向和方式,并未明确双方之间的法律关系和权利义务,根据该合作方案不足以认定粤洋公司与人保公司之间存在代理关系。但是,从本案交易过程看,粤洋公司系在向人保公司取得"建功 818"号续保方案后主动联系建功公司,并与建功公司商定续保方案;从双方长期以来的交易习惯看,建功公司通过粤洋公司投保,向粤洋公司交付保险费,粤洋公司向建功公司交付保险单;二审庭审中,粤洋公司亦确认其会在每一单业务中取得回扣,即收取佣金。综合上述情况,建功公司有理由认为并相信粤洋公司为人保公司的代理人,根据《合同法》第四十九条"行为人没有代理权、超越代理权或者代理权终止后以被代理人名义订立合同,相对人有理由相信行为人有代理权的,该代理行为有效"的规定,粤洋公司的代理行为有效,人保公司应对粤洋公司的代理行为承担民事责任。为此,本院根据当事人的行为,结合原告与人保公司存在长期船舶保险业务、粤洋公司从人保公司获得续保信息后主动与船舶实际所有人联系续保事项的办理,以及粤洋公司从人保公司的下属公司获得保险佣金等事实,依法认定粤洋公司系人保公司的保险代理人。根据《保险法》第一百二十七条关于"保险代理人根据保险人的授权代为办理保险业务的行为,由保险人承担责任"的规定,粤洋公司实施的民事行为后果,应由人保公司承担。

二、本案续保合同成立并生效的认定

本案的另一焦点在于续保合同成立并生效的认定。人保公司主张本案不属于续保合同,同时进一步认为续保合同即使成立,应以投保单的签发作为依据。由于本案是在涉案船舶上一年度的保险期限即将届满前,保险代理人粤洋公司主动向船舶实际所有人发出信息,明确了续保方案和保费数额等内容,是粤洋公司向被保险人发出的续保要约,至于前后保险的险种是否一致,并不影响续保的成立。从本案投保过程看,粤洋公司区潘旋与建功公司房章荣通过短信、电话联系等方式商定"建功 818"号的投保方案,确定保费为

35 200 元。随后,房章荣的妻子吴素云向粤洋公司指定账户汇入保费 35 200 元,此可视为建功公司对"建功 818"号投保方案的承诺。本案为续保合同,在船舶实际所有人根据保险代理人粤洋公司的要求向特定的账户支付续保保险费时,双方的续保合同即告成立。根据《保险法》第十三条第一款"投保人提出保险要求,经保险人同意承保,保险合同成立。保险人应当及时向投保人签发保险单或者其他保险凭证"的规定可见,签发保险单或其他保险凭证是保险人的义务,而非保险合同成立的条件。人保公司主张涉案保险合同应于提交投保单之后才成立缺乏法律依据,不予支持。在涉案保险合同的订立过程中,建功公司的代表房章荣在汇款中未备注汇款用途,在划款后未及时通知粤洋公司,确有不当,是导致本案纠纷的原因之一,但考虑到保费具有特定性,粤洋公司作为保险代理人操作应更规范、严谨,在交易过程中负有更高的谨慎义务,故本案保险合同未能及时出具保险单的责任应由粤洋公司及其被代理人人保公司承担。

根据《保险法》第十三条第三款"依法成立的保险合同,自成立时生效。投保人和保险人可以对合同的效力约定附条件或者附期限"的规定,涉案保险合同于成立时生效,人保公司应依保险合同约定及相关法律规定承担保险责任。"建功 818"号船员莫振强在船工作期间死亡,事故发生于本案保险责任期间,属船东对船员责任险承保范围。由于本案为船舶保险续保,船舶实际所有人已根据粤洋公司(保险代理人)的要求履行支付保险费的义务,应认定续保合同自投保人支付保险费之时,续保合同即成立并生效,保险人是否签发保险单并不是续保合同成立的条件。据此,人保公司应对原告船员发生的人身损害承担保险责任。

香港公司股东以设立中公司名义签订的
海上货物运输合同当事人的认定

——森普国际有限公司等诉
太平集运服务(中国)有限公司广州分公司等海上货物运输合同纠纷案

宋瑞秋　耿利君①

【提要】

准确查明并适用香港公司条例解决争议先决问题。明确香港公司股东在公司设立前以公司名义在内地订立的合同对香港公司具有效力。船舶遭遇风浪时,承运人不能证明存在免责情形,应承担举证不能的不利后果,推定其对货损有过失,应向托运人承担货损赔偿责任。当受损货物为不同类别货物时,应逐类审查单位货物损失额是否超过赔偿限额,只有单位货物损失额超过责任限额时,才可以按责任限额赔偿。

【案情】

原告:森普国际有限公司(以下简称森普公司)。

原告:陈瑜瑜。

被告:太平集运服务(中国)有限公司广州分公司(以下简称太平集运广州分公司)。

被告:太平船务(中国)有限公司广州分公司(以下简称太平船务广州分公司)。

被告:太平船务有限公司(以下简称太平船务公司)。

"哥打根特"号系新加坡籍集装箱船,船舶所有人为太平船务公司。2014 年 1 月 17 日,森普公司在香港注册成为有限公司,创办成员为陈瑜瑜和 FOFANA AMADOU,陈瑜瑜同时为唯一董事。

2014 年 1 月 3 日,廖银娣受陈瑜瑜指示以森普公司名义向太平集运广州分公司订舱。订舱单记载托运人为森普公司,装货港为中国黄埔乌冲,目的地为加纳特马,货物品

---

① 宋瑞秋,广州海事法院海商庭副庭长;耿利君,广州海事法院海商庭法官助理。

名为内衣,订舱公司为森普公司。1月3日,廖银娣收到太平集运广州分公司发出的太平船务广州分公司集装箱放柜纸,记载提单号为 LWCKTEMP1415026,1 只 40 英尺集装箱。1月4日,廖银娣通知拖车公司为 LWCKTEMP1415026 号提单项下货物提取 PCIU8004321 号空载集装箱并前去仓库装货。1月5日,PCIU8004321 号集装箱满载以纤维袋包装的货物进入码头。

"哥打根特"号 GND011 航次起航于大连,中途停靠南沙。2014 年 1 月 12 日前,PCIU8004321 号集装箱于南沙被装上该船。1 月 12 日,该轮驶离南沙,出发前进行所有甲板绑扎,并进行了核查和加固。1 月 13 日,该船在中国南海附近遭遇到蒲福风级为 5~6 级的恶劣天气,一个非常高的东北强涌拍打到左舷船尾,导致 3 只 40 英尺的集装箱落水,其中包括 PCIU8004321 号集装箱。1 月 14 日,太平集运广州分公司通知廖银娣为 LWCKTEMP1415026 号提单项下运输支付"代理运费"。1 月 16 日,太平集运广州分公司通知廖银娣,"哥打根特"号 GND011 航次承运的 PCIU8004321 号集装箱箱载货物灭失。

1 月 22 日,太平集运广州分公司收到运费 4 091 美元后,开具了付款人为森普公司的收据,并向陈瑜瑜交付 LWCKTEMP1415026 号正本提单,提单签发日期为 2014 年 1 月 7 日,抬头为太平船务公司,托运人为森普公司,收货人为 KELVINKWEKU,集装箱号为 PCIU8004321,货物名称为一般商品和内衣,包装为 248 箱(件),由托运人装箱、积载、计数和封箱,运费预付,太平船务广州分公司作为承运人太平船务公司的代理签发提单。陈瑜瑜接受该提单时没有对提单上记载的承运人等事项提出异议。本案诉讼过程中,该提单原件由两原告持有。

涉案货物包括 147 000 件胸罩,以纤维袋为外包装,以每包 600 件计算共计 245 包,总价为 296 610 美元。245 包胸罩中,每件单价为 1.63 美元的胸罩共 150 包,每包价格为 978 美元;每件单价为 2.63 美元的胸罩共 95 包,每包价格为 1 578 美元。森普公司没有举证证明其支付了保险费,货物损失额应按货物装船时的价值加运费计为 300 701 美元。

森普公司、陈瑜瑜请求判令:三被告承担连带责任,共同赔偿两原告货物损失人民币 1 876 735.08 元及利息(自 2014 年 1 月 16 日起至法院判决确定支付之日止,按中国人民银行公布的同期贷款利率计算);三被告共同承担本案诉讼费用。

三被告共同辩称:涉案海上货物运输合同因森普公司在订立合同时无民事行为能力而无效,森普公司无权基于本案海上货物运输合同向三被告主张索赔。太平集运广州分公司和太平船务广州分公司均不是涉案海上货物运输合同的承运人,无须就涉案海上货物运输合同项下的货物灭失承担任何法律责任。涉案货物灭失的原因为航行中的恶劣天气,与太平船务公司的行为没有因果关系。太平船务公司对涉案货物灭失无过错,无须承担责任。即使违约责任成立,太平船务公司仅在单位责任限额范围内承担赔偿责任。

各方当事人在庭审中一致选择适用中华人民共和国内地法律解决本案实体争议。两原告向法院提交了中国司法部委托公证人、香港律师唐楚彦提供的香港特别行政区《公司条例》(《香港法例》第六百二十二章)第二条和第一百二十二条的中文文本。法院对该文本内容予以采信。香港特别行政区《公司条例》第二条规定,法人团体包括公司及在香港以外地方成立为法团的公司,但不包括单一法团。香港特别行政区《公司条例》第一百二十二条就"公司成立为法团前订立的合约"规定:"(1)如合约看来是在公司成立为法团前,以该公司的名义订立或代表该公司订立的,则本条适用。(2)除任何明订协议有相反规定外:(a)有关合约一般如由本意是代表有关公司或作为该公司代理人的人订立的合约,具有效力;(b)该人为该合约承担个人法律责任,并有权强制执行该合约。(3)有关公司可在成立为法团后,追认有关合约,可追认范围犹如有以下情况一样:(a)该公司在该合约订立时,已成立为法团;及(b)该合约是由未获该公司授权的代理人代表该公司订立。(4)尽管第(2)(b)款另有规定,如有关合约获有关公司追认,则在该项追认之时及之后,该款所述的人所承担的法律责任,并不大于假若该人是在该公司成立为法团后,未获该公司授权而以代理人身份代表该公司订立该合约便须承担的法律责任。"

【审判】

广州海事法院经审理认为:该案是一宗海上货物运输合同纠纷。该案有两方当事人分属于新加坡共和国和中华人民共和国香港特别行政区,涉案货物运输的目的地是加纳,因而属于涉外和涉港民事纠纷。

一、关于森普公司是否为涉案运输合同的托运人

《最高人民法院关于适用〈中华人民共和国涉外民事关系法律适用法〉若干问题的解释(一)》第十二条规定:"涉外民事争议的解决须以另一涉外民事关系的确认为前提时,人民法院应当根据该先决问题自身的性质确定其应当适用的法律。"森普公司的创办成员在森普公司成立前以公司名义订立的合同对森普公司是否具有效力,这是本案的先决问题。森普公司的设立登记地在我国香港特别行政区,故应适用中华人民共和国香港特别行政区法律,判定森普公司注册成立前森普公司创办成员以森普公司名义订立的合同对森普公司是否具有效力。两原告提供了中国司法部委托公证人、香港执业律师唐楚彦出具的法律意见书。法院认为,该法律意见书为原件,在三被告未提出实质性质疑意见的情况下,对其中关于理解和适用香港特别行政区《公司条例》的意见予以确认。唐楚彦律师对香港特别行政区《公司条例》第二条和第一百二十二条的法律意见如下:"根据相关法律,森普公司自成立之日即为法团。法团在香港法律下是指具有法人资格的团体。就以公司名义订立合约的效力问题应适用香港特别行政区《公司条例》第一百二十二条。该公司在注册成立前,由陈瑜瑜订立的合同具有法律效力及陈瑜瑜为该合同承担个人法律责任,并有权强制执行该合同。该公司在成立为法团后如以有效的董事决议追认陈瑜瑜女士所签合同,其追认范围犹如在合同订立时该公司已经成立一样,陈瑜瑜是代表该公司与承运人签订合同,合同的权利和义务归属于该公司。"陈瑜瑜作为森普公司的发起人雇用了廖银娣,廖银娣根据陈瑜瑜的指示以森普公司的名义向太平集运公司托运货物,提单记载的托运人是森普公司,涉案货物运输合同是在森普公司注册成立前以森普公司名义订立的,根据香港特别行政区《公司条例》第一百二十二条有关"公司成立为法团前订立的合约"的规定,森普公司于起诉状中追认陈瑜瑜所签合同,陈瑜瑜作为该公司唯一董事也同意森普公司的该项意思表示,该合同对森普公司具有效力,该合同的托运人为森普公司。森普公司现持有涉案提单,依法享有对提单项下货物的权利,有权请求承运人赔偿

货物损失。陈瑜瑜以森普公司名义指示廖银娣去缔结海上货物运输合同,在森普公司已追认陈瑜瑜行为的情况下,陈瑜瑜无权行使森普公司已行使的权利。

二、关于涉案海上货物运输合同的承运人

《海商法》第二百六十九条规定:"合同当事人可以选择合同适用的法律,法律另有规定的除外。合同当事人没有选择的,适用与合同有最密切联系的国家的法律。"涉案海上货物运输合同关系应当根据合同纠纷所适用的法律——中华人民共和国内地法律确定。太平集运广州分公司接受了森普公司的订舱要约,其出具的费用确认单中记载其收取的是"代理运费",已表明其代理人身份。太平集运广州分公司交付给森普公司的提单也是以太平船务公司的名称为抬头的提单,提单中载明该提单是太平船务广州分公司经太平船务公司授权签发,载明承运人是太平船务公司。提单是运输合同的证明,森普公司接受了该提单且未提出异议。综合本案运输合同缔结过程中各方的意思表示,应认定森普公司与太平船务公司之间成立海上货物运输合同,森普公司是托运人,太平船务公司是承运人,而太平集运广州分公司和太平船务广州分公司只是承运人的订舱代理人和签发提单代理人。两原告关于太平集运广州分公司是承运人、太平船务公司是实际承运人的主张,因缺乏证据,不能成立。

三、关于涉案海上货物运输合同的效力及承运人的法律责任

森普公司与太平船务公司之间的合同合法有效,对双方具有法律约束力,均应依约履行义务。《海商法》第四十六条第一款规定,承运人对集装箱装运的货物的责任期间,是指从装货港接收货物时起至卸货港交付货物时止,货物处于承运人掌管之下的全部期间。《海商法》第四十八条规定,承运人应当妥善地、谨慎地装载、搬移、积载、运输、保管、照料和卸载所运货物。在承运人的责任期间,货物发生灭失或者损坏,除法律另有规定外,承运人应当负赔偿责任。涉案货物在运输途中落海灭失。承运该集装箱的涉案船舶在落海前遭遇的风力在海上航行中并非罕见,不足以构成《海商法》第五十一条第一款第(三)项规定的"天灾,海上或者其他可航水域的危险或者意外事故"情形,太平船务公司据此主张免责不能成立。太平船务公司作为涉案货物运输的承运人,涉案货物的灭失发生在其责任期间内,且没有证据证明本案存在《海商法》第五十一条规定的免责事由,太平船务公司依法应就涉案货物的损坏向森普公司承担赔偿责任。太平集运广州分公司和太平船务广州分公司作为承运人的代理人,不应承担承运人的责任。

因本案没有事实或证据表明涉案集装箱货物对于海上运输存在特别要求,应认为普通的集装箱运输船即足以安全接收、装载和运输涉案货物,太平船务公司已提供证据证明实际执行涉案货物运输的"哥打根特"号为经正式登记的集装箱运输船,并在涉案航次中配备了符合有关要求的船员,故应认为太平船务公司作为涉案集装箱货物运输的承运人,已经安排了适当的承运船舶,尽到了承运人的相关义务。本案中,没有证据证明货物灭失系太平船务公司故意或者明知可能造成损失而轻率地作为或者不作为造成的,太平船务

公司可以就本案货损援用《海商法》第五十六条限制赔偿责任的规定。

四、关于涉案货物的赔偿限额

涉案货物的损失额为 300 701 美元。涉案货物由集装箱装运,涉案提单载明集装箱内的货物件数为 248 包,提单记载货物毛重为 6 520 千克,按照货运单位计算得出的赔偿限额明显高于按提单记载的货物毛重计算得出的赔偿限额,故应按照货运单位数计算太平船务公司可享受的赔偿限额。提单记载的货运单位数为 248 包,但实际装入集装箱内的胸罩数量是 245 包。在提单记载货物为一般商品和内衣的情况下,森普公司不能证明多出的 3 包货物的原因,以及该 3 包货物品名、品种、单价及数量,应承担举证不能的不利后果。据以计算涉案货物赔偿限额的货运单位应采用太平船务公司的观点即 245 包。涉案货物于 2014 年 1 月 13 日灭失。根据《海商法》第二百七十七条关于"本法所称计算单位,是指国际货币基金组织规定的特别提款权"的规定,按国际货币基金组织于 2014 年 1 月 13 日公布的特别提款权对美元的比率 1:1.537 700 计算,单包涉案货物的赔偿限额为 1 025.14 美元。灭失的 245 包涉案货物中包括每包价格为 978 美元的货物 150 包,每包价格为 1 578 美元的货物 95 包。根据已查明的单包灭失货物损失额,未超过 1 025.14 美元的,按货物的实际损失额计算赔偿;超过 1 025.14 美元的,则按照 1 025.14 美元的限额计算赔偿。据此计算,150 包、每包单价为 978 美元的货物单件损失额未超过 1 025.14 美元,应按其实际损失计算赔偿,共 146 700 美元;95 包、每包单价 1 578 美元的货物单件损失额超过 1 025.14 美元的赔偿限额,应按该限额计算赔偿,共 97 388.3 美元,故涉案货物的赔偿总限额合计 244 088.3 美元。森普公司主张按 248 包货物计算赔偿限额,缺乏事实和法律依据,不予支持。中国外汇交易中心受权公布的 2014 年 1 月 13 日人民币汇率中间价为 1 美元对人民币 6.0950 元。涉案货物的赔偿总限额按货损发生之日的汇率中间价 1 美元对人民币 6.0950 元换算为人民币 1 487 718.19 元。森普公司主张按 1 美元对人民币 6.241 2 元的汇率将美元换算为人民币,缺乏事实和法律依据,不予支持。森普公司请求赔偿货物损失人民币 1 876 735.08 元,其请求的超过赔偿限额部分的损失,不予支持。太平船务公司应向森普公司赔付人民币 1 487 718.19 元及利息。森普公司请求自 2014 年 1 月 16 日起至判决确定支付之日止按中国人民银行公布实施的同期贷款利率计算的利息,其请求合理,予以支持。

森普公司追认了陈瑜瑜以森普公司名义缔结合同的行为,且森普公司对太平船务公司的诉讼请求已获得支持。陈瑜瑜对三被告的诉讼请求,因无事实和法律依据,应予驳回。依照《涉外民事关系法律适用法》第十四条,《最高人民法院关于适用〈中华人民共和国涉外民事关系法律适用法〉若干问题的解释(一)》第十二条,《海商法》第四十六条第一款、第四十八条、第五十五条、第五十六条、第七十一条和第二百六十九条,《民事诉讼法》第一百一十九条以及中华人民共和国香港特别行政区《公司条例》第一百二十二条的规定,判决被告太平船务公司赔偿原告森普公司货物灭失损失人民币 1 487 718.19 元及利息(自 2014 年 1 月 16 日起至判决确定支付之日止,按中国人民银行公布实施的同期贷款基准利率计算);驳回原告森普公司的其他诉讼请求;驳回原告陈瑜瑜的诉讼请求。

太平船务公司不服一审判决,提起上诉,但未在指定的期限内交纳上诉费,广东省高级人民法院裁定按自动撤回上诉处理。

【评析】

本案是一宗海上货物运输合同纠纷。拟运往加纳的涉案载货集装箱由新加坡籍船舶承运,途中在南海海域落水。香港公司及该公司股东共同请求太平船务公司等承担货损违约赔偿责任,承运人太平船务公司提出多项主张免责或可以减轻责任的抗辩。各方当事人争议的焦点主要包括:香港公司股东在公司设立前以公司名义在内地订立的合同对香港公司是否具有效力、船舶航行途中遭遇大风浪时承运人应否承担货损赔偿、承运人赔偿责任限额的认定。

一、香港公司股东以设立中公司名义所订立的海上货物运输合同对香港公司具有效力

本案虽然是海上货物运输合同纠纷,但森普公司的创办成员在森普公司成立前以森普公司名义订立的合同对森普公司是否具有效力,是本案的先决问题。先决问题,又称附带问题,与主要问题相对应,是指处理涉外民商事案件(即主要问题)所必须首先要加以解决的其他问题。① 我国《涉外民事关系法律适用法》没有对先决问题作出规定。

《最高人民法院关于适用〈中华人民共和国涉外民事关系法律适用法〉若干问题的解释(一)》第十二条规定:"涉外民事争议的解决须以另一涉外民事关系的确认为前提时,人民法院应当根据该先决问题自身的性质确定其应当适用的法律。"这表明我国在司法实践中是以法院地的冲突规范为指引的,应在我国《涉外民事关系法律适用法》中有关该先决问题的冲突规范的指引下确定准据法,而与主要问题的准据法没有关联。

涉案运输合同在森普公司注册成立前缔结,该合同对森普公司是否具有约束力的问题,属于法人的民事权利能力和行为能力范畴。我国法律适用法有关该先决问题的冲突规范指引,解决该先决问题应适用香港特别行政区法律进行审查。森普公司于本案中为证明其有权请求货损赔偿,委托香港唐楚彦律师提供了香港特别行政区《公司条例》及适用意见。经法院审查,提供该法律的人士拥有提供香港特别行政区法律的专家资质,各被告均无异议,故法院对森普公司提供的香港特别行政区法律予以了确认。法院根据《香港公司条例》有关"公司成立为法团前订立的合约"规定认为,森普公司追认了陈瑜瑜在内地订立的运输合同,陈瑜瑜作为该公司唯一董事也同意森普公司的该项意思表示,该运输合同对森普公司具有效力。

二、遭遇大风浪时承运人违约责任的认定

海商法调整的是海上运输活动中各方的关系,最主要的是船方和货方之间的关系。船方和货方是海商法中的一对基本矛盾。海商法中的责任制度,以对船方的保护为最显

---

① 参见韩德培:《国际私法》,高等教育出版社,2000年8月第1版,第130页。

著特征。① 其中,最有特点的就是有利于承运人的多种免责条款。如我国《海商法》第五十一条规定了承运人在责任期间对货物发生灭失或损坏时的总计十二项免责事由,其中包括天灾、火灾、战争等。同时,为了平衡托运人与承运人之间利益分配,又都对这些免责条款的适用作出了严格的限制。当货方主张货损赔偿时,承运人若要提出除火灾以外的免责抗辩需对以下事实承担举证责任:一是承运人必须证明货损因归责于免责情形的原因所造成;二是承运人必须证明在开航时已经履行了适航这一根本性义务;三是承运人还必须证明自身或是代理人、受雇人在管货方面尽到了妥善谨慎的义务。

太平船务公司虽提出了天灾的免责抗辩,但仅证明了其所属涉案船舶在航行中遭遇的大风为蒲福风级 5～6 级。该种风力是航海中相对较为常见的自然现象,不足以构成"不可预见""不能克服"的"天灾"。根据不完全过失归责原则,太平船务公司不能证明存在免责情形,应承担举证不能的不利后果。故推定其对货损有过失,应向森普公司承担货损赔偿责任。

三、承运人海事赔偿责任限额的计算

海上运输会遭遇众多特殊意外风险,这些风险会使承运人遭受巨额损失。与一般民事责任是以无限责任为原则,以有限责任为例外不同,海商法中承运人承担的是有限责任。海商法中的责任限制主要有两种:一种是海上运输合同中承运人的单位赔偿责任限制,即我国《海商法》第五十六条对海上货物运输合同中承运人责任限额的规定;另一种是适用于几乎所有海事请求的海事赔偿责任限制,也被称为"综合责任"。单位责任限制制度下,承运人针对某件或某单位货物的损失,并非损失多少赔偿多少,而是只承担法律规定的最高赔偿限额。这是一种国际通行的做法。本案审理中,就适用我国《海商法》第五十六条计算承运人责任限额存在两种观点:一是本案原告主张的以 245 件货物数量直接乘以赔偿限额 1 025.14 美元;二是将超过 1 025.14 美元的 95 件货物按赔偿限额计算,未超过 1 025.14 美元的 150 件货物按实际损失计算。太平船务公司虽主张按件数计算赔偿责任,但没有明确其所主张的赔偿限额的具体计算方法,因其提出了整体免责和请求限制赔偿责任的抗辩,故法院应依职权准确适用有关单位责任限额制度。《海商法》第五十六条单位责任限额制度是在《海牙-维斯比规则》和《汉堡规则》相关条款的基础上制定而来。两个国际公约有关条文体现出的理念是单位责任限额适用时的衡量标准应为单位货物损失。当受损货物为不同类别货物时,即应逐类将每个单位货物的实际损失额与责任限额进行比较,只有单位货物的损失额超过了责任限额的,才可以按责任限额赔偿,并对超出责任限额部分免责;如果单位货物的损失额尚未达到责任限额的,则按其实际损失额赔偿,而非按责任限额赔偿。② 涉案灭失货物共 245 件,其中 150 件货物单价为 978 美元,单价没有超过单位责任限额;另外 95 件货物单价 1 578 美元,单价超过责任限额。如

---

① 参见郭瑜:《海商法的精神——中国的实践和理论》,北京大学出版社,2005 年 10 月第 1 版,第 178 页。

② 参见平阳丹柯:阳光财产保险股份有限公司上海市分公司诉马士基(中国)航运有限公司、马士基(中国)航运有限公司深圳分公司海上货物运输合同纠纷案——承运人的单位货物赔偿责任限额应如何计算,《人民法院案例选》2015 年第 2 辑(总第 92 辑)。

果 245 件货物统一按限额赔偿,则太平船务应承担的赔偿金额为 251 159.3 美元,而经逐件考量货物单价并按单位货物价值仅超过限额部分免责方法计算得出的赔偿金额为 244 088.3 美元。本案在支持船方责任限额抗辩理由成立的情况下,采用第二种观点进行了裁判,依法正确平衡了船货双方的利益。

【新型海事案例评析】

境外当事人在诉讼中被注销的处理

——浙江省三门县宏达船务有限公司等与完美快运有限公司船舶碰撞损害责任纠纷案

尹忠烈[①]

【提要】

境外公司作为被告在我国有未了诉讼,却在注册地恶意申请注销,给尚在我国进行的诉讼造成程序障碍。为保证诉讼的正常进行,法院应按照公司登记地法律的规定,将申请注销的相关主体追加为被告,以确保诉讼程序的推进,并可判令该主体承担相应民事责任。

【案情】

原告:浙江省三门县宏达船务有限公司(以下简称宏达公司)。

原告:陈贻岳。

原告:中国大地财产保险股份有限公司舟山市普陀支公司(以下简称大地保险普陀支公司)。

被告:完美快运有限公司(Prefect Express Limited)(以下简称完美公司)。

"宏浦35"号的所有人为宏达公司和陈贻岳,船籍港为浙江台州,船舶种类为钢质油船,总吨497,净吨278,航区为近海及内河 A、B 级,船舶配员9人,事故航次船员配备满足最低安全配员要求,船员均持有有效证书。2009 年 7 月 14 日,大地保险普陀支公司承保"宏浦35"号的沿海内河船舶一切险,保险金额为 300 万元,附加油污责任保险,保险金额为 500 万元,保险期限自 2009 年 8 月 12 日起至 2010 年 8 月 11 日止。"亚洲香港26"号所有人为亚洲港船舶有限公司(以下简称亚洲港公司),船籍港为柬埔寨的 PHNOM-PENH,船舶类型为钢质杂货船,总吨 1 222,净吨 534,配备 9 名船员,全部持有有效合格

---

① 尹忠烈,广州海事法院海事庭四级高级法官。

船员证书,事故航次船员配备满足该船最低安全配员要求。

2010 年 4 月 3 日,"宏浦 35"号从南京扬子石化码头装载 975 吨乙烯焦油前往广州东江口卸货,4 月 10 日航行到珠海小青洲岛附近。2010 年 4 月 10 日约 1930 时,"亚洲香港 26"号在澳门深水码头装载 1 000 吨废铁,离港驶往台湾高雄。2105 时,两船在珠江口水域 22°06.838′N、113°38.648′E 处发生碰撞,"亚洲香港 26"号船头插入"宏浦 35"号的左舷中舱。

就碰撞造成的损失,宏达公司和陈贻岳于 2010 年 5 月 14 日向法院起诉,法院受理后,因本案的审理必须以另两案的审理结果为依据,而该两案尚未审结,法院裁定本案中止诉讼。后该两案审结,法院遂恢复本案诉讼。

大地保险普陀支公司作为"宏浦 35"号的保险人,已支付保险赔款人民币 5 463 754.80 元(以下无特别说明均为人民币),包括修理费用和洗舱费用、清污费、渔业资源损失等。除了大地保险普陀支公司支付的上述保险赔偿外,宏达公司、陈贻岳还另外支出了船舶修理和洗舱费用等各项费用共计 921 610.52 元。在本案诉讼中,大地保险普陀支公司以其作为"宏浦 35"号的保险人,已向宏达公司、陈贻岳支付了承保范围内的保险赔款为由,申请作为本案原告加入诉讼,法院于 2014 年 9 月 17 日裁定准许。

亚洲港公司于 2007 年 10 月 23 日在香港特别行政区注册成立,董事是完美公司,注册股本港币 10 000 元。在本案诉讼中,2013 年 7 月 14 日,完美公司向香港公司注册处申请撤销亚洲港公司的注册,经香港公司注册处刊登宪报,亚洲港公司于 2013 年 11 月 18 日被撤销注册并解散。2014 年 7 月 3 日,香港特别行政区的赵、司徒、郑律师事务所的司徒炯培律师对关于亚洲港公司申请注销的有关问题出具法律意见认为:在香港进行的诉讼过程中,如出现被告有尚未清偿债务而自行撤销注册的,原告可以改为直接将其董事和股东列为被告,向其董事和股东追讨赔偿责任;亚洲港公司虽然已被撤销注册,但宏达公司可向亚洲港公司的董事、经理和股东提起诉讼,追讨相关责任;因亚洲港公司的股东/董事是一家海外公司,该股东/董事的责任受限于其出资范围内。

经宏达公司和陈贻岳申请,法院于 2010 年 4 月 16 日裁定扣押"亚洲香港 26"号,责令该船船舶所有人或光船承租人提供 250 万元担保。5 月 31 日,宏达公司和陈贻岳以亚洲港公司在船舶扣押期间届满后拒不提供担保及船舶不宜继续扣押为由,向法院申请拍卖"亚洲香港 26"号,法院于 6 月 2 日裁定拍卖该船。该船最终于 7 月 22 日以 1 418 000 元的价格变卖。

【审判】

广州海事法院经审理认为,本案是一宗涉外船舶碰撞损害责任纠纷。由于各方当事人未能一致选择适用的法律,而本案船舶碰撞发生地在中国内地,根据《海商法》第二百七十三条第一款的规定,本案纠纷应适用中华人民共和国法律解决。

本案碰撞发生在我国珠江口水域,应适用《1972 年国际海上避碰规则》来划分碰撞双方的过失责任。事发时事故水域能见度良好,两船初见时处于交叉相遇局面,"宏浦 35"号直航船,"亚洲香港 26"号属于让路船。"亚洲香港 26"号没有保持正规瞭望,未正确使用雷达进行远距离扫描,作为让路船,采取避碰措施过迟,是事故发生的主要原因。"宏浦35"号船长在能见度良好的情况下,没有保持正规瞭望,在发现来船迟迟不采取行动后,没有及时采取应对措施,是事故发生的次要原因。综合考虑两船的过失程度,"宏浦35"号承担30%的过失责任,"亚洲香港26"号承担70%的过失责任。

宏达公司、陈贻岳是"宏浦35"号的船舶所有人,亚洲港公司是"亚洲香港26"号的船舶所有人,根据《海商法》第一百六十九条第一款和最高人民法院《关于审理船舶碰撞纠纷案件若干问题的规定》第四条的规定,宏达公司、陈贻岳应承担30%的赔偿责任,亚洲港公司应承担70%的赔偿责任。

大地保险普陀支公司作为"宏浦35"号的保险人,在支付保险赔款后,根据《海商法》第二百五十二条第一款和《海事诉讼特别程序法》第九十三条的规定,取得代位求偿权,有权在保险赔偿范围内向亚洲港公司提出赔偿请求。

综上,亚洲港公司应承担本案损失70%的赔偿责任,赔偿宏达公司、陈贻岳船舶修理等损失646 627.36元及其利息;亚洲港公司赔偿大地保险普陀支公司船舶修理等损失3 798 298.56元及其利息。

亚洲港公司注册登记地在香港,参照《涉外民事关系法律适用法》第十四条第一款关于"法人及其分支机构的民事权利能力、民事行为能力、组织机构、股东权利义务等事项,适用登记地法律"的规定,亚洲港公司被撤销时,其民事权利能力、民事行为能力、组织机构、股东权利义务等事项应适用香港特别行政区法律。根据香港特别行政区《公司条例》第291AA条规定,亚洲港公司在有尚未清偿债务而申请撤销注册的,可以直接将其董事和股东列为被告,向其董事和股东追讨赔偿责任,故亚洲港公司虽然已被撤销注册,三原告可以向亚洲港公司的董事、股东完美公司追讨相关责任,同时由于完美公司是一家海外公司,完美公司承担的责任受限于其出资范围内。鉴于三原告仅请求完美公司将亚洲港公司所有的"亚洲香港26"号在法院的剩余拍卖款承担赔偿责任,因此完美公司应使用"亚洲香港26"号在法院的剩余拍卖款赔偿本案三原告的损失。

综上,法院判决:(1)完美公司将法院拍卖"亚洲香港26"号所剩余拍卖款赔偿宏达公司、陈贻岳船舶修理费等共计646 627.36元及其利息;(2)完美公司将法院拍卖"亚洲香港26"号所剩余拍卖款赔偿大地保险普陀支公司3 798 298.56元及其利息。判决后,各方当事人均未上诉。

【评析】

一、案件涉及两个以上涉外民事关系如何适用法律

我国司法实践中,对于是否属于涉外民事关系通常依据《最高人民法院关于贯彻执行〈民法通则〉若干问题的意见》的规定来认定,该司法解释规定民事主体、民事客体或者民事事实,如果一者涉外,则该民事关系应认定为涉外。一个案件涉及多个涉外法律关系如何适用法律,法律没有明确规定,但依一般法理来讲,应每个民事关系单独适用法律。我国《涉外民事关系法律适用法》虽没有明确规定,但根据其体系结构来看,每章都有明确适用的法律关系类型,如从第二章至第七章,分别就民事主体、婚姻家庭、继承、物权债

权、知识产权法律关系作出了规定,每一种法律关系下面又分别对具体的民事关系作出了具体规定。为了避免争议,《最高人民法院关于适用〈中华人民共和国涉外民事关系法律适用法〉若干问题的解释(一)》第十三条明确规定:"案件涉及两个或者两个以上的涉外民事关系时,人民法院应当分别确定应当适用的法律。"本案船舶碰撞损害责任纠纷,不仅涉及侵权责任法律关系,还涉及亚洲港公司的民事能力确定问题。根据上述法律及司法解释规定,就船舶碰撞损害和亚洲港公司的民事能力方面应分别适用不同的法律。由于亚洲港公司在香港注册,因此亚洲港公司的民事能力方面应适用香港法律。侵权责任方面,根据《最高人民法院关于适用〈中华人民共和国涉外民事关系法律适用法〉若干问题的解释(一)》第三条的规定:"涉外民事关系法律适用法与其他法律对同一涉外民事关系法律适用规定不一致的,适用涉外民事关系法律适用法的规定,但《中华人民共和国票据法》《海商法》《中华人民共和国民用航空法》等商事领域法律的特别规定以及知识产权领域法律的特别规定除外。"由于《海商法》对于船舶碰撞法律适用有专门规定,因此应适用《海商法》的特别规定,适用船舶碰撞发生地法律。本案碰撞发生在广州珠江口水域,因此,侵权责任方面应适用我国《海商法》的规定。

二、如何处理诉讼中境外当事人被注销的情况

境外法人在国际商务中从事民事行为,其权利能力如何确定?从立法例上看,主要有设立准据法主义、主要办事机构主义和复合标准三种做法。大多数国家采用复合标准,即采用设立准据法主义同时兼住所地主义。我国现行立法也采用此模式,规定了法人登记地法与主营业地法作为法人属人法的连接因素。我国《涉外民事关系法律适用法》第十四条规定:"法人及其分支机构的民事权利能力、民事行为能力、组织机构、股东权利义务等事项,适用登记地法律。法人的主营业地与登记地不一致的,可以适用主营业地法律。法人的经常居所地,为其主营业地。"该规定采用登记地为准,在登记地和经常居住地不一样的,可适用经常居住地法律。

本案亚洲港登记地在香港,参照我国《涉外民事关系法律适用法》第十四条的规定,应该适用香港法律来确定其民事能力。本案的特殊之处是,在诉讼过程中,经被告亚洲港公司的股东完美公司的申请,亚洲港公司被香港公司注册处注销。由于本案诉讼尚在进行中,完美公司在香港公司注册处做出虚假陈述申请注销亚洲港公司,致使尚在诉讼中的被告被注销,诉讼无法正常进行下去。完美公司作为股东基于股东地位申请注销亚洲港公司,完美公司在亚洲港公司注销中应承担股东责任,而根据香港公司法的规定,法院可以直接将完美公司追加为被告,由完美公司用亚洲港公司的财产承担责任,且完美公司自己也应对亚洲港公司的剩余债务承担清偿责任。法院依法查明香港法对公司注销方面的规定后,根据香港法将完美公司追加为被告。鉴于本案原告只请求完美公司承担使用亚洲港公司在法院的船舶拍卖款清偿债务的责任,因此,法院只判令完美公司将船舶拍卖款清偿债务,没有判令完美公司另行承担责任。

三、境外法律查明的方式

境外法律识别为事实还是法律,涉及不同的查明方式。如果识别为事实,则应由主张适用的一方当事人举证证明,若不能举证证明,则由负有举证责任方承担不利后果,转而适用法院地法律。若识别为法律,则由法院依职权查明适用,因为根据法理,法官应熟悉所有法律。

笔者认为境外法律,既非简单的事实,也非一般意义上的法律。因此不能简单识别为事实和法律,而完全由当事人举证或法院查明,应该识别为一种特殊的法律,应由当事人和法院共同查明。我国《最高人民法院关于贯彻执行〈中华人民共和国民法通则〉若干问题的意见(试行)》第一百九十三条规定,"对于应当适用的外国法律,可通过下列途径查明:①由当事人提供;②由与我国订立司法协助协定的缔约对方的中央机关提供;③由我国驻该国使领馆提供;④由该国驻我国使馆提供;⑤由中外法律专家提供。通过以上途径仍不能查明的,适用中华人民共和国法律",即采取当事人举证和法院依职权的混合查明方式。《最高人民法院关于适用〈中华人民共和国涉外民事关系法律适用法〉若干问题的解释(一)》没有明确规定法律查明途径,但是根据第十七、十八条规定,可以知道仍然应采用混合模式。由于香港和澳门的特殊地位,该司法解释第十九条规定涉及香港特别行政区、澳门特别行政区的民事关系参照适用该司法解释确定。

本案亚洲港公司为香港注册的法人,对香港的公司登记条例的查明,法院既要求当事人提供,同时自身亦通过香港公司登记处的官网核实,并通过中国法律(香港)服务公司协助核实香港公司登记条例的条文,最终法院依法适用了香港公司登记条例确定当事人的民事能力和股东权利义务,公平公正地审结了该案。

在"一带一路"倡议的实施过程中,在国际经济大融合的背景下,涉外的民事纠纷将会大幅度增加,涉及境外法人的案件将越来越多,本案的成功处理,可被类似案件借鉴。

港口作业合同项下海运集装箱货物留置权的善意取得

——青岛三龙国际货运有限公司诉
广东中外运东江仓码有限公司非法留置船载货物损害责任纠纷案

贺 伟[①]

【提要】

承运人因运输的货物被他人留置而无法向托运人履约时,可基于在运输期间合法占有货物的事实向留置人提起侵权之诉,托运人亦同时享有违约责任请求权及侵权责任请求权。《海商法》第八十七条关于留置物应属债务人所有的规定,仅适用于海上货物运输合同承运人主张行使留置权的场合。当作业委托人拖欠港口作业费用时,港口经营人可以依照《物权法》第一百零六条的规定,善意取得集装箱货物的留置权。

【案情】

原告(上诉人):青岛三龙国际货运有限公司(以下简称三龙公司)。

被告(被上诉人):广东中外运东江仓码有限公司(以下简称东江公司)。

2014年3月,东江公司与上海鸿盛港泰海运有限公司(以下简称鸿盛港泰公司)签订协议,约定鸿盛港泰公司利用东江公司的码头设施开展集装箱班轮运输,鸿盛港泰公司的班轮在东江公司码头的靠泊、装卸作业及场内托运由东江公司承担,费用月结,从鸿盛港泰公司逾期付款之日起,东江公司有权停止合同项下作业,有权滞留单据、留置集装箱和货物,协议有效期自2014年1月1日起至12月31日止。2015年1月,鸿盛港泰公司与东江公司续签协议,该协议的主要条款与上述协议相同,有效期自2015年1月1日起至12月31日止。

2015年1月,三龙公司委托鸿盛港泰公司将以集装箱装载的聚醚由青岛港运至东江公司码头。鸿盛港泰公司向三龙公司出具的集装箱货物运单载明托运人为三龙公司、收

---

① 贺伟,同济大学博士研究生,广东省高级人民法院民四庭助理审判员。

货人为其在目的港的收货代理人曾静。货物运至东江公司码头后,东江公司向鸿盛港泰公司出具集装箱作业分拆单,分拆单均加盖有"提货前付款"字样的东江公司的现金收讫章。三龙公司据此认为涉案货物港口作业费已结清。东江公司主张分拆单上的现金收讫章是东江公司内部流转的盖章,东江公司与鸿盛港泰公司的港口作业费为月结,现金收讫章不代表港口作业费已结清。

2015年2月8日,鸿盛港泰公司停止经营。同日,东江公司向鸿盛港泰公司发出通知称,因鸿盛港泰公司拖欠东江公司到期业务款项,东江公司从即日起停止作业并依法留置集装箱和货物。三龙公司于次日向东江公司提取货物时,东江公司拒绝交付。

2015年3月5日,三龙公司出具抬头为东江公司的《承诺书》。《承诺书》称:三龙公司申请东江公司将货物放给三龙公司;鉴于货物处于东江公司控制下,东江公司提出鸿盛港泰公司仍拖欠东江公司作业费用,所以三龙公司同意向东江公司支付保证金18万元;三龙公司承诺其系集装箱和货物的合法提货人。三龙公司称其确曾草拟该《承诺书》并盖章,但没有交给东江公司,《承诺书》是曾静签署后交给东江公司的,系三龙公司为提取货物被迫签署,并非其真实意思表示。2015年3月6日,三龙公司向东江公司转账支付提箱保证金18万元。同日,东江公司将货物交付三龙公司。

东江公司曾向法院提起诉讼主张鸿盛港泰公司支付拖欠的港口作业费用及滞纳金。广州海事法院于2015年11月19日就该案作出(2015)广海法初字第211号民事判决,判令鸿盛港泰公司向东江公司偿付款项13 534 785.82元及违约金。该判决已发生法律效力。

三龙公司起诉称:三龙公司委托鸿盛港泰公司运输罐式集装箱装载的货物聚醚,在办理了提货手续时,东江公司拒绝交货,非法留置货物并要求三龙公司提供保证金方同意放货。三龙公司被迫与东江公司签署了《承诺书》,且交付了保证金。东江公司要求三龙公司支付保证金并无事实和法律依据,该保证金应予返还。东江公司还应向三龙公司赔偿非法留置货物造成的损失,含差旅费、箱租费等。请求判令东江公司返还保证金18万元及其利息、赔偿损失72 548.9元,诉讼费由东江公司负担。

东江公司答辩称:三龙公司要求提货系运输合同项下的权利,其无权向东江公司主张。东江公司根据其与鸿盛港泰公司签订的《内贸集装箱港航班轮协议》,在鸿盛港泰公司未能依约支付港口作业费的情况下,有权留置港泰公司委托作业的货物,未侵犯三龙公司的权利。三龙公司已出具《承诺书》确认其同意支付保证金。在鸿盛港泰公司结清欠款之前,其无权主张返还保证金。三龙公司关于赔偿损失的主张,也无事实和法律依据。

【审判】

广州海事法院经审理认为:本案系非法留置船载货物损害责任纠纷。涉案货物由三龙公司委托鸿盛港泰公司运输,三龙公司与鸿盛港泰公司之间成立货物运输合同关系,三龙公司有权依据运输合同要求鸿盛港泰公司交付货物。东江公司以鸿盛港泰公司欠付港口作业费为由留置货物而导致三龙公司无法提货,三龙公司因此遭受的损失应根据其与鸿盛港泰公司之间的货物运输合同解决。鸿盛港泰公司与东江公司之间签订的协议约定了鸿盛港泰公司欠付港口作业费用时东江公司有权留置集装箱和货物。货物是否被东江公司非法留置应在鸿盛港泰公司与东江公司之间的港口作业合同纠纷中解决。三龙公司在本案中提出东江公司非法留置货物的主张,不予支持。三龙公司称其草拟了《承诺书》但未将其交给东江公司,主张《承诺书》由曾静签署并应由曾静交给东江公司。曾静作为三龙公司在目的港代理人,其作出民事行为的效力及于三龙公司,且三龙公司已实际支付了保证金,其在事实上履行了《承诺书》的内容。三龙公司未举证证明东江公司以非法手段胁迫三龙公司签署该《承诺书》。虽然《承诺书》未明确表明保证金系用于支付鸿盛港泰公司拖欠东江公司的港口作业费用,但从三龙公司通过支付该保证金提取货物来看,该保证金是三龙公司为东江公司与鸿盛港泰公司之间港口作业费纠纷而提供的担保。本案一审期间,鸿盛港泰公司与东江公司之间的港口作业费用纠纷尚未解决。三龙公司要求东江公司返还保证金的依据不足,其主张东江公司赔偿其因此而产生的损失亦缺乏事实和法律依据,均不予支持。

广州海事法院依照《民事诉讼法》第六十四条的规定,于 2015 年 12 月 3 日作出(2015)广海法初字第 801 号民事判决:驳回三龙公司的诉讼请求。

三龙公司不服一审判决,提起上诉称:东江公司非法留置货物,三龙公司作为货物的物权权利人,有权提起侵权诉讼。一审判决认为三龙公司只能以合同纠纷向鸿盛港泰公司主张权利,无权向东江公司提起侵权诉讼,剥夺了三龙公司的诉讼权利。依照《物权法》第二百六十条的规定,债权人可以留置已经合法占有的债务人的动产。现东江公司非法留置的货物并非其债务人鸿盛港泰公司所有,而是三龙公司所有的动产。即使鸿盛港泰公司同意将货物留置给他人,也属于无效处分。《承诺书》系三龙公司为索回货物被迫书写的,不是三龙公司的真实意思表示,也未表明三龙公司愿意就鸿盛港泰公司欠东江公司的作业费提供担保。鸿盛港泰公司非法留置货物导致三龙公司支付了全部运费之外再额外支付保证金,对三龙公司并不公平。请求:撤销一审判决,判令东江公司返还保证金 18 万元及其利息,并赔偿损失 72 548.9 元,诉讼费由东江公司负担。

东江公司答辩称:东江公司没有侵权行为。三龙公司主张的提货权是运输合同项下的权利,其只能向合同相对人即鸿盛港泰公司主张。《内贸集装箱港航班轮协议》约定:在鸿盛港泰公司欠付港口作业费的情况下,东江公司有权留置根据合同而占有的集装箱和货物。现鸿盛港泰公司拖欠港口作业费已经生效判决确定,东江公司留置集装箱和货物有合同约定与法律依据,不存在过错。《承诺书》是本案双方为减少各自损失而达成的合意,不存在胁迫或显失公平的情形。东江公司与三龙公司之间形成了担保关系。在鸿盛港泰公司未支付拖欠费用、鸿盛港泰公司与东江公司间港口作业纠纷未解决的情况下,三龙公司要求返还保证金缺乏事实与法律依据,其诉讼请求应予驳回。

广东省高级人民法院经审理认为:

(一)关于三龙公司是否有权主张非法留置货物造成损失的问题

依照《物权法》第三十七条规定,侵害物权,造成权利人损害的,权利人可以请求损害赔偿,也可以请求承担其他民事责任。三龙公司以非法留置货物为由、以运输合同之外的东江公司作为被告提起涉案侵权之诉,其行使诉讼该权利并未违反法律规定。三龙公司有权以其所有的货物被他人非法留置为由提起诉讼、主张赔偿损失。

（二）关于鸿盛港泰公司留置货物是否合法的问题

东江公司与鸿盛港泰公司签订的协议约定，东江公司有权留置鸿盛港泰公司根据合同而占有的集装箱和货物，依法处理相应价值的货物以补偿损失。东江公司主张鸿盛港泰公司欠付港口作业费用而留置涉案货物，该债权与被留置的货物具有关联关系。东江公司依据鸿盛港泰公司占有货物的事实推定鸿盛港泰公司系货物的所有权人具有相应的法律依据，其按照行业惯例及交易习惯为鸿盛港泰公司承运的集装箱提供港口作业服务的过程中，并不负有进一步审查箱内具体货物所有权真实状态的义务。依照《物权法》第一百零六条关于物权善意取得的相关规定，东江公司可以善意取得涉案货物的留置权。东江公司留置三龙公司所有的货物不构成侵害三龙公司物权的侵权行为，三龙公司以东江公司非法留置货物构成侵权为由主张赔偿损失的诉讼请求欠缺法律依据。

（三）关于鸿盛港泰公司应否向三龙公司返还保证金的问题

三龙公司向东江公司出具的《承诺书》已明确三龙公司同意支付保证金的背景原因系东江公司对鸿盛港泰公司享有债权，故设立该保证金的目的即为东江公司基于港口作业费用向鸿盛港泰公司享有的债权而提供担保。东江公司基于港口作业费用就鸿盛港泰公司享有的债权，业经另案生效民事判决确认。三龙公司未能提交证据证明该生效判决确认东江公司享有的债权已获实现及《承诺书》项下保证金所担保的债权债务关系现已清结。在保证金担保的主债权仍未清偿的情形之下，三龙公司提出返还保证金的主张欠缺事实及法律依据。

广东省高级人民法院依照《物权法》第三十七条、第一百零六条的规定，于 2016 年 8 月 23 日作出（2016）粤民终 316 号民事判决：驳回上诉，维持原判。

【评析】

本案涉及《海商法》中海运货物留置权的特别规定与《物权法》中留置权善意取得一般规定的理解和适用，关于案中争议焦点问题下文将逐一述评：

一、原告的请求权基础与诉因的选择

本案因托运人及收货人三龙公司委托承运人鸿盛港泰公司运输的货物被港口经营人东江公司留置而产生。三龙公司将其占有的货物交付运输，涉案运单载明其为托运人及收货人。在没有相反证据的情形下，应当认定三龙公司系该货物的物权权利人。因货物被他人非法留置而造成损害时，权利人有权依照《物权法》的规定主张损害赔偿。运输合同项下，依约承运并如期交付货物是承运人的主要合同义务。承运人违反该义务时，应当向托运人或收货人承担违约责任。依据上述分析，本案中的三龙公司同时享有主张合同责任的违约责任请求权及主张损害赔偿的侵权责任请求权。

涉案违约责任请求权和侵权责任请求权的发生具有共同的原因及背景，但各请求权指向的具体义务人有所不同。本案并不存在请求权竞合的问题，多个请求权可以同时行使。三龙公司现以东江公司为被告提起诉讼，主张东江公司承担非法留置船载货物的损害赔偿责任,其明确提出行使侵权责任请求权的诉讼主张并对诉因作出了选择,系属当事人对自身权利所作出的处分,应当予以准许。

依照《物权法》第二百四十五条的规定,占有财产被侵占的,占有人有权请求返还原物、排除妨害、赔偿损失。据此规定,在货物被他人留置而致使承运人无法如期向托运人履约时,除托运人同时享有违约责任请求权以及侵权责任请求权以外,承运人亦可基于其在运输期间合法占有货物的事实,以留置人为被告提起侵权之诉。然而,在托运人同时行使违约责任请求权以及侵权责任请求权时,其所获的赔偿不应过分高于其所受的实际损失。在托运人未向承运人主张违约损害赔偿,托运人与承运人同时对留置人提出侵权之诉的情形下,要充分考量各方因留置行为受到的实际损失,确保当事人之间的利益协调以及民事责任的惩罚性和补偿性得以圆满实现。

二、海运货物留置权的行使

本案的特别之处还在于港口经营人留置的动产系以海运方式运输的集装箱货物。在《海商法》中,针对海运货物留置权的行使,存在与《合同法》、《担保法》及《物权法》有所区别的特殊规定。依照《海商法》第八十七条,应当向承运人支付的费用没有付清又没有提供适当担保的,承运人可以在合理范围内留置其货物。对于此条规定中的"其货物"系指就货物享有所有权还是仅指占有该货物的问题,最高人民法院在 1994 年召开的全国海事法院研究室主任会议上①及《2001 年全国海事法院院长座谈会会议纪要》中均指出,承运人只能留置对海事请求负有债务的货物所有人的货物,不得留置扣押第三人的货物。由此可见,《海商法》就承运人留置的海运货物采取了所有权归属标准,与《合同法》第三百一十五条关于承运人行使留置权的标的物不以债务人所有为限的规定并不一致。

在留置制度产生之初,留置物必须为债务人所有曾被奉为留置权行使的一般原则。但伴随着动产物权证券化的趋势,以交付表彰动产物权的提单来代替交付动产本身日趋成为所有权移转的主流。特别是在海运行业中,依托提单流转而实现货物所有权的转移无须事先征得承运人的同意。在运输的各个环节中,货物贸易均可以同步进行。即使承运人运输的货物实体没有发生变化,其真实所有权状态也极易陷入承运人不可知晓且无法控制的范围。在此情形下,严格地奉行所有权归属标准作为留置权行使的前提,将会导致承运人在订立运输合同时即无法享有或无法行使留置权的后果,使得设立承运人留置权制度的目的与法律规定形同虚设。

基于上述考虑,笔者认为,应严格限制所有权归属标准在留置权制度中的适用。但鉴于《海商法》属于民法的特别法,在《海商法》第八十七条及上述最高审判机关的司法意见转变之前,该规则仍具优先于《合同法》第三百一十五条适用的法律效力。当承运人依照《海商法》的规定主张行使留置权之时,应坚持被留置货物须为债务人所有的原则。而在《海商法》未作出特殊规定的其他情形下,对留置物范围的判断,则应当适用留置权行使的一般规定。应将《海商法》第八十七条关于留置物须为债务人所有的规定理解为法律

---

① 参见《广州海事法院简报》,1994 年第 7 期。

对货物运输合同项下承运人行使留置权的特殊要求,其本质是对债权人行使权利的限制,并非将所有权属性要求黏滞于留置物之上,故不能将所有权归属于债务人作为海运货物留置权成立的一般前提而将其扩展适用至海上货物运输中的承运人以外的其他债权人主张留置权的场合。最高人民法院作出的(2010)民四他字第 10 号批复,恰可印证这一观点。该批复明确指出,就集装箱作业费债权行使留置权的案件适用《物权法》第二百三十条的规定,留置的财产可包括债务人合法占有的动产。

三、动产留置权的善意取得

本案系港口作业合同项下留置海运集装箱货物所生纠纷,一如前述理由,涉案当事人行使留置权的合法性问题,应适用关于留置权行使的一般规定进行判断。依照《物权法》第二百三十条的规定,债权人可以留置其已合法占有的债务人的动产。在适用该规定的过程中,会再次面临与《海商法》第八十七条类似,需对"债务人的动产"予以进一步解释的问题。从前述(2010)民四他字第 10 号批复来看,最高人民法院认同债权人在援用《物权法》行使留置权时不要求留置物必须为债务人所有的观点。

笔者认为,除对《物权法》第二百三十条进行解释以外,在《物权法》的范畴下探索留置权的善意取得,亦不失为解决债权人留置债务人占有动产合法性问题的有效路径。《最高人民法院关于适用〈中华人民共和国担保法〉若干问题的解释》(以下简称《担保法司法解释》)第一百零八条中,最高人民法院对留置权的善意取得即持肯定立场。此后施行的《物权法》并未就留置权能否善意取得的问题作出明确回答,仅在该法第一百零六条第三款中规定了当事人"善意取得其他物权"时参照善意取得所有权的相关规定。虽然该款条文置于《物权法》第九章"所有权取得的特别规定"之下,但其调整的却是"善意取得其他物权"之情形,法条本身没有使用"善意取得其他所有权"的表述。按照文义解释方法来理解,"其他物权"应指所有权以外的物权。既然该款未在物权项下进一步限定其适用对象,那么动产留置权的善意取得就存在适用的空间。肯定动产留置权的善意取得,不仅能与《担保法司法解释》及《合同法》关于债权人可留置债务人占有动产的规定相契合,同时也符合留置权保护债权人利益、担保债权的实现的立法目的。对《物权法》第一百零六条第三款作上述理解,完全契合体系解释与目的解释的方法和原则。

在港口作业人留置委托人承运货物的本案中,二审法院依照《物权法》第一百零六条第三款,适用动产留置权善意取得制度,认定了留置行为的合法性。既然港口经营人为委托人交付的海运集装箱货物提供作业服务时并不负有审查集装箱内货物所有权真实状态的义务,那么其依据委托交付集装箱时占有货物的事实而推定委托人系货物所有权人所产生的合理信赖,就应当受到法律的保护。

海商、合同、担保、物权诸法中关于留置权的制度设计可谓艰深复杂,就其具体规定不尽一致之处,通过针对个案、解释的方法予以准确地理解和适用,显得尤为重要。这不仅是法官的权利,同时也是法官的义务。从某种程度上讲,正是法官在适用规则裁判案件时对法律精神作出的阐释,为法律本身赋予了鲜活的生命。

事故责任比例认定对雇主责任险赔偿金计算的影响

——郑国寿等诉太平财产保险有限公司
福建分公司海上保险合同纠纷案

王 炜 李 慧[①]

【提要】

在被保险人未提供船员适任证书且保险人没有主动询问的情况下,应认定为保险人已经知晓船员不适任的情况,其仍接受投保,不能以船员不适任为由提出免责。海上雇主责任险的保险赔偿金的计算方法,应先按照过错责任比例,确定雇主应承担的赔偿责任。雇主的责任大于保险金额,保险人的赔偿金以保险金额为限,如果雇主应承担的责任小于保险金额,保险人的赔偿金要以雇主应承担的责任为限。在侵权第三人完全承担赔偿责任后,保险人丧失向其代位追偿的权利。

【案情】

原告(上诉人):郑国寿、刘妃、郭敏。

被告(上诉人):太平财产保险有限公司福建分公司(以下简称太平财险)。

郑国寿、刘妃、郭敏为"闽宁德货 0651"号实际共有人。2012 年 4 月 9 日,三原告向被告为"闽宁德货 0651"号上作业的包括死者杨全和、欧全成、林德英在内的 7 人投保雇主责任险,每人伤亡赔偿额 30 万元,但投保单中并未有郑国寿本人签字,而是由被告宁德银保部工作人员代签"郑国寿"的姓名。没有证据显示被告向三原告就"特别约定"条款和免责问题作出说明。被告提交 2011 年 4 月 8 日郑国寿投保雇主责任险和沿海内河船舶一切险投保单等证据,该证据载明郑国寿为"闽宁德货 0651"号投保 2011 年 4 月 9 日至 2012 年 4 月 8 日期间的船舶险和雇主责任险,《收付保费信息》载明业务类别为柜台业务。

[①] 王炜、李慧,厦门海事法院。

2012 年 5 月 3 日,"闽宁德货 0651"号在宁德大唐火电厂码头附近海域与锚泊于附近的工程船"粤中山工 8223"号发生船舵、螺旋桨与锚标浮筒钢丝绞缠事故,导致船舶倾覆,"闽宁德货 0651"号上三名船员落水身亡。三原告向被告报告事故,进行搜救、打捞并对人员死因委托司法鉴定,支出了鉴定费 6 000 元。2012 年 9 月 13 日,宁德海事局经调查作出《水上交通事故认定书》认定,"闽宁德货 0651"号未选择安全水域锚泊,船长及其他船员不适任、瞭望疏忽、操作不当,是事故发生的直接原因;"闽宁德货 0651"号船舶所有人、经营人未有效落实安全生产主体责任,安全管理不到位,是事故发生的重要原因。

2012 年 10 月 29 日,郑国寿与事故另一方"粤中山工 8223"号达成赔偿协议书,该赔偿协议为一次性终结赔偿协议,"粤中山工 8223"号一次性赔偿三原告 43 万元,包括赔偿轮船施救、修复以及三名船员的死亡赔偿金的一切损失。后三原告在当地政府的主持下与死者家属达成和解,并支付死者家属 209.6 万元。三原告向被告提出索赔申请,被告在 2013 年 9 月以船舶不适航为由作出拒赔决定。

另外,在福建省高级人民法院已经生效的(2013)闽民终字第 966 号判决书中查明,2012 年 4 月 6 日,刘妃为包括杨全和、欧全成、林德英在内的 7 名在"闽宁德货 0651"号工作的船员向另外一家保险公司中国人民财产保险股份有限公司赛岐经济开发区支公司(以下简称赛岐人保)投保一年期雇主责任险,判决赛岐人保向郑国寿、刘妃、郭敏赔付保险赔偿款 90 万元。

三原告向厦门海事法院提起诉讼,请求法院判令:被告支付雇主责任险项下赔款 90 万元及自原告申请赔付日到被告实际支付日按照人民银行同期贷款利率上浮 30% 利率计算的利息、搜救费 238 954 元、死亡司法鉴定费 6 000 元、笔迹鉴定费 6 000 元等费用共计 1 280 304 万元。

太平财险辩称:在《雇主责任保险(境内版)投保单》、《雇主责任险(境内)承保明细表》及该轮的《沿海内河船舶保险投保单》中均以"特别约定"的形式明确投保人必须保证船舶的适航性,否则保险人免责。被告对保险合同免责问题作出了口头及/或书面的提示及说明,但本案事故系因原告隐瞒船员无证任职、配员不足、船员不适任等情况所致,根据雇主责任险保险合同特别约定,被告不负赔偿责任。事故的另一方船舶"粤中山工 8223"号一次性赔偿原告 43 万元、赛岐人保赔付的保险赔偿款 90 万元应相应予以抵扣。

【审判】

厦门海事法院法院经审理认为:

(1)太平财险应承担支付保险赔偿款责任。根据雇主责任险的办理情况,投保单上郑国寿签名并非本人所签,可以认定办理保险时并非郑国寿本人在柜台办理业务,应认定为电话投保,郑国寿取得保险单的时间并非投保当日。案涉投保单上风险问询一栏没有关于船员是否持有相应适任证书的内容,但附有相应船员名单,应视为投保人在投保时已告知保险人相关信息。投保单虽有手写的特别约定条款,但由于该投保单为保险人业务员代签,没有其他证据证明保险人曾就免责条款作出提示说明。根据《保险法》第十七条第二项的规定,保险人特别约定的免责条款不产生效力,其仍应对案涉事故承担支付保险赔偿款的义务。

（2）太平财险应承担的保险赔偿款的数额、利息计算方式。本案中，郑国寿、刘妃、郭敏与死亡船员家属签订赔偿协议并支付了相应赔偿款，太平财险支付保险赔偿款的条件已成就。保险人应承担的保险赔偿款数额应先界定郑国寿等人所负担的赔偿责任，根据宁德海事局的事故责任认定，酌定"闽宁德货0651"号承担80%的责任，故原告赔偿支付给死者家属209.6万元中，"闽宁德货0651"号应承担的雇主责任为209.6万元×80%＝167.68万元。原告同时向本案被告及赛岐人保重复投保雇主责任险，本案投保的雇主责任险保险标的是雇主责任，法律性质上属于财产险而非人身险，应适用《保险法》第五十六条关于重复保险的规定，本案被告应赔付三原告167.68万元-90万元＝77.68万元。三原告主张的利息损失，因赔付给死者家属的时间各异，为计算方便，以三原告最后一次赔付死者家属的时间2013年2月4日作为利息的起算点，按中国人民银行同期贷款利率计算利息。

综上，厦门海事法院判决：被告太平财险于本判决生效之日起10日内支付原告郑国寿、刘妃、郭敏保险理赔款77.68万元，并支付该款项自2013年2月4日起至判决确定支付之日止按中国人民银行同期贷款利率计算的利息。

宣判后，原被告双方均提出上诉。福建省高级人民法院审理后，判决驳回上诉，维持原判。

【评析】

随着现代海上航运业的发展，越来越多的船舶所有人、船舶经营人选择投保雇主责任险来分担海上经营风险，而现实情况是，保险机构在承保时对雇主责任险的审单把关不严，试图通过在保险合同中罗列大量免赔条款，以减轻保险赔偿责任，发生海上雇员人身伤亡事故后，受害人理赔难、法院审理难、保险人代为求偿难的特点尤为突出。本案涉及雇主责任险原理的问题，同时还需要兼顾海上保险的特殊性。

一、海上保险的无限告知义务

本案三原告投保的雇主责任险属于海上保险的一种，与陆上的保险中被保险人的有限告知义务不同，海上保险对被保险人采取的是更为严苛的无限告知义务，前者是根据《保险法》第十六条的规定，要求投保人就保险人提出询问的问题如实告知，后者则是根据我国《海商法》第二百二十二条，要求被保险人应该主动向保险人告知一切他所知道的或应当知道的，且可能影响保险人判断的事实。我国《海商法》无限告知的规定采纳了英国法下的无限告知义务，原因在于，投保人对保险标的情况的掌握上占有优势，而保险人对保险价值、保险标的危险程度评估，最主要的方式是依赖于投保人的告知，因此，无限告知义务实际上是为保险人设立的"安全阀"。

但海上保险发展到今天，保险人获得被保险人的信息渠道也更加广泛，不再完全依赖被保险人的告知，海上保险逐步削弱对保险人在告知义务方面的保护，不断限缩被保险人投保时应当告知重要情况的范围，对于可以通过公开渠道查询到的信息，可以视为保险人已经知晓。这一趋势在最高人民法院的司法解释中也有所体现，如《最高人民法院关于审理海上保险纠纷案件若干问题的规定》第四条:"保险人知道被保险人未如实告知《海商法》第二百二十二条第一款规定的重要情况,仍收取保险费或者支付保险赔偿,保险人又以被保险人未如实告知重要情况为由请求解除合同的,人民法院不予支持。"

在本案中,投保人在投保时已经告知保险人在船船员名单,但没有提供船员适任证书等相关材料,保险人没有通过公开渠道了解投保人在船船员不适任的重要信息,也没有在保险审单过程中提出质疑或询问,应认定为被保险人履行了无限告知义务,保险人对船员适任情况和船舶适航情况是明知的,仍接受投保,表明了其已接受了可能出现的危险情况,不能提出免责。

二、雇主责任险是一种定额赔付的特殊财产保险

传统学说依据保险标的的不同,将保险分为人身保险和财产保险,责任保险通常被划为广义的财产保险范围。而英美法系学者多数认为,尽管财产保险与责任保险具有一定的同质性,但二者属于并列的险种。我国保险立法采取传统的两分法体例,将保险分为财产保险和人身保险两类,将责任保险划归为财产保险。雇主责任作为责任保险的一种,将船东责任当作一种财产利益作为保险标的,兼具补偿性功能和定额赔付功能。前者是指,雇主责任险作为一种损害赔偿保险,其作用在于补偿被保险人的损失,即保险赔偿金不能超过被保险人损失的范围;后者是指,只要被保险人应承担的赔偿责任超过了其投保的责任险赔偿金,保险人就应当全额赔偿。换言之,如果雇主的赔偿责任大于保险金额,保险人的赔偿金以保险金额为限;如果雇主应承担的赔偿责任小于保险金额,保险人的赔偿金要以雇主应承担的责任为限,雇主不能因保险获利。需要说明的是,定额赔付的雇主责任险与定额保险不同,定额保险是不问实际损失大小,都按照合同签订时双方约定的保险金额支付保险金。人身保险一般属于此类,当然也有部分人身保险不属于定额保险,如实报实销医疗费用型人身保险,但这也是由于客观上人身价值无法用货币估值、定损导致,而雇主责任险中雇主应承担的责任是可以通过行政、司法等手段予以确定的,所以说,雇主责任险不是一种定额保险,而是定额赔付的特殊财产保险。随着保险法理论研究的深入和保险业务实践的拓展,责任保险与财产保险在产生和发展基础、补偿对象、保险标的、承保方式、赔偿处理等方面存在的差异正逐步被认识,已有学者提出责任保险是独立于财产保险和人身保险的另一类保险,或者称为中间保险、保险第三领域,是相对于财产保险和人身保险之间的新保险类型,这作为责任保险的一种新趋势应得到重视,但在审判实践中还没有运用到这种突破性认识。

在本案雇主责任险的保险赔偿金计算中,将雇主责任险定义为财产保险,先根据《海商法》一百六十九条的规定,按照碰撞的船舶互有过失程度的比例,明确雇主所应承担的赔偿责任大小,计算"闽宁德货 0651"号船东应负担的雇主赔偿责任为 209.6 万元×80% = 167.68 万元,而船东分别向赛岐人保、太平财险两家保险公司为"闽宁德货 0651"号上作业的船员投保伤亡赔偿额 90 万元的雇主责任险,保险赔偿金额达 180 万元,超过了其应承担的雇主赔偿责任范围,故两家保险公司应在雇主赔偿责任范围内的 167.68 万元承担赔付义务。

三、雇主责任险的代位求偿权问题

雇主责任险代位求偿权制度指的是由于侵权第三人的原因,导致雇员发生人身损害,引发雇主责任在保险责任范围内的损失,保险人向被保险人赔付后,可以代位行使对侵权第三人请求权的制度。创设代位求偿权制度旨在保障被保险人的损失获得补偿,同时禁止其同时向保险人和侵权第三人求偿获得超出实际损失的额外利益。

本案中,按事故船舶双方过错的责任比例,三原告向死者家属赔偿的 209.6 万元中,"粤中山工 8223"号船东需承担 209.6 万元×20% = 41.92 万元的人身损害赔偿责任,"粤中山工 8223"号船东的赔偿款 43 万元中已经包括了该部分款项,其已完全履行了人身损害赔偿的义务,保险人不能再向其追偿。换言之,《保险法》第六十条规定的保险人代位求偿权的前提是,保险人承担了不应由被保险人承担的而应当由第三人承担的责任,而本案中第三人已完全承担责任,保险人和被保险人均不得向其追偿。故原告与"粤中山工 8223"号船东达成赔偿协议,没有侵害保险人向"粤中山工 8223"号船东代位求偿的权利,保险人不能根据《海商法》第二百五十三条规定,要求相应扣减保险赔偿金。三原告向赛岐人保和太平财险两家保险公司重复投保,重复投保的保险金额总和达 180 万元,由于雇主责任险的保险标的是雇主对雇员人身损害的赔偿责任,应根据《保险法》第五十六条关于重复保险的规定,由两家保险公司分担雇主 167.68 万元的赔偿责任。

货运代理企业对间接占有债务人的动产行使留置权

——上海通富国际物流有限责任公司与
上海迅磊网络科技有限公司海上货运代理合同纠纷案

杨　婵[①]

【提要】

合法占有债务人的动产是债权人享有留置权的法定要件之一。若货运代理企业基于一定法律关系对委托人的货物成立间接占有,如货运代理企业以自己名义将委托人的货物交由第三人仓储,或转托车队进行陆路运输,货运代理企业对委托人的货物仍有事实上的管控力,应认定为构成"合法占有债务人的动产"。

【案情】

原告:上海通富国际物流有限责任公司。

被告:上海迅磊网络科技有限公司。

2014 年 10 月 14 日,原告与被告签订费用结算协议,约定原告接受被告委托代办订舱、拖车、报关、报检等货运代理事项,为被告代缴相关费用,并就费用结算、留置权利进行约定;被告未依约对结算清单予以确认,或确认后未依约支付款项的,原告有权留置被告委托办理之任何业务的相关单证和货物至实际支付之日止。在此情况下,若被告仍不积极履行付款义务,原告则有权变卖、处理已留置单据或货物以折抵费用,由此给被告造成的损失由其自行承担。

2015 年 3 月,原告接受被告委托,为单证号为 MY10512278 和 MY10514567 的两票进口货物提供了进口报关、内陆运输等货运代理服务。被告盖章确认两票业务费用总计人民币 25 938.53 元。此外,被告盖章确认以往业务中另有人民币 54 437 元和 860 美元的未付款项。2015 年 5 月,被告向原告出具《付款保函》,确认自 2014 年 11 月 1 日起至

---

① 杨婵,上海海事法院海商庭审判长。

2015 年 3 月 31 日止有 9 票业务费用尚未支付,累计欠付原告海运费及其他港杂费用等共计 222 445.79 美元及人民币 25 938.53 元(包含涉案两票业务费用),并保证在 2015 年 5 月 25 日前全额支付,否则将按每日 5‰的标准向原告支付违约金。

2015 年 8 月,原告再次接受被告委托,为提单号 AO10251983 项下的进口"安哥拉黑色花岗岩荒料"提供货运代理服务。该批次货物进口时间为 2015 年 8 月 8 日,装载于 60 个 20 英尺标准集装箱内,涉案提单载明的收货人以及报关单载明的经营单位和收货单位都是被告,报关单记载的货物总价为 159 796 美元。因被告欠付原告之前业务的货运代理费,原告要求被告支付拖欠费用后才安排提货及送货,但被告未予理会。2015 年 9 月 13 日,原告提取该批货物后,将货物存放于案外人薪鑫货代的仓库中。2015 年 10 月 20 日,原告向被告发出律师函,催讨相关欠款,并通知被告其留置了提单号 AO10251983 项下货物。被告于次日签收该邮件。截至 2015 年 12 月,原告陆续为该批货物支付了换单费、报关费、超期费、港杂费等共计人民币 624 142 元。此外,截至 2016 年 1 月 13 日,原告共计向薪鑫货代支付该批货物堆存费人民币 90 000 元,其中首月 2015 年 9 月 13 日至 10 月 12 日为人民币 18 000 元,其余 3 个月每月费用均为人民币 24 000 元。其后,堆存费仍在持续发生。

此外,原告就被告在 2015 年 1 月和 2 月委托其办理的出口货代业务所欠费用另案起诉。2016 年 8 月 8 日,该案作出一审判决,查明被告截至 2015 年 4 月 15 日拖欠原告货运代理费用 109 794 美元和人民币 428 273 元,并判决被告应于该判决生效之日起 10 日内向原告支付货运代理费用 109 794 美元和人民币 428 273 元及逾期付款违约金。

原告诉请判令被告:(1)支付货运代理业务产生的费用 860 美元和人民币 704 717.53 元及其违约金;(2)支付至实际提货时累计的堆存费损失;(3)确认原告有权留置提单号 AO10251983 项下的货物,并有权依法变卖该提单项下货物优先用于偿还被告欠付原告的费用;(4)本案案件受理费和诉讼保全申请费由被告承担。

被告辩称:因相关经办人员已经离职,被告对事实不清楚,同时认为目前提单号 AO10251983 项下的货物并非在原告处,因此原告没有留置权。

【裁判】

上海海事法院经审理认为:本案系海上货运代理合同纠纷。(1)原告与被告签订的费用结算协议合法有效,双方成立海上货运代理合同关系。(2)原告根据被告的委托,提供了清关、内陆运输、采购货主自备集装箱等货运代理服务,被告亦确认了相关费用,应当依照费用结算协议的约定向原告支付费用。被告欠付费用的行为已构成违约,应当向原告承担继续履行、赔偿损失等违约责任。关于原告主张的货运代理费用人民币 25 938.53 元、购箱费人民币 54 437 元和 860 美元的应付款项,已经由被告盖章确认,在无相反证据的情况下,予以认定。关于原告主张为提单号 AO10251983 项下货物发生的除堆存费之外的相关费用共计人民币 624 342 元,经审核原告提供的费用清单及相关票据,有证据可以确认的费用为人民币 624 142 元。此外,被告还应当按照双方协议约定的利息计算标准和结算周期支付逾期付款违约金。(3)关于原告是否有权留置提单号 AO10251983 项下货物的问题,在案证据证明原告在该票业务中的受托事项包括清关及内陆运输,原告对该批货物具有内陆运输和保管义务,系合法占有,该批货物为被告所有,且货物报关价格与当时被告对原告所负的到期债务数额相当。原告已向薪鑫货代支付了4个月的堆存费,目前堆存费仍在持续发生,因此原告至今仍间接占有该批货物,不影响留置权效力。综上,原告于2015年10月20日通知被告留置提单号AO10251983项下货物,符合法律规定,予以支持,其担保的范围依法应当包括本判决以及另案判决支持的原告对被告享有的债权、堆存费以及将来可能发生的实现留置权的费用。故判决确认原告对该提单项下货物享有留置权。

一审宣判后,被告提出上诉。因被告收到法院催缴案件受理费通知后未予缴纳且未递交减缓免案件受理费的申请,2016年11月2日,上海市高级人民法院裁定按被告自动撤回上诉处理。本案判决现已生效。

【评析】

海上货运代理属于商事代理行为,货运代理企业以从事代理业务并收取报酬为主要经营活动。货运代理合同,是指委托人和受托人约定,由受托人为委托人处理货物运输及相关业务的合同。当委托人拖欠货运代理人费用时,货运代理人是否可以采取留置委托人货物的救济手段,在海事审判实践中向来争议不断。虽然类似案件时有发生,但近期涉及货运代理人扣留货物的案件中,货运代理人扣留货物行为的合法性大多难以得到法院的支持。① 货运代理人能否留置委托人货物以保护自身合法权益以及货运代理人如何正确行使留置权,值得进行一番梳理。

一、货运代理人行使留置权的法律依据

货运代理合同不属于《合同法》规定的有名合同。审判实践中,对货运代理合同的法律适用,应当依据《合同法》第一百二十四条的规定执行,即在《合同法》或者其他法律没有明文规定的情况下,应当参照《合同法》分则中与货运代理合同最相类似的"委托合同"的有关规定。

(一)《合同法》中没有直接依据

《合同法》第二百六十四条、第三百一十五条、第三百八十条、第四百二十二条分别在承揽合同、货运合同、保管合同和行纪合同法律关系中,规定了承揽人、承运人、保管人、行纪人对完成的工作成果、相应的运输货物、保管物和委托物的留置权。此外,根据第三百九十五条规定,若仓储合同一章没有规定,适用保管合同的有关规定。因此,在仓储合同法律关系中,仓储人对仓储物应当也可以行使留置权。但是委托合同一章中,并未对受托人的留置权作出规定。

(二)《物权法》中有关留置权的规定

依据《物权法》第二百三十条"债务人不履行到期债务,债权人可以留置已经合法占

---

① 参见董敏:《关于货运代理人能否因运输费、仓储费之外的欠费而主张行使留置权问题的分析》,载于2014年3月13日上海高院网站《海商事审判研究》栏目。

有的债务人的动产,并有权就该动产优先受偿",第二百三十一条"债权人留置的动产,应当与债权属于同一法律关系,但企业之间留置的除外"以及第二百三十二条"法律规定或者当事人约定不得留置的动产,不得留置"的规定,留置权的成立需具备三要件:债权人已经合法占有债务人的动产(非法律规定或者当事人约定不得留置的动产除外)、债权人占有的动产与债权属于同一法律关系(企业之间留置的除外)、债务人不履行到期债务。

(三)《担保法》中有关留置权的规定

《担保法》第八十四条规定:"因保管合同、运输合同、加工承揽合同发生的债权,债务人不履行债务的,债权人有留置权。(第二款)法律规定可以留置的其他合同,适用前款规定。(第三款)当事人可以在合同中约定不得留置的物。"该条规定明确了留置权是法定担保物权的性质,只能依法而成立,当事人可以约定排除,但对于不符合法定要件的留置权,不能通过当事人的约定而创设。

(四)《货代司法解释》①持审慎态度

《货代司法解释》没有直接明确货运代理人是否享有留置权,在《货代司法解释》起草者撰写的《〈最高人民法院关于审理海上货运代理纠纷案件若干问题的规定〉的理解与适用》一文中,立法者解释了其对货运代理人行使货物留置权持审慎态度的原因。笔者稍加归纳如下:首先,司法实践中存在很大争议。一种观点认为《合同法》委托合同一章没有明确规定留置权,并且《合同法》第四百零四条规定,受托人处理委托事务取得的财产,应当转交给委托人。据此认为委托合同项下的受托人不享有留置权。但另一种观点认为,《物权法》关于留置权的规定已经不限于传统的几类合同,留置权的适用不应受到债权范围的限制。其次,考虑到海上货运代理实务,货运代理人很难满足行使留置权的法定条件。根据《物权法》的规定,行使留置权以合法占有货物为关键。但在海上货运代理合同关系中,货运代理人作为受托人主要是进行相关单证的处理,一般不会占有货物。而且就货物出口而言,货运代理人即便占有了货物,由于其负有依照委托合同将货物交付给承运人以完成委托事项的义务,此项义务与其留置货物的权利相抵触,依法不能行使留置权。就进口货物而言,货运代理人一般是接受委托代为办理报关等手续,多数情况下也不会直接占有货物,而且代理进口支出的有关费用相对于代理出口时垫付的巨额海运费而言数额很少,未留置货物也不会对货运代理人权益造成严重的损害,必要时货运代理人可以通过诉讼保全的方式扣留债务人财产以保证其权益,同时考虑到相比货运代理费用,进口货物往往价值巨大且不易分割,在此情况下行使留置权或会造成巨大的经济损失。

但《货代司法解释》第二条规定:"人民法院审理海上货运代理纠纷案件,认定货运代理企业因处理海上货运代理事务与委托人之间形成代理、运输、仓储等不同法律关系的,应分别适用相关的法律规定。"因此,对于货运代理人提取货物后因运输、仓储等关系而产生的支付陆路运费、仓储费等纠纷,法律已经明确规定运送人、仓储人留置货物的权利,货运代理人如果此时具有上述身份,依法可以行使留置权。

---

① 指2012年5月1日生效的《最高人民法院关于审理海上货运代理纠纷案件若干问题的规定》。

二、货运代理人行使留置权的法定要件

根据我国《物权法》《担保法》的规定,留置权是一种法定担保物权,留置权的产生是基于法律的特殊规定而非当事人的约定。当法律规定的条件成立时,无须当事人约定,债权人就可以依照法律规定行使留置权;而当法定要件不满足时,当事人不能通过约定的方式成立有效的留置权。依据相关法律规定,货运代理人行使留置权需要满足以下要件:

(一)货运代理人合法占有委托人的动产

实践中,货运代理人的业务范围很广,包括订舱、内陆运输、仓储、集装箱拼装拆箱、报关、报检、报验等业务,但货运代理人可以合法占有委托人货物的环节不多,因此可以留置委托人货物的环节非常有限。除了前文提到的在货运代理人的受托事项中包括内陆运输和仓储的情况,如果货运代理人接受委托为货物提供包装、熏蒸服务等,即双方之间形成加工承揽合同关系时,货运代理人也可合法占有委托人的货物。通说认为,至少在运输、仓储、加工承揽这三种法律关系下,货运代理人具备了"合法占有委托人的货物"的法定要件。

在具体认定这三种关系时,司法实践中的执法标准尚待进一步统一。比如,有观点强调货运代理人在"用自有的车队内陆运输委托人的货物,或者用自有的仓库储存委托人货物时"才具有占有委托人货物的合法原因。但笔者认为,该标准没有平等保护不同规模货运代理人的合法权益,对没有自有车队及自有仓库的货运代理人要求过于严苛。

在留置权人对留置物具有事实上的管控力的情况下,间接占有也能够成立留置权。对《物权法》条文理解与适用的权威解读材料[①]中,也明确了留置权成立要件中的"占有的方式不限于直接占有,间接占有也可"。仍有事实上的管控力,并非指在事实上掌握、控制留置物,而是对留置物有返还请求权。比如货代企业以自己名义将货物交由第三人仓储,或转托车队进行陆路运输等情况下,虽然货代企业并不直接占有前述货物,但在货代企业持有仓单、运单的情况下,其对货物具有返还请求权,故而其仍可就前述货物行使留置权。但货代企业若以委托人名义订立仓储、运输合同,则其对留置物并无返还请求权,也不存在事实上的管控力,故而不成立间接占有,也就不成立留置权。

至于在间接占有情况下行使留置权的方式,因货代企业并不直接占有留置物,故而其对货物的留置也只能通过相关第三方行使。在此情况下,货代企业主张其对货物有留置权,应如何认定其留置权已实际行使?是否需第三方明确表示其系依货代企业指示留置货物,抑或无须第三方有代货代企业为留置的意思表示,甚至无须货代企业与第三方之间有留置货物之意思联络?笔者以为,在间接占有情况下,货代企业对货物的管控力体现在其既可以积极行为要求第三方返还货物,也可为消极行为,不为返还货物的要求。故而,货代企业留置权的行使,既可以表现为其明确要求第三方协助其对货物行使留置权,也可表现为其不向第三方主张返还货物,而使货物继续处于第三方的实际控制之下。因此,货

---

① 最高人民法院物权法研究小组编著:《〈中华人民共和国物权法〉条文理解与适用》,人民法院出版社,2007年版,第676页。

代企业若要主张其对间接占有的货物行使了留置权,首先,应证明其对第三方控制的货物具有事实上的管控力,比如其以本人名义委托第三方进行仓储或者运输,并取得了相应仓单或运单;其次,应证明相应货物仍处于第三方的实际控制之下。至于货代企业是否向第三方发出留置货物的指示,第三方是否有协助货代企业行使留置权的意思表示,均不影响货代企业对其间接占有货物留置权的行使。在实践中,第三方仓储人、承运人对货代企业交付的货物亦可在一定条件下享有留置权,此时,对于第三方未为货物交付的行为,如何区分其系第三方主动行使留置权,抑或货代企业对其间接占有的货物行使留置权?笔者以为,在第三方行使留置权的情况下,货代企业因对货物丧失了实际管控力,货代企业的留置权即归于消灭。因此,如果货代合同下债务人能够证明第三方已就货物行使留置权,则货代企业对其间接占有货物的留置权即归于消灭。

在 2014 年上海市高级人民法院发布的《关于审理货运代理合同纠纷案件若干问题的解答(二)》中明确了"八、受托人将货运代理事务全部或部分转委托第三人处理时,如何认定委托人、受托人和第三人之间的法律关系"的问题:"依据《合同法》第四百条的规定,受托人将货运代理事务全部或部分转委托第三人处理,经委托人同意的,委托人和第三人之间直接成立货运代理合同关系。转委托未经同意的,委托人与受托人、受托人与第三人之间成立各自独立的法律关系。'第三人'包括货运代理人、报关公司、仓储公司、集装箱车队等处理货运代理事务的人。"而实务中,货主通常只关心受托事务能否完成,并不关心货运代理人是自己履行还是转托他人履行完成受托事务。因此,笔者认为,除非有证据证明委托人明确同意了转委托事项,否则货运代理人转委托第三人(车队、仓库)运输、仓储受托货物的,不影响货运代理人与委托人之间成立货运代理合同关系,此时货运代理人间接占有货物,但依然属于对委托人货物的合法占有。

司法实践中还发现,不少货运代理人对这一法律要件存在认识误区,在诉讼中只强调双方当事人在合同中约定在委托人拖欠费用时,货运代理人有权留置"委托办理之任何业务的相关单证和货物"(如本案中有关留置权的约定),而忽略对受托事项包括运输、仓储和加工承揽这三项内容的举证。法官应当注意释明,留置权不能通过当事人约定而产生。但该条约定并非没有法律意义,至少明确了涉案货物并非是"当事人约定不得留置的动产",以及明确了委托人欠费时双方在货运代理合同项下义务的先后履行顺序,为货运代理人行使《合同法》规定的先履行抗辩权提供了合理依据。

(二) 货运代理人占有的动产与债权属于同一法律关系(企业之间留置的除外)

《物权法》的相关规定较《担保法》的规定宽松,只强调留置货物与债权属于同一法律关系,而不再像《担保法》那样强调对货物的占有必须与债权的发生有牵连关系,若是货运代理人和委托人均是企业的情况下,甚至可以突破同一法律关系。实践中,委托人多为进出口企业,货运代理人也是企业,因此货运代理人在合法占有委托人货物的前提下,不仅可以因委托人欠付其内陆运费、仓储费、加工承揽费留置货物,也可以因委托人欠付包括代垫的海运费等其他货代业务产生的费用而行使留置权。如在本案中,货运代理人采用扣留本票货物的方式要求委托人支付包括本票及前几票业务中的欠费。

(三) 委托人不履行到期债务

实务中,货运代理人常与委托人达成滚动结算的约定,当月受托业务完成后,对受托事项逐票或者按月进行费用确认,然后给予45天左右的结算周期。当委托人不支付到期债权的数额与货物价值相当时,货运代理人行使留置权的这一要件即得到满足。如果委托人与货运代理人就应当支付的货代费用金额产生争议时,货运代理人行使留置权时应当注意法律风险,审判实践中有个案认为,双方就费用尚未达成一致意见,综合在案证据看尚不符合债权已到期的规定,货运代理人过早地行使了留置权,应当承担相应后果。

三、货运代理人合法行使留置权还需注意的其他事项

从法定要件的分析看,货运代理人可以行使留置权的情况并不多,即使在符合法定要件的情况下,货运代理人在行使和实现留置权时也必须注意依法而为。如前所述,在很多货运代理人行使留置权的案件中,货运代理人扣留货物行为的合法性没有得到法院的支持。货运代理人不当行使留置权不仅没有解决委托人欠费的问题,反而还引发了不合法扣留货物产生的高额堆存费、集装箱超期使用费、货物贬损等费用或损失的负担问题。审判实践中已有这样的案例:虽然货运代理人依法享有对委托人货物的留置权,法院最终仍认定货运代理人系非法扣留委托人的货物,并判令货运代理人承担非法扣留行为给委托人造成的损失。总之,货运代理人行使留置权存在很大的法律风险,应当依法审慎为之。除符合上述法律要件外,货运代理人合法行使留置权还需注意其他事项。

(一)出口货物不得留置

最高法院民四庭在《〈关于审理海上货运代理纠纷案件若干问题的规定〉的理解与适用》一文中提到,货运代理人代理出口货物运输事宜时,由于其负有依照委托合同将货物交付给承运人以完成受托事项的义务,此项义务与其留置货物的权利相抵触,因此属于"法律规定不得留置的动产",依法不能行使留置权。对于货运代理人代理出口货物时的权益保护,《货代司法解释》第七条①已经明确货运代理人在一定条件下可以行使扣留单证的权利。此项权利是以同时履行抗辩权为基础,并非基于留置权而行使。

(二)留置货物价值应当与到期债权数额相当

《物权法》第二百三十三条规定:"留置财产为可分物的,留置财产的价值应当相当于债务的金额。"因此货运代理人在留置委托人货物时,一定要注意留置的货物数量,以免因超额留置而被认定为非法扣留。

(三)留置货物后应当给予委托人合法的债务履行期间

《物权法》第二百三十六条规定:"留置权人与债务人应当约定留置财产后的债务履行期间;没有约定或者约定不明确的,留置权人应当给债务人两个月以上履行债务的期间,但鲜活易腐等不易保管的动产除外。债务人逾期未履行的,留置权人可以与债务人协议以留置财产折价,也可以就拍卖、变卖留置财产所得的价款优先受偿。"可见,货运代理

---

① 《货代司法解释》第七条:"海上货运代理合同约定货运代理企业交付处理海上货运代理事务取得的单证以委托人支付相关费用为条件,货运代理企业以委托人未支付相关费用为由拒绝交付单证的,人民法院应予支持。(第二款)合同未约定或约定不明确,货运代理企业以委托人未支付相关费用为由拒绝交付单证的,人民法院应予支持,但提单、海运单或者其他运输单证除外。"

人实现留置权还应当符合两个前提条件:一是给予债务人履行债务的宽限期;二是债务人于宽限期内仍不能履行义务。因此,货运代理人留置委托人货物后,要及时通知委托人,如双方就宽限期无法达成一致的,除非是不易保管的货物,应当至少给予两个月的履行债务期间,期限届满前,货运代理人不能擅自处置货物,否则可能需要向委托人赔偿由此造成的损失。

(四)需妥善保管留置货物

《物权法》第二百三十四条规定:"留置权人负有妥善保管留置财产的义务;因保管不善致使留置财产毁损、灭失的,应当承担赔偿责任。"因此,货运代理人留置货物后,需要尽到妥善保管留置货物的义务,以免因货物损坏或灭失产生赔偿责任。

综上,根据该案已查明的事实,在原告接受委托办理提单号 AO10251983 项下业务时,对被告享有多笔到期债权且总额已超过人民币 1 000 000 元。依据双方的合同约定,原告的受托事项包括被告明确委托或默认的物流服务,包括提供拖车服务,在已经被告确认的另外两票进口货代业务费用中均包括拖车费,因此在无其他相反证据的情况下,可以认定原告在提单号 AO10251983 项下的受托事项也包括内陆运输,因此原告对该批货物系合法占有。被告系该批货物提单及报关单记载的单证权利人,并无证据证明涉案货物系他人所有,可认定该批货物为被告所有。该批货物的报关价格为 159 796 美元,与当时被告对原告所负的到期债务数额相当。此外,原告至今仍间接占有该批货物,不影响留置权效力。综上,法院认为原告于 2015 年 10 月 20 日通知被告留置提单号 AO10251983 项下货物,符合法律规定。因留置财产系石材,并非鲜活易腐等不易保管的动产,依法应当给债务人两个月以上履行债务的期间。因被告逾期仍不履行付款义务,因此原告作为留置权人可以与债务人被告协议以留置财产折价,也可以就拍卖、变卖留置财产所得的价款优先受偿。关于原告主张的堆存费损失,因在持续产生致金额无法固定,但该费用属于留置物保管费用,依据《担保法》第八十三条属于留置担保的范围,因此无须在判决主文中赘述。

海域使用权招投标纠纷性质探析

——大丰市常华海产品有限公司诉盐城市 大丰区滩涂海洋与渔业局海事海商纠纷案

汪　洋　　陈梦琪①

【提要】

海域使用权招投标行为系行政机关作为平等主体与他人建立的民事法律关系,由此引发的纠纷不属于海事行政诉讼,应当依照民事诉讼程序和实体法进行审理。相关条例对投标保证金金额设置的有关"不得超过招标项目估算价2%"的上限,该"招标项目"应以投标人可实际参与的投标范围为限。

【案情】

原告:大丰市常华海产品有限公司。

被告:盐城市大丰区滩涂海洋与渔业局。

2012年7月6日,被告公开发布海域使用权招标公告,对位于东沙33宗海域使用权进行招标确权。公告明确海域使用权期限为3年,合计总面积为8 273.522公顷,海域用途为紫菜养殖。在第一轮招标过程中,有8宗海域使用权流拍。

就剩余8宗海域使用权,被告于同年7月31日向原告发出招标邀请函,邀请原告竞标。邀请函中明确,本次海域使用权出让时间为3年,出让海域范围共8宗,面积为1 686.533公顷;底价为每公顷每年450元;投标保证金为每人100 000元。邀请函中同时明确,8月3—6日,中标人凭海域使用缴款通知书缴纳2012年下半年海域使用金及合同履约保证金,签订合同。如不按期缴费和签订合同,投标保证金将被没收。

原告于同年8月2日缴纳了100 000元投标保证金后参与投标并于同年8月3日中标其中一宗海域使用权,原告于同日在中标确认书中签字,确认中标海域面积为208.938

---

① 汪洋,上海海事法院连云港法庭副庭长;陈梦琪,上海海事法院连云港法庭法官助理。

公顷,海域使用权出让金为每公顷每年 2 500 元,一年海域使用权出让金为 522 345 元。原告同时确认将于同年 8 月 3—6 日向被告缴纳合同履行保证金 522 345 元及 2012 年度下半年海域使用金。江苏省大丰市公证处对涉案招标活动进行了现场监督公证,并出具了相应公证书,证明涉案招标程序合法、有效。

后因原告未按约定缴纳合同履约保证金,被告于同年 8 月 7 日向原告寄送催缴函未果后,取消了原告的中标资格,并没收了 100 000 元投标保证金。

原告于 2017 年 1 月 11 日向上海海事法院提起诉讼,称根据《中华人民共和国招标投标法实施条例》(以下简称《招标投标法实施条例》)第二十六条第一款的规定,投标保证金不得超过招标项目估算价的 2%,原告中标海域使用权的标底价为 94 022.10 元,因此原告应缴纳的投标保证金最高额为 1 880.44 元,原告据此多次要求被告退还多收取的投标保证金,但均遭拒绝。为此,原告请求判令被告返还投标保证金 98 119.56 元并赔偿相应的利息损失。后庭审中,原告请求变更返还投标保证金金额至 54 463.61 元,其他诉请不变。

被告辩称,涉案海域使用权招投标程序和内容均具合法性;原告缴纳投标保证金后,可参与投标的海域使用权宗数范围不受限制,应按 33 宗海域使用权价格确定投标保证金金额,故被告收取的投标保证金符合规定。为此,被告请求驳回原告的诉讼请求。

【裁判】

上海海事法院认为,被告就涉案海域使用权出让,向原告发出招标邀请函,原告接受邀请并缴纳投标保证金参与招标活动,则双方均应按照招标文件规定行使权利并履行义务。原告对于被告没收投标保证金的行为并无异议。本案的主要争议焦点为被告在招标文件中设置并实际向原告收取的投标保证金金额是否合规。按照《招标投标法实施条例》第二十六条规定,投标保证金不得超过招标项目估算价的 2%。诉讼中,原、被告双方均认可涉案海域使用金出让标准为每年 450 元/公顷,出让期限为 3 年,且均认可涉案招标项目估算价计算方式为"海域使用金出让标准×出让期限×海域面积"。原告在依招标文件规定向被告缴纳投标保证金后,参与第二轮邀请招标,其可参与投标的权利范围亦仅限于 8 宗海域,而不及于第一轮招标已中标的其他海域,故应以该 8 宗海域面积为限,计算招标项目估算价得 2 276 819.55 元,并以该金额的 2% 计算,为 45 536.39 元。由此,按照法律规定,原告交纳的投标保证金金额,不得超过 45 536.39 元。再者,当原告违反投标义务并造成被告损失时,被告有权依招标文件规定没收投标保证金用以弥补其损失。被告因原告违反投标义务所致损失,并不当然以原告依法应缴纳的投标保证金 45 536.39 元为限,如损失超过该金额,超出部分仍应由原告承担赔偿责任。然被告并未举证证明其损失已超过 45 536.39 元,且须没收全部实际收取的投标保证金 100 000 元才能弥补,则应承担举证不能的不利后果。因此,被告依法应向原告返还多收取的投标保证金 54 463.61 元。综上,判决被告向原告返还投标保证金 54 463.61 元。

一审判决作出后,原、被告均未提起上诉,该案判决已生效。

【评析】

本案系因海域使用权招投标退还保证金引起的纠纷,案件纠纷性质及被告收取的投标保证金金额是否合理是审查的重点。

一、海域使用权招投标纠纷的性质

由于海域使用权招投标通常由海洋渔业行政主管机关作为招标方,因此对此类纠纷是否属于海事行政诉讼存在争议。持肯定观点认为,本案被告盐城市大丰区滩涂海洋与渔业局是依法行使行政职权的机关,其发布海域使用权招投标公告、出让海域使用权、没收投标保证金等一系列行为系属具体行政行为,原告诉请法院要求被告退还多收取的投标保证金的行为系为了保护行政相对方的合法权益、保证行政机关有效实施管理并遏制其滥用职权和违法行政,应属行政诉讼。

笔者认为,行政诉讼是行政主体与行政相对方之间在行政管理活动中发生纠纷所引起的诉讼,而民事诉讼的受案范围是平等主体之间因财产关系和人身关系等产生的纠纷。招投标活动系平等主体之间的民商事法律关系,由此引发的退还投标保证金纠纷,应属民事纠纷范畴。一方面,从本案招投标行为的实施过程来看,被告向社会公开发布海域使用权招标公告和招标邀请,明确招标项目的内容、经营方式、运营周期等,应为要约邀请,原告接受邀请,支付投标保证金参与招标,应视为对被告发出订立涉案项目合同的要约,被告发出的中标通知书应视为对原告报价的接受,该行为属于承诺行为,在签订《中标通知书》时,双方之间的招标投标法律关系已成立。而在这一过程中,被告并非基于公权力性质行使公共管理职能,而系按照市场之规则与原告展开合作。另一方面,从双方的权利义务来看,被告追求政府财政的利用效率、公共服务的社会效益,承担项目规划、土地供应、职能管理等义务;原告承担支付相应价款、经营建设等义务,追求的是稳定的经济收益。双方可谓是依约各尽义务、共享收益。因此,本案纠纷在出让海域使用权的招投标过程中发生,系海事海商纠纷。

值得注意的是,在实践中,由于当事人和行政机关不能准确识别此类纠纷的性质,一些当事人以相对人的身份在发生政府招投标纠纷之后提出行政复议,若行政机关受理并作出复议决定的,会给法院适用何种程序处理纠纷带来较大争议。

二、投标保证金的法律性质

《招标投标法》《招标投标法实施条例》等并没有对投标保证金的定义和法律性质作出明确规定。有观点认为,作为担保方式的一种,投标保证金的法律性质应为定金。定金是以确保契约的履行为目的,在合同订立或履行之前支付的一定数额的金钱作为担保的一种方式。定金与投标保证金在担保方式、交付时间等方面确有相似之处,但两者之间仍有很大不同:首先,投标保证金是一种单向担保,只约束投标人的行为,而定金是一种双向担保,约束合同双方当事人的行为。给付定金方不履行义务时,自然无权要求返还定金。

而接受定金一方不履行义务时同样需要双倍返还定金。其次,定金具有惩罚性,在定金罚则中,双倍返还定金不以给付定金一方有损失为前提。而《房屋建筑和市政基础设施工程施工招投标管理办法》第四十七条规定:"中标人不与招标人订立合同的,投标保证金不予退还并取消中标资格,给招标人造成的损失超过投标保证金数额的,应当对超过部分予以赔偿。"从中可见,投标保证金具有补偿性而非惩罚性。再次,两者可约定的标的额上限不同。定金数额由当事人约定,但不得超过主合同标的额的 20%,而根据《招标投标法实施条例》的规定,投标保证金不得超过项目估算价的 2%。综上来看,投标保证金和定金性质并不相同。

笔者认为,投标保证金是一种质押担保方式。根据《担保法》第六十三条规定:"本法所称质押,是指债务人或者第三人将其动产移交债权人占有,将该动产作为债权的担保。债务人不履行债务时,债权人有权依照本法规定以该动产折价或者以拍卖、变卖该动产的价款优先受偿。"而《最高人民法院关于适用〈中华人民共和国担保法〉若干问题的解释》第八十五条同时规定:"债务人将其金钱以特户、封金、保证金等形式特定化后,移交债权人占有作为债权的担保,债务人不履行债务时,债权人可以以该金钱优先受偿。"根据上述的规定,相比较而言,投标保证金之债是为担保招投标合同的顺利履行而在特定的债权人和债务人之间确立的一种法律关系,其法律性质类似于担保之债中质权的质物。但值得注意的是,投标保证金一般以金钱形式而非实物或权利形式缴纳,而金钱作为一般等价物,具有相对特殊性,与传统质押担保物权形式有所区别,具有一定的特殊性。

三、投标保证金的金额限制

虽然投标保证金的金额系由招投标活动双方当事人协商确定,具有意定性,但《招标投标法实施条例》规定了 2% 限额条款,即投标保证金超过招标项目估算价的 2% 的部分不受法律保护。本案中,被告错误地将全部 33 宗海域使用权作为招标项目估算价的计算基础,导致投标保证金远超 2% 限额条款的上限,对于超出的部分,理应予以退还。同时,投标保证金作为一种特殊的担保形式,具有补偿性而非惩罚性,招标人依约没收投标保证金系用以弥补损失。但如果招标人因投标人造成的实际损失超出投标保证金金额,招标人有权就超出部分主张赔偿。本案中,被告未能举证其实际损失已超过投标保证金的上限 45 536.39 元且以全部实际收取的投标保证金人民币 100 000 元才能弥补,故应退还多收取的保证金。

网络文件作为仲裁条款的效力问题

——中国外运股份有限公司工程设备运输分公司诉
深圳市联力国际货运代理有限公司海上货物运输合同案

平阳丹柯[①]

【提要】

海上货物运输合同中约定以伦敦海事仲裁委员会网站上公布的某种特定网络文件作为仲裁规则,应首先判断按照该网络文件是否可以得出确定的仲裁规则,再根据该仲裁规则确定仲裁地或仲裁机构,并进一步认定仲裁条款的效力。在认定仲裁条款效力的过程中,需按照有关法律和司法解释的规定,准确识别仲裁条款效力的准据法。本案中因根据有关仲裁规则可确定合同约定的仲裁地为英国伦敦,故适用了英国法律来认定仲裁条款的效力,最终确认仲裁条款有效。

【案情】

原告:中国外运股份有限公司工程设备运输分公司。

被告:深圳市联力国际货运代理有限公司。

原告与被告于 2011 年 10 月 20 日以班轮订舱单形式签订涉案合同,包括正面、背面及附则。在正面条款第十三项中规定:"附则条款全部并入本订舱单正面及背面内容,如有任何冲突,应以附则条款为准而非本订舱单第 1、2 页印定条款。"关于"仲裁"的内容在该订舱单的附则部分。该班轮订舱单附则中关于"仲裁"的条文内容为:"BIMCO/LMAA Arbitration Clause as published on the official site of the London Maritime Arbitrators Association—http://www. lmaa. org. uk—to be fully applicable to this contract and any bill of lading issued here under English law. [②]"

---

① 平阳丹柯,广州海事法院深圳法庭法官。
② 伦敦海事仲裁委员会官方网站(http://www. lmaa. org. uk)公布的波罗的海国际航运公会/伦敦海事仲裁委员会仲裁条款(以下简称波/伦仲裁条款)全部适用于本合同以及任何根据英国法律签发的提单。

前述伦敦海事仲裁委员会（London Maritime Arbitrators Association, LMAA）的官方网站内仅有一种仲裁条款名为波/伦仲裁条款，其篇首部分原文为："Arbitration Clause. This Contract shall be governed by and construed in accordance with English law and any dispute arising out of or in connection with this Contract shall be referred to arbitration in London in accordance with the Arbitration Act 1996 or any statutory modification or reenactment there of save to the extent necessary to give effect to the provisions of this Clause. The arbitration shall be conducted in accordance with the London Maritime Arbitrators Association（LMAA）Terms current at the time when the arbitration proceedings are commenced. ①"

英国 1996 年仲裁法（Arbitration Act 1996）第六条规定："6. Definition of arbitration agreement. In this Part an "arbitration agreement" means an agreement to submit to arbitration present or future disputes（whether they are contractual or not）. The reference in an agreement to a written form of arbitration clause or to a document containing an arbitration clause constitutes an arbitration agreement if the reference is such as to make that clause part of the agreement. ②"

【审判】

广州海事法院经审理认为：涉案海上货物运输是从中国上海至巴西伊塔基，存在涉外因素，故本案是一宗涉外海上货物运输合同纠纷。原、被告以班轮订舱单形式订立运输合同，在该合同附则部分约定仲裁条款，虽然该仲裁条款并未直接指定仲裁内容，但通过该条款中有关网站的指引能够确定涉案合同所适用的仲裁协议条款和内容，即波/伦仲裁条款作为原、被告双方自愿选择的合同仲裁协议内容，成为涉案合同的组成部分。波/伦仲裁条款规定根据英国 1996 年仲裁法于伦敦提交仲裁，仲裁地应为伦敦，根据《最高人民法院关于适用〈中华人民共和国仲裁法〉若干问题的解释》第十六条关于"对涉外仲裁协议的效力审查，适用当事人约定的法律；当事人没有约定适用的法律但约定了仲裁地的，适用仲裁地法律；没有约定适用的法律也没有约定仲裁地或者仲裁地约定不明的，适用法院地法律"的规定，波/伦仲裁条款规定的仲裁地为英国伦敦，故应适用英国法律作为确认仲裁条款效力的准据法。

根据英国法的规定，只要纠纷双方达成书面仲裁协议，或者在协议中援引书面形式的仲裁条款或包含仲裁条款的文件构成仲裁协议成为合同的一部分，包含将合同争议提交仲裁的意思表示，仲裁协议即为有效。涉案合同附则中援引了波/伦仲裁条款，并将之并入合同成为组成部分，原、被告双方将合同争议提交仲裁的意思表示一致。因此，该仲裁条款应认定合法有效，根据《民事诉讼法》第二百七十一条第一款关于"涉外经济贸易、运输和海事中发生的纠纷，当事人在合同中订有仲裁条款或者事后达成书面仲裁协议，提交

---

① 仲裁条款。本合同受英国法律管辖并依英国法律进行解释，由本合同引起或与本合同相关的任何争议，均应根据英国 1996 年仲裁法及其任何与本仲裁条款内容有关的生效修订或重新制定的法规，于伦敦提交仲裁。仲裁应根据在仲裁程序启动时有效的伦敦海事仲裁委员会（LMAA）规则进行。

② 第六条，仲裁协议的定义。本编中，"仲裁协议"系指将现有或将来之争议（无论其为契约性与否）提交仲裁的协议。在协议中援引书面形式的仲裁条款或包含仲裁条款的文件，均构成仲裁协议，只要该援引旨在使上述条款成为协议的一部分。

中华人民共和国涉外仲裁机构或者其他仲裁机构仲裁的,当事人不得向人民法院起诉"的规定,原、被告之间的合同纠纷应通过仲裁解决,本院对本案没有管辖权。原告在向本院起诉时未声明涉案合同中存在有效的仲裁协议,根据《中华人民共和国仲裁法》(以下简称《仲裁法》)第二十六条关于"当事人达成仲裁协议,一方向人民法院起诉未声明有仲裁协议,人民法院受理后,另一方在首次开庭前提交仲裁协议的,人民法院应当驳回起诉"的规定,对原告的起诉应予驳回。

广州海事法院依照《民事诉讼法》第一百五十四条第一款第(三)项、第二百七十一条第一款及《仲裁法》第二十六条,裁定如下:驳回原告中国外运股份有限公司工程设备运输分公司的起诉。

【评析】

本案反映了一种以网络文件作为仲裁条款内容的全新模式,本案合同中约定进行仲裁,但没有直接约定仲裁机构、仲裁地,而是约定以伦敦海事仲裁委员会网站上公布的波/伦仲裁条款作为仲裁规则,这种约定能否构成有效的仲裁条款就是本案中所面临的争议问题。

必须指出的是,此类约定以网络文件作为仲裁规则的仲裁条款,是一种全新的情况,在已经出版的全部32辑《涉外商事海事审判指导》丛书中,最高人民法院关于仲裁条款效力的请示与答复均没有涉及此类仲裁条款,即使把范围扩大到该丛书中关于承认和执行外国仲裁裁决、撤销或不予执行涉外仲裁裁决的请示与答复部分,仍然没有任何相关内容。也就是说,对于如何认定以网络文件作为仲裁规则的仲裁条款的效力,我国最高司法审判机关迄今尚未给出明确的处理意见。

在审理本案过程中,法院首先面临的问题就是要判断合同所指的波/伦仲裁条款是否为特定且唯一的。合同中列明了伦敦海事仲裁委员会网站的网址,但实际上该网址所指向的网页里并不能直接显示条文中所列的波/伦仲裁条款,而是必须通过该网页上的链接打开多个下级菜单方可找到,而且在伦敦海事仲裁委员会网站上公布有多个标准仲裁条款,因此在本案审理过程中对于应如何看待合同中的约定条文的性质曾有过较大争议。有一种意见就认为该条文内容只是一个仲裁指引,并不能指向唯一的仲裁规则,同时网络上的文件还存在着时效性和可修改性的特性,因此该合同条文不具有仲裁条款的性质。但法院最终认定,由于在合同条文中已经明确指出了仲裁条款的名称,且在伦敦海事仲裁委员会的网站内仅有一种仲裁条款的名称与其一致,故合同条文的指引是明确而且唯一的,已经指明了波/伦仲裁条款适用于涉案运输合同,属于合同的组成部分。通过本案我们可以认为,在当事人约定引用某份网络文件作为仲裁条款的情况下,只要有关合同条文中有足够明确的指引,能指向网络上某份确定且唯一的文件,即使在合同条文中没有具体写明该网络文件的完整发布网址,也应该认为该网络文件已经被合同所引用,成为合同的组成部分。

法院面临的第二个问题是,在仅约定了仲裁规则的情况下,应如何认定合同仲裁条款的效力。此时应首先确定适用什么法律的规定来判断仲裁条款的效力。本案中当事人并未约定审查仲裁条款所适用的法律,那么根据《最高人民法院关于适用〈中华人民共和国仲裁法〉若干问题的解释》第十六条关于"对涉外仲裁协议的效力审查,适用当事人约定的法律;当事人没有约定适用的法律但约定了仲裁地的,适用仲裁地法律;没有约定适用的法律也没有约定仲裁地或者仲裁地约定不明的,适用法院地法律"的规定,应首先适用仲裁地法律来审查,在无法确定仲裁地的情况下,方可适用法院地法律即中国法律。本案中,当事人仅选定适用于合同的仲裁规则而未约定仲裁地,此时必须根据仲裁规则本身的规定内容并结合相关的各种因素进行推定。根据波/伦仲裁条款的规定,仲裁地为英国伦敦,如前所述,波/伦仲裁条款作为涉案合同的组成部分,其内容应视作合同当事方的约定内容,因此法院认定涉案运输合同当事方,即原、被告双方,已经约定仲裁地为英国伦敦,应适用英国的法律对合同仲裁条款的效力进行审查。法院进一步查明,英国 1996 年《仲裁法》是原、被告约定的仲裁地英国的现行法律,根据该法第六条第一款关于仲裁协议定义的规定,只要纠纷双方约定了仲裁的意向,仲裁协议即为有效。该法第六条第二款则规定,在协议中援引书面形式的仲裁条款亦构成仲裁协议。原、被告在涉案合同中援引了波/伦仲裁条款,并将其作为合同的组成部分,那么根据英国法律,原、被告之间已经达成了有效的仲裁协议。通过上述审理过程我们应该注意到,在审查合同仲裁条款的有效性时,必须准确适用法律,特别是在当事人没有直接约定审查合同仲裁条款有效性的法律或者仲裁地的时候,不能简单地适用法院地法律,而应该根据合同仲裁条款的内容,包括其引用的内容去推定仲裁地,只有在根据合同仲裁条款的内容仍无法推定仲裁地的情况下,方可适用法院地法律来审查合同仲裁条款的效力。此外,在外国法律的查明问题上,法院在本案审理过程中也采取了一种较为新颖的方式,即通过英国国家档案馆开设的官方法律发布网站 http://www.legislation.gov.uk 查询得知英国 1996 年《仲裁法》的内容,其效率相比过往那种通过外交机构、外国的公开出版物等方式有了明显提高。

当前,在海运领域,约定仲裁是合同中普遍具有的内容,随着电子商务的发展,海运合同与电子数据和网络文件的交互也越来越多,仲裁条款也不例外。由于具有公开、便捷等特性,将来会有更多的合同采用在互联网上发布的文件作为其仲裁条款。对于这一新类型合同仲裁条款,法院在审查时不能一刀切式地否定其效力,而应该根据有关法律的规定,结合网络文件本身的内容进行审查。

海洋环境公益诉讼纠纷和解协议的司法审查

——广东省海洋与渔业局诉夏天海运有限公司 船舶污染损害责任纠纷案

罗 春①

【提要】

在船舶油污损害责任纠纷案件的审理过程中,作为代表社会公共利益的有关行政主管部门作为原告,与作为污染行为人的被告达成和解协议,人民法院应对和解协议内容进行司法审查,审查的标准包括原告的诉讼请求是否属于限制性债权、是否应在海事赔偿责任限制基金中受偿、原告参与基金分配的金额是否能涵盖原告合理的诉讼请求等,全面审查和解协议是否损害国家利益和社会公共利益。

【案情】

原告:广东省海洋与渔业局。

被告:夏天海运有限公司。

2013 年 8 月 14 日 12 时 13 分,夏天海运有限公司(以下简称夏天公司)所属的 57 000 吨级中国香港籍散货船"夏长"(Trans Summer)号满载 5 万多吨镍矿自印度尼西亚驶往中国广东阳江港,在珠江口小万山岛以南水域锚泊防台过程中倾侧沉没,船上 21 名船员弃船后被中国香港飞行服务队和南海救助局救助船全部救起,船上燃油泄漏入海,造成附近大万山岛港池、周围岛屿岸线、南沙湾沙滩、周围渔业养殖设施以及外围海域不同程度的污染。2014 年 8 月 20 日,该船被广州打捞局整体打捞出水,事故直接经济损失初步估计为 1.4 亿余万元。

2014 年 7 月 23 日,"夏长"号登记船舶所有人夏天公司向广州海事法院提交材料,申请设立非人身海事赔偿责任限制基金。广州海事法院立案受理后,通过书面和报纸公告

---

① 罗春,广州海事法院海事行政庭审判员。

的方式通知债权人,珠海海事局和中国人寿财产保险股份有限公司宁德市中心支公司(以下简称人保宁德公司)提出异议,广州海事法院经过审查于2015年1月19日作出裁定,同意设立基金,基金数额为5 474 000特别提款权及其利息(利息自2013年8月14日起至基金设立之日止,按中国人民银行确定的金融机构同期一年期贷款基准利率计算)。申请人和异议人均未上诉,该裁定于2015年2月26日生效。夏天公司向广州海事法院提交了中国船东互保协会出具的保函,以担保方式设立基金。

在公告期间,原告广东省海洋与渔业局、珠海海事局、港澳籍渔民及当地渔民、养殖户等281个主体申请债权登记。由于本系列案件自然人主体众多,而且均居住在交通不便的海岛上,为了减轻当事人的诉累,承办法官多次赴珠海市万山经济开发区万山岛、东澳岛,为当地渔民和港澳流动渔民审核身份资料、受理债权登记和接受起诉材料,以及向当地渔民发放本院印制的养殖户提起油污索赔诉讼指南,对渔民进行普法和法制宣传。除人保宁德公司代位求偿案件在基金设立前已立案受理外,包括本案原告在内的281个主体均在债权登记后向广州海事法院提起船舶污染损害责任纠纷确权诉讼案件。

原告诉称:"夏长"(Trans Summer)号在广东省珠海小万山岛以南1.5海里附近海域沉没,船上载有54 750吨镍矿和796.064吨存油,漏油量为610.938吨,造成事故海域严重污染,周边海域的渔业资源遭受严重损失。经调查评估,国家渔业资源经济损失为5 835万元,调查监测费用为160万元,损失合计5 995万元。上述损失是"夏长"号事故造成的,被告作为"夏长"号船舶所有人应予赔偿。2014年11月18日,被告向本院申请设立"夏长"号海事赔偿责任限制基金(以下简称基金)。原告就国家渔业资源经济损失和调查监测费用向本院申请债权登记并得到受理。请求法院判令:(一)被告赔偿原告国家渔业资源经济损失和调查监测费用合计5 995万元人民币及利息;(二)被告承担与本案有关的债权登记费用及诉讼费用。

被告辩称:(1)海洋渔业资源的利益方是渔民,只有渔民才能索赔渔业资源直接经济损失,而天然渔业资源恢复费用的索赔主体是渔政部门,因此,原告无权提出索赔,不是本案适格的主体。(2)原告主张的"夏长"号沉没事故的漏油量计算不正确,"夏长"号沉没不会出现大量的燃油泄露。(3)即使有燃油泄露,也不会对海洋渔业资源造成损害。(4)原告主张的损失数额没有有效的证据支持,而且不属于船舶油污损害的赔偿范围。(5)被告对原告的索赔依法享有责任限制的权利。

【审判】

"夏长"号确权诉讼系列案件立案受理以后,因案情复杂、案件数量众多,广州海事法院成立"夏长"号系列案领导协调小组,抽调资深法官共同审理,成立"夏长"号系列案法官联席会议,采取开会面对面讨论、在内网办公平台设立"夏长"号案法官联席会议平台交流法律问题的形式,对涉及的原告追加保赔协会作为被告、被告是否享受责任限制、原告主张的损失认定、当事人的调解协议确认等法律问题进行了深入的交流。就案件审理中出现的损失认定等重点难点问题,承办法官多次到事发地点实地调查,向当地镇政府、统计部门、海洋环保部门、渔业管理部门、港澳流动渔民管理部门沟通核实,并且采取到附近海域未起诉的渔村了解污染情况,到事发地的农贸市场、水产市场核实鱼类价格等方法查明案件事实,为案件的公平公正裁判打下了扎实的基础。

经过集中开庭、集中合议,本案形成了判决结案的处理意见。在宣判之前,原告与被告和解,约定被告支付5 000万元作为海事赔偿责任限制基金的数额,原告以4 796万元的债权参与基金分配,根据另外两个相关案件将来的审理结果分四种方案,原告根据方案一受偿16 961 191元,根据方案二受偿21 308 356元,根据方案三受偿17 355 908元,根据方案四受偿21 924 954元。案件受理费由原告负担。本案原告与被告之间的协议,符合有关法律规定,法院予以确认并出具民事调解书并送达双方当事人,本案得以调解结案。

【评析】

一、关于国家机关提起海洋渔业资源公益诉讼的主体资格审查

本案在审理过程中,被告提出原告与其主张的渔业资源直接经济损失与天然渔业资源恢复费用的损失没有直接的利害关系,也无权提起本案的起诉。关于原告广东省海洋与渔业局的当事人主体是否适格,是本案审理的先决问题。《民事诉讼法》第五十五条规定:"对污染环境、侵害众多消费者合法权益等损害社会公共利益的行为,法律规定的机关和有关组织可以向人民法院提起诉讼。"本案是国家主管行政机关代表国家提起的索赔自然资源损失的海洋环境公益诉讼,国家对自然资源的所有权一般都由国务院代表行使,国务院所属的行政主管部门具体负责自然资源的管理和保护,包括对污染行为人索赔自然资源损失而提起公益诉讼。《中华人民共和国海洋环境保护法》(以下简称《海洋环境保护法》)第九十条第二款规定:"对破坏海洋生态、海洋水产资源、海洋保护区,给国家造成重大损失的,由依照本法规定行使海洋环境监督管理权的部门代表国家对责任者提出损害赔偿要求。"由于被告所属的船舶漏油,造成海域污染,导致的海洋渔业资源减少,本案原告作为广东省人民政府主管全省海洋综合管理与水产工作的职能部门,负有海洋环境保护和修复、维护国家海洋权益的职责,属于行使海洋环境监督管理权的部门,其依据《海洋环境保护法》第五条、第九十条第二款的规定向被告起诉,符合《民事诉讼法》第五十五条、第一百一十九条和《最高人民法院法院关于审理环境民事公益诉讼案件适用法律若干问题的解释》(以下简称《环境民事公益诉讼解释》)第一条的规定,是本案的适格原告。

二、对海洋环境公益诉讼和解协议内容的司法审查

原告与被告达成和解协议,请求法院根据和解协议的内容制作调解书,法院应依职权进行审查。由于本案是国家主管行政机关代表国家提起的索赔自然资源损失的海洋环境公益诉讼,因此,在审查和解协议是否自愿、合法的基础上,本案司法审查的重点在于协议的内容是否损害国家利益和社会公共利益,具体来说包括两方面的内容:一是原告请求的债权是否为限制性债权,在被告设立的海事赔偿责任限制基金中受偿是否符合法律规定;

二是原告参加基金分配的金额是否合理。

1. 关于原告请求的债权是否为限制性债权的问题

首先,被告所有的"夏长"号在抗台过程中沉没导致泄漏的燃油污染海洋环境,造成海洋渔业等自然资源损失,原告请求被告赔偿,符合《海商法》第二百零七条第一款第(一)项的规定。其次,《最高人民法院关于审理船舶油污损害赔偿纠纷案件若干问题的规定》(以下简称《油污规定》)第五条第二款规定:"油轮装载的非持久性燃油或者非油轮装载的燃油造成油污损害的,应依照《海商法》关于海事赔偿责任限制的规定确定赔偿限额。"最高院的司法解释进一步明确了非油轮装载的燃油造成油污损害,不属于《海商法》第二百零八条第(二)项规定的中华人民共和国参加的国际油污损害民事责任公约①规定的油污损害的赔偿请求之除外情形。因此,原告的诉讼请求属于限制性债权,应在被告依法设立的海事赔偿责任限制基金中受偿,而非如同清污费一般在被告设立的基金之外得到赔偿。

2. 原告参加基金分配的金额是否合理的问题

原告起诉的请求包括三项:一是渔业资源直接经济损失 1 458.75 万元;二是天然渔业资源恢复费用 4 376.25 万元;三是事故调查、鉴定、评估费用 160 万元,共计 5 995 万元。《油污规定》第十七条规定:"船舶油污事故造成环境损害的,对环境损害的赔偿应限于已实际采取或者将要采取的合理恢复措施的费用。恢复措施的费用包括合理的监测、评估、研究费用。"从性质上讲,渔业资源损失属于环境损害,因此,根据《油污规定》第十七条规定,原告请求的天然渔业资源损失恢复费用和事故调查、鉴定、评估费用作为诉讼请求,在形式上、名称上、损失类型上符合油污规定的要求,而原告的第一项请求则难以得到支持。所以,原告与被告和解协议约定原告以 4 796 万元的债权参与基金分配,已经超过原告请求的天然渔业资源损失恢复费用和事故调查、鉴定、评估费用之和,也是合理的,未损害国家利益和社会公共利益。但是,船舶油污事故发生后,对海洋环境的影响是对整个海洋生态系统的损害,包括鸟类、天然渔业资源、游泳生物、微生物等海洋生物物种,以及海岸红树林等水生植物群种,还有海岛、沙滩、海岸线等景观资源,而不仅局限于天然渔业资源的损失。但从原告的诉讼请求来看,其并未提出海洋生态损失。② 究其原因,主要是生态损害的量化比较困难。目前国家在生态损失评估方面缺乏指导性的规范,对生态损失的调查程序没有明确规定,生态损失与司法实践中长期存在的渔业资源损失之间的逻辑关系亦乏定论。在缺乏损害范围、损害大小等基本事实支撑的前提下,生态环境修复

---

① 《2011 年国际燃油污染损害民事责任公约》没有规定专门的责任限制制度和专属的燃油污染损害赔偿责任基金,而是引导成员适用《1976 年海事索赔责任限制公约》或者是成员的国内法。由于我国没有参加《1976 年海事索赔责任限制公约》,所以,燃油污染损害赔偿责任在性质上属于一般的海事赔偿责任限制。

② 不仅在本案,而且在多年来海事法院审理的船舶油污损害责任纠纷案件中,少见代表国家的行政机关提出海洋生态损害赔偿的诉讼请求。目前笔者收集到的较为典型的案例有:1. (2003)津海法事初字第 183 号原告天津市海洋局诉被告英费尼特航运有限公司、伦敦汽船船东互保协会船舶碰撞油污损害赔偿纠纷一案,天津海事法院判决被告英费尼特航运有限公司赔偿原告天津市海洋局海洋环境容量损失 750.58 万元和调查、监测评估费、生物修复研究经费 2 452 284 元。2. (2010)青海法事初字第 45 号原告山东省海洋与渔业厅诉被告金盛船务有限公司船舶油污污染损害赔偿纠纷一案,原告提出了国家渔业资源、海洋生态损失和调查监测费用的诉讼请求,青岛海事法院判决认为海洋生态和渔业资源损失费用属于已实际采取或将要采取的合理恢复措施的费用,判决被告金盛船务有限公司赔偿原告赔偿款 8 912 664.2 元。

费用亦难以确定。对此,人民法院应按照《环境民事公益诉讼解释》第九条的规定,对原告进行释明①,对诉讼请求进行变更。至于海洋环境生态损失的大小,以及与渔业资源损失之间的关系,属于原告举证以及法庭调查和法庭辩论需要查明的问题。

三、海洋环境公益诉讼民事调解的公告程序

按照司法公开的一般原则,民事纠纷案件调解结案的,一般不要求将调解书或调解议的内容公开。但本案属于环境民事公益诉讼,该类案件在审理过程中,对于当事人的调解有不同于一般民事诉讼案件的要求。一是由于环境公益诉讼涉及社会公共利益,代表公共利益的原告接受调解、达成的调解协议,不能完全按照当事人行使处分权来对待,需要公开协议内容以接受社会公众的监督和质疑。二是环境公益诉讼达成调解协议,涉及作为环境侵权人的被告赔偿数额和修复环境的方式,原告对于后续赔偿金的利用、督促被告修复被破坏的环境负有法定的义务,这些义务的履行也需要在社会的监督下来进行。《环境民事公益诉讼解释》第二十五条也对此作出了特别规定:"环境民事公益诉讼当事人达成调解协议或者自行达成和解协议后,人民法院应当将协议内容公告,公告期间不少于三十日。公告期满后,人民法院审查认为调解协议或者和解协议的内容不损害社会公共利益的,应当出具调解书。当事人以达成和解协议为由申请撤诉的,不予准许。"本案原告与被告达成和解协议,法院依法在公告区域和中国涉外商事海事审判网上将和解协议的内容进行公告,期满后未收到对和解协议的异议,经审查认为和解协议的内容不损害国家利益和社会公共利益,按照和解协议的内容制作民事调解书。

---

① 由于本案属于海事确权诉讼,原告的诉讼请求受制于其提出债权登记的范围,因此法院的释明权应相应提前到债权登记阶段进行。根据《海事诉讼特别程序法》第一百一十二条的规定,代表国家提起公益诉讼的行政机关应该在设立基金公告期间申请债权登记,如果公告期间届满不登记,视为放弃债权。有观点认为,债权登记阶段申请登记的债权应与确权诉讼的请求一一对应,公告期间未登记的债权已经视为当事人放弃,不得在确权诉讼中提出,人民法院在诉讼阶段才对原告是否变更诉讼请求进行释明为时已晚。

因行政机关查封扣押行为产生的
保管费用应由行政机关承担

——地中海航运有限公司诉伟航集运(深圳)有限公司等
海上货物运输合同及侵权纠纷案

李立菲①

【提要】

根据《中华人民共和国行政强制法》②第二十六条第三款关于"因查封、扣押发生的保管费用由行政机关承担"的规定,因海关查封、扣押货物产生的码头堆存费,码头经营人只能向作出行政强制措施的行政机关主张,而不得向货物运输的相关方——承运人、托运人及收货人主张。因此,承运人即使向码头经营人实际支付了查封、扣押期间产生的码头堆存费,也无权向托运人或收货人追偿。

【案情】

原告:地中海航运有限公司(以下简称地中海公司)。

被告:伟航集运(深圳)有限公司(以下简称伟航公司)。

被告:图木舒克市托木尔进出口有限公司(以下简称托木尔公司)。

被告:深圳市港源物流有限公司(以下简称港源公司)。

2011年12月23日,伟航公司向原告发送1份编号为181SY11CO1A00247的订舱申请,向原告预订1个集装箱的舱位,该订舱申请记载的订舱人为伟航公司,承运人为原告,装货港为中国盐田,目的港为波兰格丁尼亚,预计开船时间为12月31日。原告接受订舱后,向伟航公司出具了订舱确认单。

2011年12月27日,伟航公司根据原告的订舱确认单从盐田码头公司提取了原告所

---

① 李立菲,广州海事法院汕头法庭负责人。
② 以下简称《行政强制法》。

属编号为 MSCU9374409 的 40 英尺集装箱,装载货物后于 12 月 28 日将集装箱返还盐田码头公司待运。12 月 30 日,港源公司持编号为 167064147 的出口货物报关单向大鹏海关申报出口上述集装箱货物。该报关单记载的经营单位和发货单位为托木尔公司,商品名称为人造花,数量及单位分别为 332 731 支、单价 0.6 美元,总价 199 638.60 美元。2012 年 2 月 24 日,大鹏海关向托木尔公司出具行政处罚决定书和行政处罚告知单,称托木尔公司委托港源公司以一般贸易方式申报出口人造花 332 731 支,经海关查验发现,实际出口货物为人造花 69 264 支,违法货物价值为人民币 1 011 713 元。上述行为已构成违反海关监管规定的违法行为,决定对托木尔处以行政罚款人民币 12 万元。托木尔公司在领取海关处罚决定书后下落不明。

2012 年 3 月 1 日,原告要求伟航公司尽快解决涉案集装箱滞留起运港的问题,原告随附的集装箱超期使用费和码头堆存费计算表记载:1 个 40 英尺集装箱免租期为 3 天,超期使用费前 5 天每天人民币 170 元,之后每天人民币 235 元;码头免堆期为 7 天,堆存费前 5 天每天人民币 300 元,之后每天人民币 450 元。12 月 11 日,伟航公司向原告支付 38 252.14 美元。原告随后向伟航公司出具了书面证明,确认伟航公司支付了被海关扣押的 MSCU9374409 号集装箱从 2011 年 12 月 27 日至 2012 年 12 月 10 日期间产生的费用,包括集装箱超期使用费人民币 81 925 元和码头堆存费人民币 156 300 元。

2014 年 7 月 9 日,盐田码头公司向原告发送 1 份编号为 14045483 的催款单,告知其涉案集装箱从 2013 年 2 月 21 日至 2014 年 2 月 20 日产生码头堆存费共计 10 687.20 美元,计费方式为每日 29.20 美元,计费期间为 366 天。7 月 15 日,原告向盐田码头公司支付人民币 65 750.86 元,汇款单上注明为 14045483 号单据堆存费。

伟航公司主张其是接受龙邦公司委托向原告订舱托运本案货物,原告对此予以认可,但只认可伟航公司是与其成立海上货物运输合同关系的当事人。关于涉案集装箱的状态,到庭的各方当事人在庭审时一致确认集装箱仍被海关扣押,无法使用。

原告在本案中的诉讼请求:请求法院判令三被告连带向原告支付 MSCU9374409 号集装箱 2012 年 12 月 11 日起至实际还箱之日止的超期使用费(按每日人民币 235 元计算,暂计至 2014 年 2 月 21 日为人民币 102 930 元)和码头堆存费(按每日人民币 450 元计算,暂计至 2014 年 2 月 21 日为人民币 197 100 元)及利息,并连带承担移除 MSCU9374409 号集装箱所装载货物并返还集装箱及支付本案诉讼费用的义务。

【审判】

广州海事法院经审理认为:本案原告主张其与伟航公司成立海上货物运输合同关系,要求伟航公司承担违约责任,同时要求托木尔公司和港源公司承担侵权责任,故本案是一宗涉外海上货物运输合同和侵权责任纠纷。本院对案件具有管辖权,根据最密切联系原则,适用中华人民共和国法律处理本案纠纷。

被告伟航公司接受龙邦公司代为办理涉案货物运输事宜的委托后,以自己的名义向原告订舱,伟航公司没有提供证据证明其在向原告订舱时表明了受托人身份,且庭审时原告明确选择伟航公司作为合同当事人并向其主张权利,应认定原告和伟航公司之间成立海上货物运输合同关系,原告为承运人,伟航公司为托运人。

MSCU9374409 号集装箱为原告提供给伟航公司装载涉案货物使用的运输工具,伟航公司应该按照原告订舱确认单的要求,在指定时间内将装载好货物的集装箱运回承运人指定的地点以便承运人投入运营。但由于货物本身原因造成货物及装载货物的集装箱被海关查扣,导致集装箱至今不能正常流转使用必然会给原告造成损失,伟航公司应承担违约赔偿责任。但原告作为涉案集装箱的所有人,在得知因货物涉嫌虚假报关导致连同装载货物的集装箱被海关扣押、其在短期内不能取回集装箱的情况下,可采取重置同类集装箱的方式来避免损失的扩大。且伟航公司已于 2012 年 12 月 11 日向原告支付集装箱超期使用费人民币 81 925 元,该笔费用足够原告重置同类集装箱投入运营。原告没有采取适当措施防止集装箱损失的进一步扩大,其无权要求伟航公司赔偿 2012 年 12 月 11 日之后的集装箱超期损失。

原告向伟航公司主张 2012 年 12 月 11 日起至实际还箱之日止的堆存费人民币 197 100 元,但原告仅向盐田码头公司实际支付了 2013 年 2 月 21 日—2014 年 2 月 20 日的堆存费 10 687. 20 美元,没有证据证明 2012 年 12 月 11 日—2013 年 2 月 20 日以及 2014 年 2 月 21 日之后的费用损失已实际发生,原告无权请求。2013 年 2 月 21 日—2014 年 2 月 20 日的堆存费属于集装箱被海关扣押期间产生的保管费用,根据《行政强制法》第二十六条第三款"因查封、扣押产生的保管费用由行政机关承担"的规定,该费用不应由伟航公司承担。在涉案货物被大鹏海关查扣期间,盐田码头公司无权直接向作为承运人的原告收取包括堆存费在内的保管费用,原告没有义务向盐田码头公司支付堆存费,即使原告向盐田码头公司实际支付,也没有权利要求伟航公司向其支付。原告要求伟航公司支付码头堆存费及利息的诉讼请求,没有事实和法律依据,也应予驳回。

关于原告要求伟航公司腾空集装箱内货物并返还集装箱的诉讼请求,至本案开庭审理时,尚无证据表明大鹏海关已对涉案货物及载货集装箱解除扣押,原告应另寻途径向大鹏海关申请腾空箱内货物并取回涉案集装箱。

托木尔公司作为涉案货物的经营单位,其虚假报关行为导致原告所属集装箱被海关扣押,托木尔公司应对由此给原告造成的损失承担赔偿责任。由于原告主张的集装箱超期使用费和码头堆存费不在法律规定的合理损失范围内,其要求托木尔公司支付集装箱超期使用费、码头堆存费及利息的诉讼请求,本院不予支持。原告要求托木尔公司腾空集装箱内货物并返还集装箱的诉讼请求,也应另寻途径解决。

港源公司接受托木尔公司委托代其向海关办理货物出口申报手续,没有证据证明其在接收委托时对托木尔公司的虚假报关行为是明知的,因此托木尔公司虚假报关行为导致的法律后果不应由港源公司承担。原告对港源公司提出的诉讼请求,均不应予以支持。

广州海事法院依照《合同法》第一百一十九条第一款、《行政强制法》第二十六条第三款的规定作出(2014)广海法民初字第 403 号民事判决:驳回原告地中海航运有限公司对被告伟航集运(深圳)有限公司、图木舒克市托木尔进出口有限公司、深圳市港源物流有限公司的诉讼请求。

一审宣判后,各方当事人均未上诉。

【评析】

因托运人原因导致货物连同集装箱被海关扣押,由此产生的码头堆存费由谁来承担?承运人提供的装载货物的集装箱因被扣押无法使用,承运人该采取何种方式挽回损失?在以往的类似纠纷中,码头经营人会将箱货被扣押期间的码头堆存费转嫁给承运人,承运人向码头经营人实际支付后,连同集装箱超期使用费一起向托运人追偿。本案的典型意义在于:一审法院根据《行政强制法》和《合同法》的规定厘清了码头经营人、承运人和托运人之间的责任和权利,明确了箱货被扣押期间发生的保管费用的承担主体。原告的全部诉讼请求最终被全部驳回,但原告服判息诉,反映了判决的公正合理性。

(1)集装箱货物被扣押在码头堆场内,且码头经营人是基于行政机关的委托保管集装箱货物的,只能向实施扣押措施的行政机关主张保管费用。

在航运实践中,由于托运人的走私、装运违禁品等违法行为,可能会导致在码头堆场内还未出运或者运抵目的港尚未提取的集装箱货物被海关、检验检疫局等行政机关扣押。由于行政机关的保管场所有限,货物被扣押后仍然存放于码头堆场内,由码头经营人负责保管。在此期间,存放货物占用了码头堆场的经营场地,影响其营业收入,保管货物又增加了码头经营人的成本,从客观上讲,码头经营人是有权主张保管费用的。关于向谁主张的问题,若说在《行政强制法》实施之前尚存争议的话,那么在 2012 年 1 月 1 日该法实施后,法律对此问题就有了明确规定。根据《行政强制法》第二十六条的规定,货物在被扣押期间的保管责任是属于行政机关的,行政机关可以委托第三人代为保管,由此产生的保管费用由行政机关承担。对货物尽了保管责任的码头经营人,只能向行政机关主张保管费用,而不得向货物承运人或托运人主张。就本案而言,码头经营人未向作出扣押措施的大鹏海关主张保管费用,而是向作为承运人的原告主张费用不符合法律规定。原告承担了不该托运人即伟航公司承担的保管费用,因此无权向伟航公司追偿该费用。

(2)行政强制措施一经作出,即具有强制力,除非有法定理由经过法定程序予以变更或消灭,任何人不得为或者要求他人为与该行政强制措施不一致的行为。

行政强制措施属于具体行政行为的一种,是行政主体为了实现一定的行政目的,而对特定的行政相对人或特定的物作出的,以限制权利和科以义务为内容的、临时性的强制行为。行政强制措施是国家行政管理的有效手段,其结果直接导致行政相对人有关权利的被限制,故相对其他具体行政行为有更强和更直接的强制性,一经作出,不得擅自改变。除非有法定理由并经法定程序,将已行政强制措施予以变更,例如将扣押期限缩短;或者出现被撤回、撤销、认定无效等使行政强制措施效力消灭的情形。就本案而言,原告所有的 MSCU9374409 号集装箱连同箱内货物被海关扣押,且扣押措施效力持续有效的情况下,即使扣押措施客观上会给原告造成经济损失,原告只能通过别的途径减少或挽回经济损失,或者通过复议和行政诉讼的救济手段,要求海关变更或撤销扣押行为,而不得直接要求他人将尚处于行政机关扣押状态之下的集装箱归还给自己。原告的该项诉讼请求违反了行政法的基本原则,不能得到支持。

(3)集装箱作为载运工具属于种类物,在商业运营中并不具有不可替代性,因托运人原因导致集装箱连同货物一同被行政机关扣押,集装箱的所有人应尽快寻找替代物拖入运营,避免损失的扩大。

　　在箱货被海关扣押期间,承运人的集装箱不能投入运营的确会给其造成经济上的损失,承运人往往会根据集装箱超期使用的费率结合集装箱被扣押的天数来主张集装箱超期使用费。集装箱超期使用费的计算标准,运输合同有约定的,按照其约定;没有约定标准时,可采用集装箱提供者网站公布的标准或者同类集装箱经营者网站公布的同期同地的市场标准。但根据《合同法》第一百一十三条规定的可合理预见规则和第一百一十九条规定的减损规则,集装箱超期使用费的计算应有一个合理的限度。在本案中,当集装箱被扣押且承运人清楚短期内不能取回时,承运人就应该积极采取措施减少损失。集装箱并非运输环节不可替代的特定物,承运人可以另行购置同类其他集装箱继续投入运营;如果承运人没有采取购置替代物的方式防止集装箱损失的进一步扩大,其无权要求超过集装箱购置价格之外的损失。以重置一个同类新集装箱的价格认定集装箱超期使用费赔偿上限标准,亦是全国海事审判系统较为统一的做法。

外籍船舶的网络司法拍卖应恪守程序正义

——中国人民解放军某部诉瓦莱达一号有限公司船舶损坏水下设施损害责任案

吴贵宁　谭学文[①]

【提要】

网络司法拍卖外籍船舶,要坚持平等保护中外当事人的司法理念,恪守外轮拍卖的程序正义,着力扩大标的物拍卖公告的受众面及在国际航运市场上的知晓度,创造条件吸引更多的境外买家参与网络司法拍卖,处理好线上公开公平交易与线下公正为民司法的关系,以树立中国司法的良好形象,促进国际海事司法中心建设。针对网络拍卖只能以人民币缴纳保证金和拍卖款的规则,结合拍卖外轮的特殊情况,可以允许境外买家通过线下缴纳外币保证金而在线上竞买的方式参与司法拍卖。

【案情】

原告:中国人民解放军某部。

被告:瓦莱达一号有限公司(Varada One Pte Ltd.)。

2013 年 8 月 23 日,被告所属"瓦莱达"号空载航行至广东水域后抛锚,由于受较大风浪影响,船舶一直处于走锚状态,在走锚中将原告的海底通信电缆钩断。事故发生后,原告对中断的海底通信电缆进行维修,产生了维修费用。原告因事故还遭受了通信阻断损失。

原告以其海底通信电缆被被告所有的"瓦莱达"号(Varada Blessing)钩断,根据广州海事局出具的水上交通事故调查结论书,以"瓦莱达"号对事故负全部责任为由,诉请广州海事法院判令被告向其赔偿各项损失 50 782 640 元及其利息,并确认该债权对"瓦莱达"号具有船舶优先权,本案诉讼费由被告承担。

[①] 吴贵宁,广州海事法院海事庭法官;谭学文,广州海事法院海事庭法官助理。

被告辩称：没有直接证据证明被告所有的"瓦莱达"号钩断原告的电缆，原告未能充分举证证明修复的事实和修复费用的合理性，原告作为非营利性机构无权索赔通信阻断损失，原告请求确认船舶优先权并无法律依据。为证明其抗辩，被告申请法院向广州海事局调取了钩断海底电缆事故调查报告。

原告为保证其债权得以实现，在提起本案诉讼前申请广州海事法院扣押"瓦莱达"号，广州海事法院于 2015 年 1 月 19 日作出（2015）广海法保字第 4-2 号民事裁定，并据此于同日发出（2015）广海法保字第 4-3 号扣押船舶命令，对被告所属的"瓦莱达"号予以扣押。原告以船舶扣押期限届满被告未提供担保，且船舶不宜继续扣押为由，于 2016 年 7 月 12 日向广州海事法院申请拍卖被扣押的船舶。

【审判】

广州海事法院经审理认为：本案是一宗船舶损坏水下设施损害责任纠纷。

被告注册地在新加坡共和国，本案属于涉外民事纠纷。因本案侵权行为发生在中华人民共和国海域，原告与被告没有达成适用法律的协议，依照《涉外民事关系法律适用法》第四十四条的规定，本案争议应适用中华人民共和国法律处理。

"瓦莱达"号因船员疏于防台和采取应急处置措施不当导致钩断本案海底通信电缆，被告应对事故承担全部过错责任，应对产生的损失向原告承担赔偿责任。关于原告主张的修复费用损失，原告提供的证据证明事故发生后，其及时组织了海底通信电缆修复工作，实际发生了修复费用，在被告未提交相反证据予以证明的情况下，对修复费用予以认定。关于原告主张的通信阻断损失，原告仅提供了单方编制的损失计算表，其计算依据是中国电信股份有限公司广东分公司商业用途的宽带价格和固定语音业务单价，法院对该通信阻断损失不予认定。

原告关于海底通信电缆修复费用的赔偿请求属于"瓦莱达"号在营运中因侵权行为产生的财产赔偿请求，根据《海商法》第二十一条和第二十二条第一款的规定，该请求对"瓦莱达"号具有船舶优先权。

关于原告申请的船舶拍卖问题，广州海事法院经审查认为，"瓦莱达"号被扣押至原告申请拍卖时已满 18 个月，被告没有在法院限定的期限内提供担保，且被告经营状况恶化，难以继续管理船舶，该船不宜继续扣押。原告申请本院拍卖"瓦莱达"号，符合法律规定，应予以准许。

广州海事法院依照《侵权责任法》第六条第一款，《海商法》第二十一条、第二十二条第一款第（五）项，《民事诉讼法》第六十四条第一款以及《最高人民法院关于适用〈中华人民共和国民事诉讼法〉的解释》第九十条的规定，依法对该案实体纠纷作出判决，判令被告瓦莱达一号有限公司赔偿原告中国人民解放军某部修复费用人民币 1 633 万元及其利息，确认该项债权请求对"瓦莱达"号具有船舶优先权，驳回原告的其他起诉请求。

广州海事法院依照《海事诉讼特别程序法》第二十九条、第三十条的规定，裁定将被告所属的"瓦莱达"号予以拍卖。拍卖裁定作出后，该船的拍卖事宜在广州海事法院淘宝网司法拍卖网络平台上进行。截至拍卖结束前，该轮共获得 3.3 万人次围观，74 人次关注，6 家公司报名；其中 6 名报名者分别是 2 家内地公司、2 家香港公司和 2 家外国公司。

2016 年 12 月 31 日,该船经过 19 次出价(加价幅度为 100 万元人民币)、3 次延时,最终以 8 100 万元人民币的最高出价,由圣基茨和尼维斯英属联邦国的纳塔利娅航运有限公司 (Natalia Shipping Limited)成功竞买。

【评析】

该案原告为军方,被告为外国当事人,涉及国防利益,案件材料涉及国家秘密和军事秘密。案件审理过程中,通过要求当事人和委托代理人签订保密承诺书,当庭出示涉密证据供对方当事人质证后立即收回等方式,既保护了国家利益,又恪守了证据规则和程序法原则,并在查清事实的情况下,依法作出判决,支持原告合理的诉讼请求,驳回不合理的诉讼请求,平等保护了中外当事人的合法权益。该案是广州海事法院建院以来第一宗作出判决的涉军案件,判决后双方当事人均未上诉,实体纠纷处理取得较好的政治效果和社会效果。

新加坡籍的"瓦莱达"号总吨 156 539,载重吨 307 794,总长 332 米,型宽 58 米,型深 31 米,甲板面积相当于 2.5 个足球场大小,满载排水量是"尼米兹"级航母的 3 倍,辽宁舰的 5 倍,是名副其实的海上"巨无霸",也是广州海事法院建院 32 年来拍卖的最大船舶。该船以人民币 8 100 万元成交,创下了广州海事法院建院以来船舶拍卖成交价的最高纪录。该船的拍卖受到国内外媒体的广泛关注,新华社用双语报道该案件,扩大了中国海事司法在国际社会上的影响力。

在该船拍卖期间,船上的 8 名印度和巴基斯坦籍船员因长时间滞留生病,多次请求尽早回国,但船东以经济困难为由不予安排。合议庭多次与印度共和国驻广州总领馆等机构沟通,并多方协调,最终将留守的 8 名船员顺利送回国,体现了中国司法对外籍船员的人文关怀。

本次拍卖虽然在淘宝网上进行,但鉴于该船为外籍船舶,标的额巨大,广州海事法院一开始就决定将拍卖推向国际市场。为增大标的物拍卖公告的受众面,尤其是在国际航运市场上的知晓度,拍卖公告除了在海外报刊、淘宝网、人民法院诉讼资产网、中国扣押与拍卖船舶网公布外,还联合了航运信息网和国际船舶网同时发布。由于淘宝网线上拍卖只能以人民币缴纳保证金和拍卖款,许多境外买家无法在短时间内筹集到巨额的人民币保证金 600 万元,大大限制了境外买家的竞买。为此,广州海事法院经过与淘宝网客服反复沟通,针对拍卖外轮的特殊情况,修订了淘宝网的拍卖规则,最终实现了线下缴纳外币保证金 90 万美元而在线上报名参拍的竞买方式,改变了淘宝网线上拍卖只能收取人民币保证金的固有做法。通过这一创新,吸引了多家境外买家参与竞拍,并最终通过多轮竞价,由圣基茨和尼维斯英属联邦国买家成功竞买。

"瓦莱达"号的成功拍卖,充分发挥了司法网拍受众广、操作易、零佣金等特点,充分体现了我国法院一贯坚持的平等保护中外当事人的司法理念,充分保障了外船扣押与拍卖的程序正义,充分展现了我国海事司法的服务保障水平,是建设国际海事司法中心、扩大海事司法话语权和增强国际竞争力的重要举措。广州海事法院将加强海事审判工作机制的创新,争当国际海事司法中心建设排头兵,努力为"一带一路"倡议及海洋强国、粤港澳大湾区等国家战略的推进提供良好的司法保障。

【年度报告】

广州海事法院2016年度审判情况通报

广州海事法院

2016年,全球航运业处于大变局、大调整和大重组之中。代表航运市场晴雨表的波罗的海干散货运价指数(BDI)从2008年最高点11 793点下跌至2016年290点,从峰顶到谷底的过山车般的变化,反映全球航运业的凛冬已至、寒潮来袭,航运景气指数将在较长时间内保持"L"形上升而非实现"V"形反转。韩国第一、世界第七大航运企业韩进海运申请破产保护,给全球航运业的复苏以较大冲击,并引发了全球范围内的货主、货代、保险人、港口经营人等债权人的申请扣船和诉讼风暴,为国际海事司法实践带来了新课题和新挑战。机遇与挑战并存,2016年又是全球航运业战略重组的重要一年,无论是中国远洋和中国海运的并购重组,还是国际三大航运联盟的建立,都意味着行业格局重新洗牌,市场危险、机遇并存。与此同时,阿里巴巴、亚马逊、腾讯等互联网巨头纷纷进军航运业,大数据在航运业的应用步伐加快,传统航运模式将发生革命性变化。互联网公司对航运业的青睐之举,表明航运业正处于危中有机的大调整之中,信心比黄金更重要。在如此错综复杂的国际经济形势下,海事司法要紧紧围绕国家战略的推进,将提振航运经济和提升航运软实力置于工作的重中之重。

2016年3月,最高人民法院在年度工作报告中正式提出"加强海事审判工作,建设国际海事司法中心"。2016年1月14日,最高人民法院周强院长视察广州海事法院,要求我院为海洋强国战略、"一带一路"倡议提供强有力的司法保障服务,走在建设国际海事司法中心的前列并发挥带头作用。2016年10月14日,最高人民法院贺荣副院长到我院调研,要求我院在提升海事司法国际公信力方面加强实践探索,努力建设国际一流海事法院。为积极服务国家战略推进,贯彻落实上级法院要求,我院制定了《广州海事法院关于争当国际海事司法中心建设排头兵的意见》,明确了我院未来一段时间内的奋斗目标与任务措施。目前,我院已完成入额法官审判团队搭建、自贸区法庭筹备、诉讼服务中心建立等工作,在广州国际航运司法研究中心、中英国际海事法学院等重点项目的筹建上取得重大进展。

今年,我们针对当事人行使诉权、货运代理、船舶建造、合同无效、物权保护、船舶碰撞触碰损害、海事行政诉讼等问题,在分析原因、阐释风险的基础上,提出一些建议,并汇编成本通报,希望能为海事行政机关加强依法行政、航运市场主体积极防范风险和航运业建构平等、公平、诚信、法治的市场秩序起到一定的参考与指引作用,共同为国家"一带一路"倡议与海洋强国战略的实施而努力奋斗!

一、海事审判基本情况

2016 年,我院共新收各类案件 2 562 件,比上年下降 16.5%;结案 2 403 件,比上年下降 16.5%;结案率 79.6%,比上年下降 8.4%;未结案件 615 件,比上年增长 34.9%。新收案件立案标的额为 53.57 亿元,比上年下降 7.14%;结案标的额为 63.28 亿元,比上年增加 24%。

我院新收案件中,一审诉讼案件 1 679 件,执行案件 620 件,程序类案件 263 件。一审诉讼案件中海事海商一审案件 1 616 件,行政一审案件 63 件。一审案件中涉外、涉港澳台案件 740 件,占一审案件的 44.1%。

海事海商一审案件中,海上货物运输合同纠纷 582 件,占海事海商一审案件的 36%;船员劳务合同纠纷 373 件,占 23.1%;船舶建造、买卖、修理、拆解合同纠纷 71 件,占 4.4%;船舶租用合同纠纷 52 件,占 3.2%;船舶碰撞损害责任纠纷 49 件,占 3%;海上人身损害赔偿责任纠纷 43 件,占 2.7%;港口作业纠纷 31 件,占 1.9%;海上保险合同纠纷 21 件,占 1.3%;船舶(空中、水下设施)损害赔偿纠纷 10 件,占 0.6%;船舶抵押合同纠纷 8 件,占 0.5%;其他海事海商纠纷 376 件,占 23.3%。

海事行政一审案件中:不服行政处罚的 2 件;不服行政强制措施的 58 件;其他 3 件。程序性案件共计 263 件,其中申请海事债权登记 123 件,占海事特别程序案件的 46.8%;申请扣押船舶 62 件,占 23.6%;申请宣告公民死亡 5 件,占 1.9%;申请海事强制令 4 件,占 1.5%;申请海事证据保全 1 件,占 0.4%;申请扣押船载货物 1 件,占 0.4%;其余类型的海事特别程序案件 67 件,占 25.5%。

2016 年一审诉讼案件共审结(包括旧存)1 586 件,其中:判决结案 492 件,占一审结案数的 31%;因未交诉讼费等原因裁定按照撤诉处理 302 件,占 19.1%;以调解方式结案 393 件,占 24.8%;因调解等原因原告撤诉结案 373 件,占 23.5%;移送结案 9 件,占 0.6%;驳回起诉 4 件,占 0.3%;终结诉讼 1 件,占 0.1%;以其他方式结案 12 件,占 0.7%。

2016 年我院收结案数与 2015 年相比均有所回落,与 2014 年的收结案数较为相近。各类案件呈以下特点:

1. 涉外、涉港澳台案件占比较大

2016 年受理的海事海商一审案件中,涉外、涉港澳台案件 740 件,占一审案件的 44.1%,同比增长 3.1%。审结案件中,涉外、涉港澳台案件结案 659 件,占一审结案的 41.6%。新收的 740 件涉外、涉港澳台案件中,深圳法庭 584 件,占 77.6%;院本部共 140 件(海事庭 50 件,海商庭 66 件,行政庭 24 件),占 18.6%;其他三个派出法庭共 16 件,占 2.1%。审结的 659 件涉外、涉港澳台案件中,深圳法庭为 503 件,占比高达 76.3%;院本部共 133 件(海商庭 52 件,海事庭 59 件,行政庭 22 件),占 20.2%;其他三个派出法庭共

23件,占3.5%。深圳法庭全年收案701件,结案604件,其涉外、涉港澳台案件在收结案中占比分别高达83.31%和83.28%,充分反映了深圳毗邻港澳的区位优势、深港两地经济往来密切等特点。

2. 涉自贸区案件数量较多

2014年12月,国务院批准设立中国(广东)自由贸易试验区。2015年,我院开始受理涉自贸区海事海商案件,涉及南沙、前海及横琴三个片区。2015—2016年,我院共受理各类涉自贸区海事海商案件468件,涉案标的额达人民币2.73亿元;审结涉自贸区海事海商案件451件,未结案件17件。① 大部分案件的主体涉自贸区,如当事人为自贸区内登记注册的商事主体、原被告住所地在自贸区或原被告为自贸区内自然人。部分案件的法律事实涉自贸区,如合同履行地、运输目的地、侵权行为地等在自贸区,或涉案货物被卸载在码头、被拆箱检验等与案件争议有关的事实发生在自贸区。少部分案件的标的物涉自贸区,如货物在自贸区内堆存等。例如,深圳法庭审理的赤湾集装箱码头有限公司、蛇口集装箱码头有限公司申请扣押"韩进鹿特丹"(Hanjin Rotterdam)号两案,原告住所地、海事请求产生地涉自贸区。该案涉及世界排名第七的航运企业——韩进海运,国际影响大。我院严格审查申请人的证据材料和担保情况,依法裁定扣押船舶,又在台风"莫兰蒂"过境广东之前,及时采取措施确保24名外籍船员安全,及时转运492个重箱货物,将该船移泊至盐田港外锚地避台。该案纠纷最终得以圆满解决。

3. 船员劳务纠纷案件继续保持高发态势

2016年我院共新收船员劳务合同纠纷案件373件(占一审海事海商案件的23.1%),2015年收案476件,2014年收案266件。船员劳务合同纠纷持续高发,主要原因是受国际经济形势下行影响,航运企业融资难,盈利、运营及偿债能力下降,导致航运业经营状况进一步恶化,持续亏损,无法支付船员工资。

4. 海事行政案件持续增长

2011年受理海事行政案件3件,2012年收案2件,2013年收案5件,2014年收案9件,2015年收案12件。2016年收案63件,增幅高达425%,审结59件,结案率为93.7%。在最高人民法院关于管辖和受案范围的司法解释出台后,海事法院受理海事行政案件有司法解释可循,预计我院今后受理的行政案件将会有较大幅度的增长,案件类型将更加丰富,海事司法在促进海事行政机关依法行政、保护行政相对人合法权益方面的作用日益凸显。

5. 程序案件与执行案件大幅下降

2016年程序性案件共263件,比上一年的457件同比下降42.5%。其中申请海事债权确权123件,较上一年的317件减少194件,同比下降61.2%。申请扣押船舶62件,较上年的86件减少27.9%。2016年新收执行案件620件,比上一年的916件下降了33.7%;执行结案549件,同比下降32.5%。

---

① 凡案涉法律关系具有下列情形之一的,可以认定为涉自贸区案件:(一)当事人一方或双方是中国(广东)自由贸易试验区内登记注册的商事主体、行政主体或区内有住所的自然人;(二)当事人一方或双方的经常居住地在中国(广东)自由贸易试验区内;(三)标的物在中国(广东)自由贸易试验区内;(四)产生、变更或者消灭法律关系的法律事实发生在中国(广东)自由贸易试验区内。

6. 网络司法拍卖优势初显

我院从 2016 年 5 月开始实行网络司法拍卖,截至 2016 年 12 月 31 日,共组织网上拍卖 31 次,涉拍标的数 19 宗,成交金额 8 861.66 万元,保证金金额 2 522.380 7 万元,其中成交船舶 9 艘,房产 1 宗。网拍成交率 50%,溢价率 18.75%。2016 年 12 月 31 日拍卖的海上巨无霸"瓦莱达"号①,在淘宝网上线后累计有 3.3 万人次围观,从 6 000 万元的变卖价,经过 19 次出价、3 次延时,最终以 8 100 万元成交,由圣基茨和尼维斯联邦的纳塔利娅航运有限公司(Natalia Shipping Limited)成功竞买。"瓦莱达"号的成功拍卖,充分发挥了司法网拍受众广、操作易、零佣金等特点,充分体现了我国法院一贯坚持的平等保护中外当事人的司法理念,充分保障了外轮扣押与拍卖的程序正义,充分展现了我国海事司法的服务保障水平,是我院争当国际海事司法中心建设排头兵的重要举措。

二、依法参加海事诉讼——当事人行使诉权中的问题与建议

(一)被告是否明确的形式审查问题

A 保险公司承保的货物由 B 公司所属船舶自国外港口运至中国某港。货物运抵目的港后,经检验发现短少。A 公司支付了保险赔款。A 公司认为 B 公司作为船舶所有人,应对货物短量损失承担赔偿责任,因而向法院提起代位求偿之诉,请求判令 B 公司赔偿损失。为证明被告 B 公司的主体信息,原告提交了从欧盟 EQUASIS 网站查询得来的船舶信息。该信息显示该承运船舶的登记所有人为 B 公司,并记载了 B 公司的送达地址、邮编等联系方式。A 公司还提交了从西英协会网站查询得来的船舶信息。

根据《民事诉讼法》第一百一十九条的规定,起诉必须满足"有明确的被告"条件。一种意见认为,本案应不予受理。理由是:A 公司提供的 B 公司的名称、住所等信息,是通过互联网查询船舶信息得来,且该网站信息数据由船东自行上传,不能证明被告的真实存在。因此,根据 A 公司的起诉,不能确定有明确的被告。另一种意见认为,本案应予受理。理由是:A 公司提交的诉状中有明确的被告,其提供的 B 公司的名称、住所等信息具体明确,足以使被告与他人相区别,可以认定有明确的被告。法院生效裁定认为本案有明确的被告,应由法院立案审理。

在涉外案件的审理中,送达是"老大难"问题。为提高送达效率,立案时原告一般需要对境外被告的主体身份办理公证认证手续,以证明被告主体是真实存在且明确的。作为《民事诉讼法》规定的起诉条件之一,有明确的被告是指形式上被告明确,被告是否存在和是否能够送达,不是起诉的必需条件。最高人民法院《第二次全国涉外商事海事审判工作会议纪要》第十七条第(3)项规定,外国当事人作为被告的,原告在起诉时没有提供被告存在的证明,根据起诉状所列明的情况对被告按照法定的送达途径(公告送达除外)无法送达的,应要求原告补充提供被告存在的证明,原告拒不提供或者补充提供后仍

---

① 新加坡籍的"瓦莱达"号总吨 156 539,载重吨 307 794,总长 332 米,型宽 58 米,型深 31 米,甲板面积相当于 2.5 个足球场大小,满载排水量是"尼米兹"级航母的 3 倍,辽宁舰的 5 倍,是名副其实的海上"巨无霸",也是广州海事法院建院 32 年来拍卖(变卖)的最大船舶。该船拍卖受到国内外媒体的广泛关注,新华社用双语报道该案件,扩大了中国海事司法在国际社会上的影响力。

无法确定被告真实存在的,可以认定为没有明确的被告,应裁定驳回原告的起诉。参照该规定,不论原告起诉时是否提供被告存在的证明,均不影响法院立案受理。我们建议,在纠纷发生之后或起诉之前,原告最好提前办理对境外被告的公证认证手续,或者要求被告授权其在中国境内的分支机构、业务代办人接受送达。

(二)船舶"死扣"转"活扣"的审查问题

申请人 A 公司以其所属船舶与被申请人 B 公司所属船舶发生碰撞为由,向法院申请扣押 B 公司所属的停泊于某港的船舶,要求被申请人提供担保。法院认为,申请人的申请符合法律规定,应予准许。遂裁定扣押被申请人 B 公司所有的船舶,并责令其提供一定金额的担保。扣船裁定执行后,B 公司以船舶装载货主的玉米,在高温多雨天气下容易产生货损,损害货主利益为由,请求法院准许完成最后一个航次后就地扣押。法院经审查认为,船载玉米为季节性易腐烂货物,不宜长时间保存,在申请人 A 公司同意的情况下,法院可以采取限制船舶处分或者抵押等方式,允许船舶完成本航次后在目的港就地扣押。法院裁定准许 B 公司船舶完成本航次营运的申请,在目的港就地扣押该船舶。

《海事诉讼特别程序法》第二十七条规定:"海事法院裁定对船舶实施保全后,经海事请求人同意,可以采取限制船舶处分或者抵押等方式允许该船舶继续营运。"《最高人民法院关于适用〈中华人民共和国海事诉讼特别程序法〉若干问题的解释》第二十九条规定:"海事法院根据《海事诉讼特别程序法》第二十七条的规定准许已经实施保全的船舶继续营运的,一般仅限于航行于国内航线上的船舶完成本航次。"上述规定确立了海事请求保全的"活扣押"制度。相比"死扣押"制度,"活扣押"有利于使船舶投入营运,创造利润,避免扣押期间的营运收入损失和因扣押产生的费用损失。但是,"活扣押"无法对船舶实施有效控制,不利于将来生效裁判的执行,且船舶在扣押期间继续营运可能会产生一些具有优先权的债务,进而影响到申请人债权的实现。本案中,船载货物不适宜长期扣押,采取"活扣押"更有利于纠纷解决,也避免船舶无人看守的困境。申请人在船舶扣押后,同意变更船舶扣押方式为"活扣押",是其行使诉讼权利的表现,应尊重其意愿。

我们建议,申请人应当依法提出"活扣押"申请。"活扣押"应由申请人提出书面申请,而不能由法院依职权作出。"活扣押"的期限,一般仅限于航行于国内航线上的船舶完成本航次。如果被申请人没有在规定期限内提供担保,应当将"活扣押"转为"死扣押"。符合船舶拍卖条件的,可以在"死扣押"后,依法裁定拍卖船舶。

(三)保险代位求偿诉讼中的管辖问题

在一起海上货物运输合同纠纷中,货主 A 公司委托承运人 B 公司运输货物至圣彼得堡。B 公司签发的提单记载,托运人 A 公司,收货地和装货港湛江,卸货港和交货地圣彼得堡。提单背面条款规定:"货方在此同意承运人有权按照有关海事赔偿责任限制公约或类似的立法享受责任限制……法律和司法管辖条款规定:i)适用法律,此提单条款未尽事宜应以新加坡法律为准。在任何情况下,新加坡法律均适用于解释本提单的条款和条件。ii)司法管辖权,涉及本提单的所有纠纷应由新加坡法院在不受他国法院的影响下进行裁决。"B 公司签发提单后将货物交由实际承运人 C 公司所属船舶运输。D 保险公司为 A 公司运输货物承保冷藏货物海运一切险。后承运船舶在阿拉伯海沉没,货物灭失。D

公司支付了保险赔款,取得 A 公司出具的赔款收据及权益转让书。C 公司在事故发生后向日本法院申请设立海事赔偿责任限制基金,日本法院予以准许,并发布公告。D 公司向我院提起海上保险代位求偿诉讼,请求 B、C 公司连带赔偿保险赔款损失及利息。两公司在提交答辩状期间提出管辖权异议,认为在日本法院已经准许 C 公司设立基金的情形下,D 公司应向日本法院起诉;根据提单背面管辖权条款,本案应由新加坡法院管辖;涉案货物的运输始发地是香港,C 公司住所地不在中国境内,中国法院对本案不具有管辖权;本案由中国法院管辖存在不方便管辖因素,即事故发生地不在中国境内、中国法院受理本案可能引起平行诉讼、中国法院受理本案在适用法律方面存在困难等。一审法院裁定驳回 B、C 公司的管辖权异议,后 C 公司不服该裁定,提起上诉。二审法院驳回上诉,维持原裁定。

本案是保险人代位提起的海上货物运输合同纠纷诉讼,依照最高人民法院第 25 号指导性案例的精神,应根据保险人所代位的被保险人与第三人之间的法律关系确定管辖法院。根据《海事诉讼特别程序法》第六条第一款、《民事诉讼法》第二十七条及《最高人民法院关于海事法院受理案件范围的若干规定》第十一条的规定,本案货物接收地和装货港是中国湛江,湛江是涉案货物运输的始发地,我院作为货物运输始发地海事法院,对本案纠纷具有管辖权。B 公司签发的提单所载明的法律适用和管辖条款,是提单关系当事人为解决提单项下纠纷而订立的,而保险人并非订立运输合同法律适用和管辖条款的当事人,该条款并非保险人的意思表示,除非保险人明确表示接受,否则该条款对保险人不具有约束力。D 公司向我院提起诉讼,表明其不接受该条款,故该条款不能约束 D 公司。涉案船舶并非涉案货物的全程承运人,而是在香港至圣彼得堡航程中的实际承运船舶。虽本案初步证据显示货损发生于该实际承运区段,但 D 公司将签发提单的全程承运人和其主张发生货损的区段承运人作为共同被告提起诉讼并要求两被告承担连带责任,是其对诉权的选择,两被告是否需要承担责任以及承担责任的范围属于实体审理需要查明认定的问题,并非由管辖权异议裁定来作出判断。C 公司为我国依法成立并领取营业执照的法人分支机构,且货物运输始发地在我国境内,不符合《最高人民法院关于适用〈中华人民共和国民事诉讼法〉的解释》第五百三十二条①规定适用"不方便法院原则"应同时具备的条件,故对 B、C 公司主张适用"不方便法院原则"的请求不予支持。

管辖权异议程序具有平衡原告起诉优势,矫正错误管辖的作用。但如果被滥用,将造成严重的诉讼迟延,损害相对方的合法权益,降低诉讼效率,损害司法公信力。"未经他人同意,任何人不得为他人缔约"是一项基本原则,特别是为他人设定义务或负担。保险公司不是海上货物运输合同当事人,除非其同意,否则不受提单管辖权条款的约束。根据《海事诉讼特别程序法》第二条规定,该法调整的是我国境内的海事诉讼活动,因而不能得出《海事诉讼特别程序法》第一百零九条中的"海事法院"包括已设立海事赔偿责任限

---

① 该条规定:"涉外民事案件同时符合下列情形的,人民法院可以裁定驳回原告的起诉,告知其向更方便的外国法院提起诉讼:(一)被告提出案件应由更方便外国法院管辖的请求,或者提出管辖异议;(二)当事人之间不存在选择中华人民共和国法院管辖的协议;(三)案件不属于中华人民共和国法院专属管辖;(四)案件不涉及中华人民共和国国家、公民、法人或者其他组织的利益;(五)案件争议的主要事实不是发生在中华人民共和国境内,且案件不适用中华人民共和国法律,人民法院审理案件在认定事实和适用法律方面存在重大困难;(六)外国法院对案件享有管辖权,且审理该案件更加方便。"

制基金的外国法院的结论。法院司法管辖权是国家司法主权的重要组成部分,一国法院不能拒绝行使或者轻易放弃行使管辖权,更不得以查明和适用外国法困难为由拒绝管辖,因而不方便法院原则的适用应受严格的限制。根据《最高人民法院关于适用〈中华人民共和国民事诉讼法〉的解释》第五百三十二条的规定,只有同时满足该条规定的六个条件的情形,法院才可以适用不方便法院原则解决国际管辖权冲突。本案涉及作为中国法人分支机构保险公司的利益,案件的主要事实即运输始发地在中国,因此本案不满足适用不方便法院原则的所有条件。我们建议,当事人应遵循民事诉讼的诚实信用原则,规范代理行为,不滥用诉讼权利,谨慎提出管辖权异议及避免恶意抗辩,进而提高诉讼效率,节约司法资源。

三、积极防范货运代理业务下的法律风险——海上货运代理纠纷中的问题与建议

(一)货代货物收据的法律效力问题

出口企业 A 公司系外国企业 B 公司的一家中国供货商,双方存在长期贸易往来并一直使用货代货物收据(FCR)进行结算。双方采用 FOB 价格条件签订数份销售内衣的合同。随后,B 公司与货代企业 C 公司签订货物配送协议,约定由 C 公司为 B 公司提供物流服务,C 公司遂向承运人 D 公司订舱。A 公司向 C 公司交付货物后,C 公司签发了货代货物收据。该收据的格式比照提单设计,记载托运人为 A 公司,收货人和通知方为 B 公司,出口指示方为 C 公司,并载明 C 公司系货运代理而非承运人,有义务谨慎选择第三方及作出指示,但不对该第三方的行为承担任何责任。在货物运出后,因 B 公司发生财务危机被接管,其提取货物后未按照约定向 A 公司支付货款。其间,A 公司多次通过电子邮件向 C 公司指示不得交货给 B 公司并要求运回货物,但 C 公司最终仍凭 B 公司的指示将货物交付给 B 公司。A 公司以 C 公司未经其同意,在未收取任何相关单据情况下放货为由,将 C 公司诉至法院,要求赔偿其无法收到货款的损失。法院生效判决认为,依据涉案货代货物收据、双方往来文件及交易行为综合判断,两者之间并不成立运输合同关系,A 公司向 C 公司主张行使中途停运权、请求返运货物及主张货款损失缺乏法律依据,应不予支持。

FCR(Forwarders Certificate of Receipt),即货代货物收据,是国际货物运输代理协会联合会(FIATA)制定并推荐使用的货运格式单证,在国际海运实践中应用日益频繁、广泛。关于 FCR 单证的性质,即其是否构成"海上货物运输合同的证明"及"据以交付货物的保证"成为本案的争议焦点。A 公司主张该 FCR 单证属于《海商法》第八十条规定的"提单以外的单证",可作为运输合同成立的初步证据。但法院认为海上货物运输合同的成立需要当事人之间达成承托合意,只有包含着合同当事人之承托意思表示的单证方能构成运输合同的证明。本案中的 FCR 单证并非承运人签发的运输单证,而是货运代理人签发的收到货物的证明。因为从该单证的取得来看,在 FOB 价格条件下,C 公司是作为 B 公司的委托代其交付货物,在没有特别签注及无其他证据时,该收据仅具有接收货物的功能

和意思表示,不能证明 A 公司与 C 公司之间成立海上货物运输合同关系。因此,C 公司并不是案涉货物的承运人,未控制货物,A 公司向其主张行使中途停运权、请求返运货物,并据此主张货款损失,缺乏事实和法律依据,应予以驳回。此外,C 公司向 A 公司收取的费用为起运港码头费用,并非运费,双方成立货运代理合同关系。由于 C 公司在履行货代事宜时并无过错,亦不应对 A 公司的损失承担责任。

我们建议,当事人应当谨慎识别 FCR 单证背后的法律风险,正确区分、对待贸易合同项下与货运代理合同项下的商业风险,不得为转嫁风险而挑选当事人及诉因起诉。在FOB 价格条件下,货运代理人向承运人交付货物只能视为代买方交付货物,而非代卖方交付货物。本案中的 C 公司作为海运单上的托运人身份出现,其代表的并非 A 公司而是B 公司,并无义务也无相应权利代 A 公司行使货物控制权。依照最高人民法院《关于审理海上货运代理纠纷案件若干问题的规定》第八条,FOB 卖方作为实际托运人优先于作为契约托运人的买方受领货运代理人自承运人处取得的海运单证。货运代理人并不因签发 FCR 单证而免除其优先向 FOB 卖方交付海运单证的义务。A 公司在收到 FCR 单证后,应当及时向 C 公司要求签发提单,其怠于行使请求交付提单权利的,应自行承担不利后果。A 公司在失去对货物的控制后,也不得径行凭借 FCR 单证指示 C 公司通知承运人中途停运并回运货物。因为该单证仅具有货物收据的功能,不可流转,不构成据以交付货物的保证,不具有要求承运人凭单放货的功能,因而 FCR 单证仅是一种中间单证,并非控制货物的最终有效运输单证。针对已发生的货款损失,A 公司应当依据销售合同选择起诉 B 公司,要求其承担违约责任。A 公司为追求起诉位于国内的货代企业的诉讼便利,将贸易合同项下的风险转移给货运代理人,将得不到法律的支持与保护。

(二)货代企业请求返还垫付费用的举证问题

货代企业 A 公司接受出口企业 B 公司委托,为 B 公司办理了一票货物自广州至非洲某港的海上货物出口运输事宜。A 公司接受委托后,将涉案货物交由 C 公司承运,提单载明托运人为 D 公司。涉案货物被运抵目的港后一直无人提取,集装箱被超期使用。3 个月后,涉案集装箱被掏空返还给 C 公司,货物滞留在目的港海关仓库。在 A 公司的再三要求下,B 公司未能提供托运人 D 公司的地址、联系人、电话以及邮箱等详细信息。C 公司通过电子邮件告知 A 公司,因 A 公司并未提供托运人的有效联系方式,应承担 7 470 美元的集装箱超期使用费(下称滞箱费),并以电子邮件附件的方式发送了账单。A 公司以其代 B 公司垫付滞箱费未获偿还为由到法院起诉,并提供了付款委托书、银行支票签收单及支票回执等证据以证明 A 公司已委托 E 公司(系 A 公司的关联公司)向 C 公司的代理人 F 公司(系 C 公司设在香港的关联公司)支付了该笔费用。法院生效裁判认为,有关证据和事实不足以证明作为受托人的 A 公司已经实际垫付了滞箱费,故其请求 B 公司向其偿还滞箱费缺乏事实依据,应不予支持。

在海上货运代理垫付费用纠纷中,货运代理人的返还代垫费用请求能否得到支持,关键在于是否同时满足"实际发生+实际支付+有权主体"三个要件,即该代垫费用必须为实际发生的费用,不包括现未发生但将来必然发生的费用,并且该费用必须已经实际支付给有权收取费用的主体。本案中,A 公司提供的支票签收单上虽有 F 公司的盖章,但该间接证据仅能证明 F 公司收到了 E 公司开具的支票,尚不足以证明该支票项下款项的兑付情况,不足以证明 A 公司已实际向 C 公司支付了该笔滞箱费,应自行承担举证不能的法律后果。A 公司依据《合同法》第三百九十八条主张该笔滞箱费属于"受托人为处理委托事项垫付的必要费用"。在货运代理合同中,受托人垫付的费用必须是为了委托人的利益,必须是为了完成委托事项的必要合理费用,对于非正常费用和额外费用,货运代理人代为垫付之前,应当征得委托人的同意。A 公司未征得 B 公司的同意而径行向 C 公司支付滞箱费,即使该费用已实际支付给 C 公司,亦难通过诉讼请求 B 公司予以返还。

本案中,货代企业与承运人之间存在互相通过关联公司付款的情况。该货代企业是承运人在华南地区的总代理,双方存在着紧密的商业往来,其有条件从承运人处取得更具证明力的证据或对已提交的证据进行补充,但货代企业在法官的再三释明下,出于取证、公证费用以及维持与承运人的良好商业关系等考虑而放弃提供相关证据。我们建议,货运代理人应高度重视代垫费用所产生的法律风险,不得盲目为拓展业务或维持商业往来而代垫不必要的费用。在处理委托事项之初,货运代理人应要求委托人预付相关费用。对于处理委托事宜之中产生的非正常费用和额外费用,应及时与委托人取得联系,委托人未明示同意的,不得代为垫付。在已垫付费用未获委托人清偿的,若该费用属于《合同法》第三百九十八条规定的必要费用,货运代理人可请求委托人予以返还,但应收集相关证据以达到证明"已实际支付至有权主体"的程度。

(三)间接代理制度在货代纠纷中的适用问题

在一起海上货运代理纠纷中,A 先后委托货代企业 B 公司办理多票货物的运输事宜,但一直拖欠 B 公司运杂费未支付。B 公司主张 A 委托的货物运输系由 C 委托,其提供的 MSN 聊天记录显示,B 公司的员工 D 称呼交易对方 Anny 为"×小姐"(与 C 同姓),D 曾提问"×先生的柜子应该大部分是您的吧",Anny 回答"应该是,我看他欠的好像都是我们给他的";D 曾提问"你们之前一直就知道他跟我们定的吗",Anny 回答"知道"。B 公司向法院起诉,主张 A、C 应共同承担欠付运杂费的清偿责任。法院生效判决认为,C 与 A 之间、A 与 B 公司之间分别存在货运代理合同关系,但没有证据证明 C 和 B 公司之间存在直接的货运代理合同关系,C 对 B 公司不负清偿责任,遂判决 A 向 B 公司清偿运杂费。

《合同法》中的间接代理制度源于外贸代理制度的相关实践,在适用于货运代理等其他委托合同时应从严掌握。依据《合同法》第四百零二条,间接代理的成立需具备以下四个构成要件:(1)受托人以自己名义与第三人订立合同。(2)该合同在委托人的授权范围内。(3)第三人在订立合同时知道受托人与委托人之间的代理关系。(4)没有证据显示该合同只约束受托人与第三人。本案中的 MSN 聊天记录属于电子数据,由 B 公司单方提供,其真实性与完整性难以确认。由于该聊天记录并未出现过 A 和 C 的名字,无法确认 Anny 就是 C,仅凭上述对话无法证明 A 与 C 之间就案涉货物的委托运输达成了合意,本案不存在适用《合同法》第四百零二条的前提条件。即使 B 公司能够证明 A 与 C 之间存在货运代理合同关系,依据间接代理制度的法律效力,该合同也应直接约束委托人 C 和第三人 B 公司,而并非 A、C 共同与 B 公司形成货运代理合同关系。此时,B 公司应当向 A 主张拖欠的运杂费。

我们建议,货代企业应根据客户的商业信用、征信记录等情况理性选择缔约主体,并在承揽业务、沟通接洽中注意收集和保存相关证据,对以电子数据形式存在的数据随时进行存储、固定,必要时收集相关佐证予以补强。在货代事项层层委托的情形下,货代企业若主张适用间接代理制度,须严格围绕《合同法》第四百零二条进行举证,并同时承担相应的法律后果,即自动介入,与委托人直接建立合同关系。在委托人的偿债能力不及受托人(如本案中的 A)的情形下,适用该制度不一定对货代企业有利。因此,货代企业应谨慎从事,避免遭受相应的损失。

四、依法行使船舶建造合同项下的权利——船舶建造合同纠纷中的问题与建议

(一)在建船舶所有权的认定问题

在一起船舶建造合同纠纷中,委托建造人 A 与 B 船厂签订船舶建造合同,约定由 B 船厂为 A 建造一艘接待船,造价为 400 万元;A 采用分期付款方式支付,当支付款项超过 300 万时,接待船的所有权归 A。合同签订后,A 向 B 船厂支付造船款达 300 万元,此时接待船主体工程已完成,正在 B 船厂处进行最后内部装饰。随后,因 B 船厂与案外人 C 公司债权债务纠纷,该接待船被 C 公司申请法院扣押。A 向法院起诉,要求确认其对接待船的所有权。B 公司抗辩认为接待船尚未建造完毕,不具备所有权转移条件。法院根据建造合同对接待船所有权的约定,确认 A 对在建的接待船具有所有权。

我国法律对动产物权的变动及公示并未采纳绝对的物权法定主义,而是允许当事人通过意思自治作出变通约定。《民法通则》第七十二条第二款规定:“按照合同或者其他合法方式取得财产的,财产所有权从财产交付时起转移,法律另有规定或者当事人另有约定的除外。”这一规定明确了我国所有权的转移以交付为原则,同时以但书确定了法律另有规定或当事人另有约定这两种情况对所有权转移的效力。《合同法》第一百三十三条规定:“标的物的所有权自标的物交付时起转移,但法律另有规定或者当事人另有约定的除外。”《合同法》第一百三十四条又规定了所有权保留的特殊情形。上述两个条文虽规定在《合同法》分则的“买卖合同”一章,但依照《合同法》第一百七十四条,船舶建造合同的法律适用亦可参照适用买卖合同的规定。本案中,船舶建造合同明确约定了接待船的所有权转移条件,因此,接待船的权属应以该约定为准,即 A 支付造船款达 300 万元时,在建的接待船所有权归 A 享有,接待船是否现实交付并不影响其所有权的归属。

船舶建造的周期往往较长,建造中船舶的所有权长期处于不完全的状态。在一般情形下,船厂在完成船舶建造时,基于建造这一事实行为原始取得船舶所有权,委托建造人在船舶交付后继受取得船舶所有权。但根据《民法通则》第七十二条,当事人可以对在建船舶权属进行约定,在一定条件成就时即完成船舶所有权的转让。因此,我们建议,为避免在船舶建造过程中产生权属纠纷,委托方与建造方可在建造合同中约定在建船舶的归属,明确各方对在建船舶的权利义务,即使事后发生纠纷,也能有约可循。委托方亦可在船舶已安放龙骨或已完成类似的建造工程后,向登记机关申请船舶所有权登记,使该登记取得对抗第三人的法律效力。

(二)约定不明时船舶检验标准的确定问题

在一起船舶建造合同纠纷中,渔政管理 A 大队与 B 公司签订船舶建造合同,约定 B

公司为 A 大队建造一艘用于渔政管理使用的快艇,总价 330 万元,快艇经检验完毕并出具合格证书即可交付。B 公司在约定时间内完成了快艇建造,并自行出具了船舶出厂合格证。A 大队认为 B 公司建造的快艇未经船舶检验机构检验,质量不合格,遂以被告延迟履行交付合格船舶义务构成严重违约为由向法院请求解除船舶建造合同,返还支付的造船款。B 公司抗辩认为其与 A 大队未约定具体检验要求,B 公司自行出具合格证亦符合交付条件。法院认为 B 公司作为建造方,应交付经检验机构检验合格的快艇,合同约定的交船期限届满两年后,B 公司仍未履行申报船舶检验义务,致使原告无法验证建成的快艇是否为合格产品,A 大队不能实现合同目的,遂判决解除船舶建造合同,B 公司返还造船款。

《合同法》第一百二十五条规定:"当事人对合同条款的理解有争议的,应当按照合同所使用的词句、合同的有关条款、合同的目的、交易习惯以及诚实信用原则,确定该条款的真实意思。"本案合同双方对快艇的检验方式存有争议,A 大队主张应由船检机构检验,B 公司认为可自行检验。因此,解释本案造船合同约定的检验方式应根据《合同法》第一百二十五条所确立的解释规则来确定。造船合同明确约定建造快艇用于渔政管理使用,根据《中华人民共和国渔业船舶检验条例》关于渔业船舶需经渔业检验机构检验才能投入营运的规定,以及新建船舶由船级社或船舶检验机构检验的习惯,本案造船合同所指的检验应理解为船舶检验机构的检验,而非 B 公司自行检验。B 公司怠于履行船舶检验义务致使 A 大队在交船期限届满后长时间无法验证建成的快艇是否为合格产品,不能实现合同目的,根据《合同法》第九十四条第(四)款规定,存在"迟延履行债务或者有其他违约行为致使不能实现合同目的"的情形,A 大队可以解除合同。

我们建议,在订立船舶建造合同时,合同各方应尽量明确约定包括船舶检验等在内的各项内容;若因约定不明导致各方对条款理解有争议的,合同条款解释应结合合同所使用的词句、合同的有关条款、合同的目的进行;若无法从合同中找到解释依据,可根据交易习惯以及诚实信用原则确定该条款的真实意思。合同任何一方都不能以理解有争议为由任性妄为,其在发生纠纷后随意作出的有利于己方的解释也不可能得到支持。

(三)船舶技术指标不符合约定时的责任问题

在一起船舶建造合同纠纷中,A 船厂与 B 公司签订船舶建造合同,约定 A 船厂为 B 公司建造一艘溢油应急船,合同载明应急船载货量 570 吨,空载航速大于或等于 12 节,并明确了应急船其他主要技术指标。应急船建造过程中,A 船厂未经 B 公司同意增大了应急船的部分构件尺寸,该改建事项使得应急船的载货量和空载航速受到影响。应急船完工并经检验合格后,B 公司发现载货量仅 540 吨,空载航速 10.5 节,遂以载重吨和空载航速不符合约定为由起诉要求解除合同。法院认为尽管 A 船厂增大应急船构件尺寸未取得 B 公司的同意,构成违约,B 公司可以要求船厂承担修理等违约责任,但 B 公司未能证明该船载货量或空载航速不达标将影响应急船的实际使用,因此驳回 B 公司解除合同的诉讼请求。

《合同法》第九十四条第(四)项赋予合同守约一方在违约方的违约行为导致合同目的不能实现的情况下有权单方解除合同,但守约一方行使合同解除权时须证明违约一方的违约行为足以导致合同目的落空,即违约方的违约行为构成根本违约。B 公司没有证明该溢油应急船的载货量和空载航速的下降会影响该船的实际使用,因此 A 船厂不符合约定的行为不构成根本违约。但 A 船厂未经 B 公司同意而对应急船进行改建,构成违约,B 公司可以要求 A 船厂承担维修等违约责任。法院同时认为,即使 B 公司同意船舶改建事项,A 船厂作为专业的船舶建造机构,在未能举证证明其曾告知 B 公司该船舶改建事项将影响完工后船舶的载货量和航速的情况下,A 船厂仍应遵守载货量和空载航速的约定。

我国法律对合同解除规定了严格的条件。如果不影响船舶的正常使用,当船舶的部分技术指标不符合约定时,委托方不一定能解除合同,但可能会对船舶的实际使用构成一定影响。我们建议,一方面委托方应履行好监督造船职责,发现建造方擅自改建的,应及时提出异议,要求其修正技术指标,并在交船时认真组织对船舶的检验,以取得符合技术标准的船舶。另一方面,建造方应严格按照合同约定建造船舶,对需要改建的部分应及时通知委托方,同时一并向委托方释明该改建可能造成的包括对载货量、航速等技术指标在内的影响,经委托方同意后方可改建,以免承担违约责任。

五、正确识别合同无效背后的法律风险——违反法律禁令行为中的问题与建议

(一)无效合同的判断标准问题

A 公司与 B 公司签订一份协议,约定由 B 公司负责打捞沉没于某海域的 S 号船,打捞作业必须在 201×年 9 月 30 日之前完成,如超出该日则需按日支付 1 万元的违约金;如超过 201×年 10 月 30 日没有打捞成功,A 公司有权解除合同。然而,B 公司并未取得沿海及内河的打捞资质,亦不具备相应打捞能力,在 201×年 10 月 30 日之后仍未完成打捞。因 B 公司未能完成打捞作业,A 公司起诉请求解除合同,并要求 B 公司赔偿其违约损失 213 万元。一审法院认为,沉船打捞属于国家限制经营的范围,B 公司未取得相应资质,因而该打捞合同应被认定为无效;根据《中华人民共和国打捞沉船管理办法》(以下简称《打捞沉船管理办法》)第六条①规定,A 公司负有办理打捞审批手续的义务,合同履行不能的责任应由其承担,所以对该违约金请求不予支持。二审法院认为,部门规章关于沉船打捞资质的规定不属于效力性强制性规定,该沉船打捞合同有效,基于双方过错程度和诚实信用原则,酌情认定 B 公司应向 A 公司支付违约金 5 万元。

在我国,打捞沉船沉物应具备相应的资质。《中华人民共和国海上交通安全法》(以下简称《海上交通安全法》)第四十一条规定:"未经主管机关批准,不得擅自打捞或拆除沿海水域内的沉船沉物。"《打捞沉船管理办法》第十条规定:"未经过批准,任何人都不得擅自打捞或拆除沉船。"交通部于 1999 年颁布的《沉船沉物打捞单位资质管理规定》②(以下简称《资质管理规定》)第二条和第五条规定,在我国沿海及内河通航水域内从事空载

---

① 该条规定:"其他不属于第五条规定范围内的沉船,沉船所有人应当自船舶沉没之日起一年内提出打捞计划和完工期限,经有关港(航)务主管机关批准后进行打捞。"

② 该规定已于 2014 年 12 月 7 日被交通运输部《关于废止 37 件交通运输规章的决定》所废止。

排水量或单位重量 200 吨以上沉船沉物打捞作业的打捞单位应取得相应资质,没有资质的打捞单位不得进行打捞作业。但是,违反上述法律法规是否属于《合同法》第五十二条第(五)项规定的合同无效情形,在实践中存在争议。一审法院认为案涉打捞合同因违反最高人民法院《关于适用〈中华人民共和国合同法〉若干问题的解释(一)》①第十条②而无效。虽然《国务院关于外商参与打捞中国沿海水域沉船沉物管理办法》③规定外商与中方打捞人签订共同打捞合同应经港监、渔政等部门审批,但法律法规并无明文规定沉船打捞业务本身属于国家限制经营的范围。此时,依据《合同法解释(一)》第十条和代理理论,即使 B 公司超越经营范围订立合同,该打捞合同仍属有效。二审判决认为,《资质管理规定》属于部门规章,根据《合同法解释(一)》第四条④,该规定不能作为认定打捞合同无效的法律依据。同时,根据最高人民法院《关于适用〈中华人民共和国合同法〉若干问题的解释(二)》(以下简称《合同法解释(二)》)第十四条⑤,《海上交通安全法》第四十一条、《打捞沉船管理办法》第十条等不属于效力性强制性规定,违反上述规定并不导致合同无效,故该打捞合同应被认定为有效。

如何认定合同无效一直是审判实践中的疑难问题。除上述《合同法解释(一)》第四条、《合同法解释(二)》第十四条等规定外,最高人民法院于 2009 年 7 月 7 日印发的《关于当前形势下审理民商事合同纠纷案件若干问题的指导意见》第十五、十六条⑥亦是判断合同效力的重要参照。因而,司法实践对合同无效的认定通常采用类型化方法,依照规范意旨进行利益衡量,其在建设工程、国有土地使用权让与、对外担保等领域存在不同的裁判规则。在海事审判中,涉及较多的情形是承运人未取得水路运输许可证时运输合同的效力问题。通常认为,承运人未取得国内水路运输经营资质而与他人订立运输合同,违反了国务院《国内水路运输管理条例》第八条第一款的规定,属于违反行政法规的效力性强制性规定的行为,该运输合同应属无效。这一精神在最高人民法院《关于国内水路货物运输纠纷案件法律问题的指导意见》(以下简称《水路运输指导意见》)第二条中得以体现。因而,我们建议航运市场主体在签订合同时应谨慎评估合同效力,防止或减少合同无效所造成的损失。我们也希望最高人民法院能进一步出台司法解释或指导性案例以明确

---

① 下称《合同法解释(一)》。

② 该条规定:"当事人超越经营范围订立合同,人民法院不因此认定合同无效。但违反国家限制经营、特许经营以及法律、行政法规禁止经营规定的除外。"

③ 该规定已被国务院《关于取消和调整一批行政审批项目等事项的决定》(国发[2014]27 号)取消,即取消了对外商参与国内沉船打捞的限制。

④ 该条规定:"《合同法》实施以后,人民法院确认合同无效,应当以全国人大及其常委会制定的法律和国务院制定的行政法规为依据,不得以地方性法规、行政规章为依据。"

⑤ 该条规定:"《合同法》第五十二条第(五)项规定的强制性规定,是指效力性强制性规定。"

⑥ 第十五规定:"正确理解、识别和适用《合同法》第五十二条第(五)项中的'违反法律、行政法规的强制性规定',关系到民商事合同的效力维护以及市场交易的安全和稳定。人民法院应当注意根据《合同法解释(二)》第十四条之规定,注意区分效力性强制规定和管理性强制规定。违反效力性强制规定的,人民法院应当认定合同无效;违反管理性强制规定的,人民法院应当根据具体情形认定其效力。"

第十六条规定:"人民法院应当综合法律法规的意旨,权衡相互冲突的权益,诸如权益的种类、交易安全以及其所规制的对象等,综合认定强制性规定的类型。如果强制性规范规制的是合同行为本身即只要该合同行为发生即绝对地损害国家利益或者社会公共利益的,人民法院应当认定合同无效。如果强制性规定规制的是当事人的'市场准入'资格而非某种类型的合同行为,或者规制的是某种合同的履行行为而非某类合同行为,人民法院对于此类合同效力的认定,应当慎重把握,必要时应当征求相关立法部门的意见或者请示上级人民法院。"

效力性强制性规定与管理性强制性规定的具体区分标准。

（二）合同无效后的获益返还问题

A公司与B公司签订合作协议,约定双方在珠江口B公司已获采沙许可区域内进行海上采沙和销售,A公司向B公司上缴固定资源费2 500万元,B公司按约定价格向A公司支付沙款。之后,A公司向B公司支付了100万元定金及办证费用20万元,并向B公司供沙28.64万立方米。在B公司的采沙许可被某市水务局暂停后,A公司与B公司协商确认供沙款按460万元计算。经鉴定,开采海沙的劳务成本为每立方米11.32元。A公司将B公司诉至法院,请求B公司返还定金100万元、办理海域使用权证20万元、沙款723万元,并赔偿其违约损失1 012万元。法院生效判决认为A公司供给B公司的海沙已经实际用于机场建设,已无法返还,故B公司应折价补偿A公司460万元沙款及利息。

《行政许可法》第九条规定:"依法取得的行政许可,除法律、法规规定依照法定条件和程序可以转让的外,不得转让。"本案中,双方当事人签订的合作协议表面上具有联营性质,但实质上是对采沙许可的转让,属于以合作联营的合法形式掩盖买卖许可证的非法目的的行为。依照《合同法》第五十二条第(三)项,该合作协议应属无效。《合同法》第五十八条规定:"合同无效或者被撤销后,因该合同取得的财产,应当予以返还;不能返还或者没有必要返还的,应当折价补偿。有过错的一方应当赔偿对方因此所受到的损失,双方都有过错的,应当各自承担相应的责任。"合同被认定为无效后,在一方或双方已履行合同义务的情形下,合同双方应先相互返还所获财产或利益。该返还请求权的性质包括物的返还请求权和不当得利返还请求权。财产不能返还或没有必要返还的,如标的物损毁、灭失,或合同标的属于行为、劳务或有价值的一次性信息等情形,获益一方应当折价补偿。该折价补偿的标准应尊重当事人意思自治,在双方未能协商一致时,参照《水路运输指导意见》第二条的规定,采取适当保护原则。法院一般综合考虑法律的目的、违法行为的严重程度、当事人对违法性的主观状态、得利的内容等因素确定折价补偿的范围。本案中,A公司供给B公司的海沙已经实际用于机场建设,事实上已无法返还,故应折价补偿。双方履行完毕后,通过结算确认A公司供沙的总价款为460万元,属于双方就付款问题达成的新的合意。该合意系当事人意思自治的范畴,是一个独立的和解合同,并不违反法律、行政法规的强制性规定,应得到支持。

我们建议航运市场主体应遵循诚实信用原则,正确处理合同无效后的获益返还问题。在合同虽成立、已失效,但未履行时,不涉及返还问题。在合同已完全履行或部分履行时,获益一方存在返还义务。在原物不能返还时,获益一方应返还不当得利。关于善意的不当得利,受领人只需返还其现存利益,关于恶意的不当得利受领人需返还受领时所取得的利益,及其附加的利息并赔偿损害。对方对损失的发生存在过错时,可以同时主张损害赔偿。

（三）合同无效后违约条款的效力问题

A公司与B公司签订一份码头港池疏浚工程合同,约定A公司对B公司码头的港池、回旋水域进行疏浚;若B公司未能按期支付工程款,则承担按每日万分之五标准计算的滞纳金。合同签订后,A公司依约履行合同,但B公司一直拖欠工程款177.8万元未付。A 公司向法院起诉,请求 B 公司向其支付该笔工程款及自签订合同之日起至清偿完毕之日止的滞纳金。经审理查明,A 公司未取得航道工程施工企业资质,涉案工程已完成竣工验收。一审判决认为,涉案疏浚工程合同无效,B 公司应向 A 公司支付工程余款177.8 万元,并应参照迟延付款滞纳金的约定偿付迟延付款损失。二审判决认为,涉案疏浚工程合同无效,导致合同中的滞纳金条款也无效,B 公司应向 A 公司支付 177.8 万元及其法定孳息。

根据最高人民法院《关于审理建设工程施工合同纠纷案件适用法律问题的解释》(以下简称《建设工程司法解释》)第一条①,A 公司作为承包人未取得航道工程施工企业资质,本案中的疏浚工程合同因违反法律、行政法规的效力性强制性规定而无效。《建设工程司法解释》第二条规定:"建设工程施工合同无效,但建设工程经竣工验收合格,承包人请求参照合同约定支付工程价款的,应予支持。"该条文中的"工程价款"是否应包含合同约定的滞纳金?从合同的文义本身解释,不能得出"工程价款"包括具有违约惩罚性质的滞纳金。合同无效系合同自始、当然、确定、绝对无效。《合同法》第五十六条规定:"无效的合同或者被撤销的合同自始没有法律约束力。合同部分无效,不影响其他部分效力的,其他部分仍然有效。""不影响其他部分的效力"主要包括无效部分不重要、无效部分具有独立性等两种情形。前者如合同的非主要条款无效、从合同条款无效并不一定导致主合同条款无效,后者如无效合同中的争议解决条款仍属有效。② 本案中,疏浚工程合同关于滞纳金的约定属于合同的主要条款,系合同双方对违约责任的约定,对双方权利义务具有重要影响。疏浚工程合同无效,导致该滞纳金条款也不具有法律拘束力。此时,依照《合同法》第五十八条的规定,应由获益方返还不当得利。A 公司主张的迟延付款损失应以欠付工程款的法定孳息计算,而非合同约定的滞纳金。因此,B 公司应向 A 公司支付工程价款 177.8 万元及自签订合同之日起至清偿完毕之日止的按中国人民银行发布的同期同类贷款利率计算的利息。

我们建议,施工单位在开展码头港池、航道疏浚业务时,应取得国家建设主管部门颁发的航道工程施工企业资质证书,而非普通的建筑施工企业资质。若施工单位在订立合同时未取得相应资质,依据《建设工程司法解释》第五条,其在建设工程竣工前取得相应资质等级的,该疏浚工程合同依然有效。若施工单位一直未取得相应资质,但能证明建设工程已经竣工验收合格的,其仍然可以请求业主方或发包方参照合同约定支付工程价款。施工单位应及时结算工程价款,收集、固定和保存相关证据,依法积极主张自身的合法权益。在建设工程施工合同归于无效时,发包人或业主方就其所获利益应依不当得利规则进行返还,避免恶意抗辩,以维护市场交易的诚信规则。

---

① 该条规定:"建设工程施工合同具有下列情形之一的,应当根据《合同法》第五十二条第(五)项的规定,认定无效:(一)承包人未取得建筑施工企业资质或者超越资质等级的;(二)没有资质的实际施工人借用有资质的建筑施工企业名义的;(三)建设工程必须进行招标而未招标或者中标无效的。"

② 《合同法》第五十七条规定:"合同无效、被撤销或者终止的,不影响合同中独立存在的有关解决争议方法的条款的效力。"

六、依法规范海事物权法律关系——海事诉讼中物权保护的问题与建议

(一)集装箱货物留置权的善意取得问题

A公司与B公司签订内贸集装箱港航班轮协议,约定B公司利用A公司码头设施开展班轮运输事宜,费用月结,如B公司逾期不付款,A公司有权停止作业并留置B公司根据本协议而占有的集装箱及货物,依法处理相应价值的货物以补偿损失。之后,C公司委托B公司将用罐式集装箱装载的聚醚运至A公司码头,B公司向C公司出具集装箱货物运单。货物运至A公司码头后,B公司停止经营。A公司向B公司发出通知书并留置案涉货物。在C公司提货时,A公司拒绝交付,要求C公司提供保证金18万元方可提货。C公司出具了以A公司为抬头的承诺书,同意支付18万元的保证金并承诺其是合法的提货人。C公司在提货后,将A公司诉至法院,主张A公司非法留置船载货物,请求返还保证金并赔偿箱租费等损失。法院生效判决认为A公司留置案涉货物符合《物权法》关于留置权及善意取得的相关规定,判决驳回C公司的诉讼请求。

C公司将其占有的货物交付运输,运单载明货物的托运人为C公司、收货人为其在目的港的代理,在无相反证据的情形下,应当认定C公司系该货物的物权权利人。《物权法》第三十七条规定:"侵害物权,造成权利人损害的,权利人可以请求损害赔偿,也可以请求承担其他民事责任。"C公司与B公司就涉案货物订立了货物运输合同,在货物因运输合同之外的第三人留置而无法提货,导致其合同权利无法实现之时,C公司既可凭运输合同向承运人B公司提起违约之诉,也可以物权受到侵害为由对A公司提起侵权之诉。C公司以非法留置货物为由、以运输合同之外的A公司作为被告提起侵权之诉,其对诉讼权利的行使并未违反法律规定。依据签订的班轮协议,A公司有权留置B公司承运的集装箱货物。A公司主张以B公司欠付港口作业费用为由而留置该货物,其债权与被留置的货物具有关联关系。动产物权以占有作为权利享有的公示方式,在集装箱货物的所有权与占有状态相分离的情形下,他人依据B公司占有货物的事实推定其系货物的所有权人具有法律依据。依据港口作业的行业惯例及交易习惯,A公司并不负有审查集装箱内货物所有权真实状态的义务,依照《物权法》第一百零六条关于物权善意取得的相关规定,A公司可以善意取得该货物的留置权。A公司留置该货物符合《物权法》关于留置权及善意取得的相关规定,不构成侵害物权的侵权行为,对C公司以A公司非法留置货物为由主张损害赔偿的诉讼请求不予支持。C公司可另循法律途径解决其与B公司之间的法律争议。

依照《物权法》第二百三十条,债权人可以留置已经合法占有的债务人的动产。在海运实务中,债务人的动产不仅包括其所有的动产,而且包括其合法占有的动产,例如船载集装箱货物。《最高人民法院关于适用〈中华人民共和国担保法〉若干问题的解释》第一百零八条规定:"债权人合法占有债务人交付的动产时,不知债务人无处分该动产的权利,债权人可以按照《担保法》第八十二条的规定行使留置权。"依照该司法解释,货物一旦脱离货主掌控,就会面临被承运人、实际承运人、港口经营人等债权人留置的法律风险,即便货主与该债权人无直接的债权债务关系。在韩进海运等航运企业破产重组引发的法

律纠纷中,货主权利受到损害的情形尤为严重。我们建议,托运人或收货人要合理评估承运人的经营风险,理性选择合同相对人并与之缔约,及时购买货物险以避免不必要的损失。在货物被留置后,托运人或收货人也应依法积极向合同相对方主张损害赔偿。

(二) 出租人对租赁物的请求返还问题

A 公司与 B 公司签订船舶融资租赁合同和船舶买卖合同,约定由 A 公司以 3 300 万元购买 B 公司所有的"X"号船;B 公司同时将该船舶租回使用,并向 A 公司支付租金,租金按季支付,共 12 期;租赁期满,B 公司在支付完全部租金后有权以 6 万元的价格留购船舶;B 公司发生一次或一次以上的延迟支付租金即构成违约,A 公司无须催告通知即可解除合同并收回船舶。合同签订后,A 公司依约向 B 公司支付了购买价款,并与 B 公司一同办理了涉案船舶的所有权登记、光船租赁登记等船舶登记手续。B 公司在支付了 5 期租金后,逾期未向 A 公司支付租金,拖欠租金共计 1 615 万元,且合同到期后仍占有"X"号船。A 公司提起本案诉讼,认为 B 公司拖欠租金的行为已构成违约,请求法院判令解除融资租赁合同并收回船舶。法院判决支持了 A 公司的诉讼请求。

《合同法》第二百四十八条规定:"承租人应当按照约定支付租金。承租人经催告后在合理期限内仍不支付租金的,出租人可以要求支付全部租金;也可以解除合同,收回租赁物。"《最高人民法院关于审理融资租赁合同纠纷案件适用法律问题的解释》(以下简称《融资租赁司法解释》)第十二条第(二)项规定,承租人未按照合同约定的期限和数额支付租金,符合合同约定的解除条件,经出租人催告后在合理期限内仍不支付,出租人请求解除融资租赁合同的,人民法院应予支持。由于 B 公司拖欠的租金远超过合同约定的期限和数额,A 公司请求解除融资租赁合同符合法律规定及合同约定。《融资租赁司法解释》第二十二条第一款规定:"出租人依照本解释第十二条的规定请求解除融资租赁合同,同时请求收回租赁物并赔偿损失的,人民法院应予支持。"由于 B 公司迟延支付租金,A 公司请求返还租赁物,有法律和合同依据,应予支持。因而,在融资租赁法律关系下,出租人在承租人严重违约时,可以突破"中途不可解约"的限制,有权解除合同并请求返还租赁物,此系《合同法》对出租人的特别保护。

在船舶融资租赁案件中,出租人在承租人经营困难、拖欠租金超过合同约定的期限和数额时,向法院起诉的同时,往往会申请就租赁物采取强制措施,通过申请扣押船舶或海事强制令的方式以保护船舶物权的圆满状态不受妨害或侵害。该强制措施可以及时实现对船舶的占有,收回船舶、排除妨碍并消除危险。但出租人作为所有权人能否扣押登记在自己名下的船舶在司法实践中存在争议。出租人在满足海事强制令的申请条件下,可以向法院申请海事强制令,采取强制措施要求承租人还船,以此弥补通过诉讼程序还船周期过长的问题。但融资租赁占有与所有相分离的状态,往往使出租人难以掌握船舶的下落,其提出的海事强制令申请因此难以获得支持。本案中,承租人已将船舶的定位设备拆卸,出租人通过船讯网和船舶识别号亦难以寻找到船舶的具体位置,无法通过海事强制令寻求救济,因而其通过诉讼程序请求返还船舶,最终实现了对船舶物权的保护。

(三) 无证养殖下物权的平等保护问题

A 公司所有的内河船舶"Y"号停泊于 H 港内 1 号锚地。其间,"W"台风登陆,该船抛八字锚避台。但由于船员对海区的防台操作经验不足,该船因左艉锚钢丝缆连接不规范致右锚链受力过大而拉断并走锚,触碰 B 所有的渔排,导致渔排破损,大量养殖鱼死亡或跑掉。据 B 所取得的水域滩涂养殖使用证和海域使用权证书记载,除 280 平方米渔排外,另有 665 平方米渔排属于 B 私自扩建,未取得上述两证。B 对 A 公司提起诉讼,要求 A 公司赔偿损失 566 万元。法院判决 A 公司赔偿 B 养殖鱼类损失、有证渔排、无证渔排、木屋、快艇等损失 161.6 万元。

养殖损失的保护范围问题是本案的争议焦点。就有证养殖的部分而言,渔排所有人的有证渔排、养殖鱼损失、收入损失等均能得到支持。就无证养殖的部分而言,B 所有的无证渔排因触碰事故受到损害,是否也应对上述损失予以保护。法院生效判决认为,无论是否属于无证养殖,B 对于其养殖鱼均享有合法的、完整的物权,其无证养殖的行为可由行政主管部门予以行政处罚,但该违反行政管理的行为并不影响其现实财产遭受损害依法应获得的赔偿。在养殖损害赔偿纠纷中,法院区分养殖设施损失、养殖物损失和收入损失等进行区别保护。最高人民法院《关于审理船舶油污损害赔偿纠纷案件若干问题的规定》(以下简称《油污损害赔偿规定》)第十五条①仅规定对无证养殖的收入损失不予支持,但对养殖设施的合理费用予以支持。最高人民法院《关于审理发生在我国管辖海域相关案件若干问题的规定(二)》第一条②对有证捕捞的渔船、渔具、渔货损失以及收入损失均予保护,但对无证捕捞的收入损失不予保护。可见,我国法律对非法养殖、非法捕捞的收入损失不予保护,而对养殖设施、渔船、渔具、养殖物、渔货等有体物的损失予以保护。因为这些损失是对物权人固有利益的侵害,属于现实存在的有形损害,在物权人对损害发生没有过错时,侵权法对此类损失应予平等保护。

在养殖损害赔偿纠纷案中,普遍存在着事实认定难、证据采信难、认定赔偿数额难等问题。因此,我们建议养殖户在因油污、触碰等事故受到损害时,应积极收集、固定相关证据,并依法主张损害赔偿的范围。养殖户应区分有证养殖和无证养殖提出诉讼请求,避免因漫天要价而得不到支持所产生的高诉讼费负担风险。对于养殖物损失,养殖户应当举证证明受损养殖物的数量及损失发生时养殖物的市场价格。被侵权人仅举证证明其投入的养殖鱼苗等成本的,法院将根据该成本通过合理计算认定损失。对于养殖设施损失和收入损失,养殖户可参照《油污损害赔偿规定》的相关规定进行举证。

七、依法主张船舶碰撞触碰下的财产损失——船舶碰撞、触碰损害责任纠纷中的问题与建议

(一)船期损失期间的认定问题

在一起船舶碰撞损害责任纠纷中,A 公司所属的"M"号与 B 公司所属的"N"号发生

---

① 该条规定:"未经相关行政主管部门许可,受损害人从事海上养殖、海洋捕捞,主张收入损失的,人民法院不予支持;但请求赔偿清洗、修复、更换养殖或者捕捞设施的合理费用,人民法院应予支持。"

② 该条规定:"当事人因船舶碰撞、海洋污染等事故受到损害,请求侵权人赔偿渔船、渔具、渔货损失以及收入损失的,人民法院应予支持。当事人违反《渔业法》第二十三条,未取得捕捞许可证从事海上捕捞作业,依照前款规定主张收入损失的,人民法院不予支持。"

碰撞,导致"M"号右舷出现6个破洞。为避免漏油,A公司在碰撞事故发生后立即组织专业人员检查并实施现场临时封堵,共用时3天。之后,A公司将"M"号移至修船厂进行包括部分与事故无关工程的全面维修,共用时36天。维修期间,因"M"号未向主管机关交付应承担的费用,也未提供适当担保,海事局作出海事行政强制措施决定书,对"M"号实施禁止离港手续,共计27天。A公司在诉讼中主张船期损失期间为39天,B公司抗辩船期损失期间应扣除海事局禁止"M"号离港的时间。法院判决认为,"M"号的船期损失期间应包括临时检验封堵和碰撞损害维修所花费的时间,以及相关的必要的联系和安排入厂维修等时间,与事故无关工程的维修时间应予以扣除,最后综合认定"M"号船期损失期间为23天。至于海事局禁止离港的时间,则不影响船期损失期间的认定。

最高人民法院《关于审理船舶碰撞和触碰案件财产损害赔偿的规定》(以下简称《船舶碰撞司法解释》)第十条对船期损失的计算作出详细说明,其中对"期限"一项有如下规定:"船舶部分损害的修船期限,以实际修复所需的合理期间为限,其中包括联系、住坞、验船等所需的合理时间。"因此,应严格按照该规定来认定船舶部分损害的船期损失期间:一是不仅包括维修时间,还应考虑维修涉及的联系和实际安排入厂维修的时间;二是仅限定于维修碰撞损害的时间,与事故无关的维修时间应予以扣除;三是上述时间必须是合理的,无故拖延或延迟维修的时间不应计算在船期损失期限内;四是除船舶维修以外的其他原因包括行政处罚等影响船舶运营的,不应影响船期损失期限的计算。

我们建议,碰撞事故发生后,船舶所有人或光租人应积极缴纳应承担的行政规费,否则,因此造成的船期损失应自行承担,不能依据责任比例向对方船索赔。同时,船舶所有人或光租人应对损坏的船舶及时进行维修,因故意拖延维修造成的船期损失也应由船舶所有人或光租人自行承担。

(二)船舶价值损失的计算问题

在一起船舶碰撞损害责任纠纷中,A公司所属的"E"号在碰撞事故中翻沉,后经打捞出水并拖至岸边搁浅。经广东省某检验局检验,"E"号被认定为全损,建议报废。根据A公司委托,广东某咨询检验公司对"E"号采取重置船舶的方式进行评估,估算出碰撞当时"E"号重置价值为1500万元。后"E"号以200万元出卖给第三人。事故发生前,A公司以1000万元的船舶价值为"E"号投保。庭审中,对方船也认可"E"号碰撞当时的价值为1000万元。A公司主张"E"号船舶价值损失为重置价值1500万元减去残值200万元,即1300万元。法院认为A公司以重置价值减去残值来确定"E"号价值损失的主张不符合法律规定,在A公司没有提供证据证明"E"号在船舶碰撞发生地当时类似船舶的市价等情况下,法院认定以投保时的船舶价值减去残值为"E"号的船舶价值损失即800万元。

《船舶碰撞司法解释》第八条规定:"船舶价值损失的计算,以船舶碰撞发生地当时类似船舶的市价确定;碰撞发生地无类似船舶市价的,以船舶船籍港类似船舶的市价确定,或者以其他地区类似船舶市价的平均价确定;没有市价的,以原船舶的造价或者购置价,扣除折旧(折旧率按年4%～10%)计算;折旧后没有价值的按残值计算。船舶被打捞后尚有残值的,船舶价值应扣除残值。"因此,在船舶所有人或光租人举证证明船舶价值时,应提供船舶碰撞发生地当时类似船舶的市价、船舶船籍港类似船舶的市价、其他地区类似船舶市价的平均价、原船舶的造价或者购置价等相关证据,否则,可能承担不利后果。

我们建议,船舶所有人购买船舶后,应妥善保管购买船舶的相关票据。船舶发生碰撞后,需要鉴定船舶价格的,船舶所有人或光租人应向选定的鉴定机构明确评估船舶价值的方式,要求采取《船舶碰撞司法解释》第八条规定的方式,并优先选择顺序在前的方式评估。

(三)船舶触碰电缆案件的损失保护范围问题

A公司所属的"S"号在某架空电力线路保护区卸货后准备离开过程中,因驾驶员疏忽且架空电力线路保护区标志不明显,自卸皮带触碰到电缆,引起110 kV的某线路跳闸,导致由该条线路供电的P公司化纤生产线断电,造成部分设备损坏,化纤产品降级。P公司起诉要求A公司赔偿设备维修费、产品降级损失及加班费共50万元。A公司抗辩称其已就电路断电向供电局支付赔偿款,P公司应向供电局索赔。法院生效裁判认为"S"号触碰电缆导致断电事故造成P公司的损害,A公司的行为与P公司的损害之间具有因果关系,判决A公司按原因力比例赔偿P公司21.55万元。

近年来,船舶触碰或钩断电缆的事故时有发生,除与电力管理部门引发纠纷外,由此引起的沿线工厂营业损失的纠纷也日益增多。法院对工厂依法主张的直接损失予以保护,同时为防止损失赔偿的漫无边际及缺乏可预见性对企业经营所带来的不利影响,对原告主张的损失范围予以合理限制。本案中,法院对原告主张的复产废丝、复产POY处理丝损失、降等B级成品丝损失、降等A级成品丝损失等四项损失(合计35.92万元)予以支持,对加工费损失、工人加班费等其他损失不予支持。对于工厂的上述四项直接损失,尽管不是船舶触碰事故所直接导致,但此类损失确是由船舶触碰电缆所间接引起的,与船舶的行为有因果关系,依照《侵权责任法》第六条第一款关于"行为人因过错侵害他人民事权益,应当承担侵权责任"的规定,应承担赔偿责任。同时,法院认为该停电引发的损失是由多个原因造成的,供电局在架空线路没有设立标志、没有标明安全距离亦是损害发生的原因(次要原因),遂根据原因力比例酌定A公司承担六成责任,判决其赔偿原告损失21.55万元及利息。

本案中,原告主张的损失范围包括直接损失和纯粹经济损失。纯粹经济损失(Pure Economic Loss),是指不依赖于物的损害或者身体及健康损害而发生的损失或非作为权利或受到保护的利益侵害结果存在的损害。原告所主张的加工费损失、工人加班费损失本质上属于纯粹经济损失。各国法律对不同类型的纯粹经济损失采取区分保护的态度,但就触碰或挖断电缆案件而言,对事故引发的加工费、加班费损失等类型的纯粹经济损失多不予赔偿,以起到"诉讼水闸"的作用,维持行为自由和生活安宁之间的价值平衡。我们建议,船舶触碰电缆事故的当事人应依法合理主张自身的损失范围,并积极提供损失计算的相关证据。由于此类事故引发纠纷的原告的数量和因此遭受的损害范围都不可预知,船舶所有人或光租人应加强船员管理,要求船员严格遵守各项驾驶规定,电力管理部门也应按规定设立安全标志及警示标识,以避免发生触碰电缆事故后遭受较大损失。

八、依法维护涉海行政法治秩序——海事行政诉讼中的问题与建议

（一）海域使用权行政许可与登记中的问题

在一起海域使用权行政登记纠纷中，某经济联合社（下称经联社）的村民曾于20世纪50年代在合德围种植水稻。20世纪70年代，强台风袭击致围堤冲出缺口而无法继续耕种。1993年，经联社向某海洋与渔业局即本案被告申请修复合德围缺口并建鱼虾养殖场。1995年，祝某等人征得原告同意后向A养殖公司转让了涉案养虾场。2002年，郑某从A养殖公司处以390万元对价受让养虾场。2003年，郑某向被告申请养虾场的海域使用权并获许可。2006年，郑某申请将该海域使用权证的法人变更为郑M。2013年，郑M将涉案养虾场及设施转让林N，林N取得海域使用权证书。经联社诉请法院确认被告向郑某颁发海域使用权证书及将海域使用权人由郑某变更登记为郑M的行为违法，并撤销郑M的海域使用权证书。该案一审驳回原告诉讼请求，二审维持原判，再审申请亦被最高人民法院驳回。

本案纠纷年代久远，涉案养虾场的修建事实及转让情况较为复杂，其核心问题是养虾场的用地性质究竟是农村土地还是海域，进而关系到行政机关作出具体行政行为的法律依据。依照《宪法》及《物权法》，农村土地和海域的法律性质并不相同，农村土地属于集体所有，而海域属于国家所有；判断行政许可与登记合法性的依据也不相同，前者是《中华人民共和国土地承包经营法》，后者是《海域使用管理法》。《海域使用管理法》于2002年1月1日施行后，关于海域与土地的划分应当依照该法第二条①确定。争议区域的围基被台风毁坏，之后又被海水淹没，用海界址图等资料显示，涉案养虾场位于海岸线以下，属于海域范围，应属国家所有。被告颁发海域使用权证书及办理变更登记的行为并不侵害原告的合法权益，该具体行政行为合法有效，原告的诉讼请求不予支持。

在海域使用权的登记及证书颁发中，海事行政机关应严格依法实施行政许可，避免申请人资料不全的情况。本案案外人郑某对于涉案养虾场的权属来源清楚，依法向有权部门提出用海申请后获批，并于2006年向被告提出变更海域使用权法人登记的申请，进行了相应的权属变更登记。被告在作出该变更登记时缺少海域使用权登记申请表、转让合同等资料，作出海域使用权人变更登记的程序及换发证书的过程存在瑕疵。经法院审理查明，郑某要求作出变更登记的意思表示清楚，本案也不存在《海域使用权登记办法》规定的应当撤销登记的情形，故法院认为该瑕疵不足以影响海域使用权变更登记行为的法律效力。但被告的这一程序瑕疵行为，也是原告不服行政机关登记及法院判决的诱因之一。我们建议，海事行政机关在作出行政许可及登记颁证的过程中，应严把资料审核关，严格依照法定程序办理，依法保护行政相对人的合法权益。

（二）海事事故行政处罚的证据审查问题

2013年，一艘渔船在某市对开水域沉没，船上5名渔民全部落水，3人获救，2人失

---

① 该条规定："本法所称海域，是指中华人民共和国内水、领海的水面、水体、海床和底土。本法所称内水，是指中华人民共和国领海基线向陆地一侧至海岸线的海域。在中华人民共和国内水、领海持续使用特定海域三个月以上的排他性用海活动，适用本法。"

踪。经 X 海事局调查认定,事发时间途经事故海域并与事故渔船发生会遇的"C"号船为肇事船舶,触碰正在拖网捕捞作业的渔船船尾右侧渔网拖缆,造成该渔船被掀翻后沉没。X 海事局作出了《水上交通肇事船舶认定书》(以下简称《认定书》)和《水上交通事故调查结论书》(以下简称《结论书》),随后又以事故当时值班的驾驶员未保持正规瞭望、避让措施不当等过失是导致事故的主要原因为由,对"C"号的经营人 H 公司作出罚款 7 000 元的行政处罚。H 公司不服,向 X 海事局的上级机关 Z 海事局提起行政复议,Z 海事局维持了该行政处罚。H 公司遂提起本诉,认为 X 海事局作出的行政处罚违法,请求撤销海事行政处罚决定书。一审判决驳回 H 公司的诉讼请求。该案经上诉后维持原判。

法院审理认为,原告提交的关于"C"号未航行经过事故位置的证据不足以证明其主张,与 AIS 数据记录及事发当时值班船员调查所述情况不符,原告的举证不能推翻《认定书》的结论。被告提交的《认定书》《海事事故调查报告》(以下简称《调查报告》)及《结论书》虽非认定交通肇事行为的直接、客观证据,但其结论是基于事故调查过程中收集的客观证据并结合专业分析得出的,具有相应的证据能力。结合询问笔录中当事船员对事故发生时段该船与渔船会遇情况的陈述,以及鉴定报告对于事故渔船拖网缆绳上附着的黑色外来油漆与"C"号球鼻艏左侧擦痕旁船舶表层黑色油漆的红外光谱图一致、成分一致的鉴定结论,已形成认定"C"号船为涉案事故的肇事船舶的完整证据链。再结合对值班驾驶员的询问笔录(该驾驶员承认事故发生前后其离开值班岗位几十分钟,没有其他人员代岗的事实),处罚决定书认定事故发生当时驾驶员未保持正规瞭望、避让措施不当等过失是导致事故发生的主要原因具有事实和法律依据。

本案原告提起本诉的深层动机是不服《调查报告》中于己不利的结论进而规避其应在民事诉讼中的赔偿责任。就行政审判实践而言,水上交通事故责任认定、海事事故调查报告本身不会被认定为具体行政行为,不具有可诉性。[①] 本案确立了对海事行政机关作出类似行政处罚决定的证据审查标准,明确了海事行政处罚案件中行政机关不能单独依据水上交通事故认定书与海事事故调查报告来证明作出处罚决定的合法性,上述材料并非证明交通肇事行为的直接证据。海事行政机关应加强取证意识,依法及时完整收集、保存和固定证据,在海事行政诉讼中积极提交海事事故调查过程中形成的直接证据,以证明其最初作出行政处罚的法律依据。

(三)海洋规划调整引发的行政诉讼问题

本院 2016 年受理的海事行政案件创历史新高,达 63 件,主要原因是受理了一批渔民诉政府强制拆除渔排的行政强制执行案件。针对原告非法占用海域的行为,依据《海域使用管理法》第四十二条"未经批准或者骗取批准,非法占用海域的,责令退还非法占用的海域,恢复海域原状,没收违法所得,并处非法占用海域期间内该海域面积应缴纳的海域使用金五倍以上十五倍以下的罚款"的规定,作为被告的政府有权对涉案海域进行管理,即有权责令退还非法占用的海域,恢复海域原状。法院经审理查明,作为养殖户的原

---

① 参照道路交通事故认定的处理意见。全国人大常委会法制工作委员会《关于交通事故责任认定行为是否属于具体行政行为,可否纳入行政诉讼受案范围的意见》认为:"公安机关交通管理部门制作的交通事故认定书,作为交通事故案件的证据使用;交通事故责任认定行为不属于具体行政行为,不能向人民法院提起行政诉讼;如果当事人对交通事故认定书牵连的民事赔偿不服,可以向人民法院提起民事诉讼。"

告均是在与政府签订补助协议且领取了补助款后,自主拆除渔排并低价转让,政府并未实施强制拆除行为,故养殖户诉请确认被告强制拆除网箱养殖设施行政行为违法及行政赔偿的请求不能成立。

该批案件纠纷产生的根源是海洋规划调整后引起的利益调整。随着海洋强省战略的推进,海洋经济快速发展,海洋规划调整也较为频繁。广东省内拥有绵长的海岸线、广阔的海域及众多的海岛,广东省海洋规划长则十年短则三年调整一次,规划调整后原来的养殖区不再是养殖区,而变为港口区、渔港区、海洋和海岸生态自然保护区。随着海域使用权使用期限到期,海洋管理部门不再颁发海域使用权证书,原来在该海域的养殖户若继续从事养殖即成为无证养殖。

但现实中养殖户已投入了较多的养殖成本及搭建了渔排、木屋等固定设施,甚至长期生活在渔排上,渔排拆除后其面临失业和谋生问题。对于此类因海洋规划调整导致的区域性整体行业终结问题,以及由此带来的补偿、补助问题,我国法律法规未作出明确规定。当地政府通常依据其财政状况给予统一的政策性补助,但不能从根源上解决养殖户的脱贫致富问题。该批案件便是因养殖户转产转业存在实际困难,认为补助标准过低,不足于补偿其实际损失而引发。

海洋规划调整是推进海洋强国战略、完善海洋功能输出的系统性工程,涉及经济发展、生态保护和民生保障等方方面面。对此,我们建议各级海洋管理部门在海洋规划调整时应加强科学论证,在制定工作方案和实施具体行政行为时最好兼顾渔民、养殖户等群体的生存利益,依法保障其捕捞权、海域使用权、集体收益分配权等财产性权益。国家海洋局应牵头制定海洋规划调整后涉及的区域性整体退出用海的国家补偿机制,以使相关的补偿及配套政策有法律依据,明确相关利益群体的预期,减少社会矛盾,尽量避免产生行政争议。